U0867363

中国与拉美国家
相互依赖模式研究

楼项飞◎著

Studies on the Modes of Interdependence Between China and Latin American States

时事出版社

目　　录

导　论

一、选题目的

经过30多年的改革开放和对全球化进程的积极参与，中国与世界已处于一种密不可分的相互依赖[①]关系之中。这种相互依赖关系不仅对中国的社会经济发展产生了深远影响，也对中国调整对外关系战略提出了新的要求。重视与广大发展中国家的团结合作一直是中国外交的基础。拉丁美洲和加勒比（以下简称“拉美”）地区是当今世界发展中国家最为集中的地区之一，对拉关系是中国开展全方位外交、拓展与发展中国家关系的重要组成部分。习近平就任国家主席后的短短一年多时间内就两次访问拉美地区，实现了同拉美地区所有建交国领导人的会晤，双方各层面和各领域的互动不断，这正体现了中拉双方对于发展中拉关系的重视以及对今后关系发展潜力的看好。

由于受地理、文化以及地缘因素的影响，拉美国家虽然在涉及许多问题上——如在民主、法治、人权等问题，更容易倾向于西方国家的立场，但是大部分拉美国家对自己的发展中国家身份定位都比较认同。中国与拉美同属发展中国家行列，双

① “相互依赖”一词源于英文的“interdependence”，国内学者把其译为相互依存或相互依赖。笔者在书中使用“相互依赖”一词，引用文字除外。

方的发展阶段相近且都面临着发展本国经济及改善本国人民生活水平的任务。进入21世纪以来，随着中国与拉美整体实力的不断加强，双方在政治、经济和文化等各领域的交流与合作进入了新的快速发展阶段。2008年11月5日，中国外交部发布了《中国对拉丁美洲和加勒比政策文件》，这是中国政府制定的首份对该地区的政策文件，该文件明确提出："中国政府从战略高度看待对拉关系，致力于同拉丁美洲和加勒比国家建立和发展平等互利、共同发展的全面合作伙伴关系。"① 中拉关系正朝着越来越相互依赖的方向发展。

值得注意的是，中拉经济相互依赖关系的加深虽然使双方经贸合作的深度和广度都得以迅速提升，但同时也使得双方的经贸摩擦和冲突不断增多。经贸摩擦如果不加以妥善处理不仅不利于双方经贸关系的健康可持续发展，也可能对中拉国家间在其他领域的良性互动造成不良影响。为此有必要对中国与拉美国家间的相互依赖模式进行研究，对中拉间的政治相互依赖与经济相互依赖得以建立的基础、发展的动力以及发展方向等问题进行分析，以期对中国与拉美关系的长期良性发展作出思考。

二、选题意义

虽然中国与拉美国家相距遥远且在社会制度和文化传统上存在很大差别，但是双方没有任何历史遗留问题及根本性利益

---

① 《中国对拉丁美洲和加勒比政策文件》，新华网，2008年11月05日，http：//news. xinhuanet. com/newscenter/2008－11/05/content_ 10308177. htm（上网时间2014年3月5日）

冲突，并且中国与拉美新兴大国已经成为了国际机制改革的重要力量。本书以中国与拉美间的相互依赖模式为研究核心，从中国与拉美国家在政治和经济、双边和地区间整体合作中的相互联系和相互影响的视角进行研究，对于进一步充实和丰富中国对外关系的内涵具有较强的实践意义。

（一）有利于更好地认知在国际体系调整背景下国家间互动关系的变化

20 世纪 70 年代以来，相互依赖理论已经成为了国际关系研究领域里使用最为广泛的概念工具之一，是研究国际社会行为主体之间互动关系的主要流派之一，“是国际政治经济学中理论构建上最为精致完美，政治与经济结合得最好的理论”①。随着全球化和信息化时代的到来，各国间的相互依赖达到了前所未有的程度，并逐渐成为了当代国际体系中的一个重要特征。在传统的南北国家相互依赖模式中，发达国家与发展中国家之间的相互依赖具有鲜明的不对称特性，发达国家的获利能力和获利程度都要大于发展中国家，发展中国家在双边和多边对话中处于弱势地位，发达国家可以利用在相互依赖关系中所处的有利地位成为国际规则的倡导者和制定者。

冷战结束后，美苏争霸的两极格局被打破，和平与发展逐渐成为时代主题。经济全球化、世界格局多极化、国际关系民主化成为了国际形势发展的主要潮流。进入 21 世纪后，中国、印度、巴西、俄罗斯、南非等新兴大国的群体性崛起成为了当前国际政治中的突出现象。它们作为发展中国家中一支特殊的

① 樊勇明：《西方国际政治经济学》，上海：上海人民出版社，2006 年 8 月版，第 23 页。

力量活跃于世界舞台之上。它们对世界经济的贡献率和影响力都在不断提升，并且正在努力使本国成为国际政治经济新秩序的参与者和建设者。在今后很长的时间内西方发达国家虽然仍将是国际制度制定和国际秩序调整的主导力量，但是新兴国家群体的国际话语权正在随着它们综合实力的增强而不断扩大。在国际体系发生深刻调整的时期，西方发达国家与新兴国家群体都在不断调整和制定新的发展战略和对外政策，以期在新的力量对比变化过程中占据有利位置。国家间以及国家与国际组织间的互动正在变得日益复杂。

国际体系的深刻调整为中国坚持以经济建设为中心，加快进行现代化建设提供了良好的国际环境和历史机遇。通过全面开放和不断融入战略，中国从全球化进程和国际体系变革中获得巨大红利，成为了世界上为数不多的经济长时间高速增长的国家之一，综合国力和国际影响力也相应获得提升。世界也因中国的融入而发生了深刻变化。中国的持续和平崛起成为了国际格局转型最主要的推动力之一。2008 年的国际金融危机爆发后，中国经济顶住了内外压力继续保持快速增长，成为全球经济复苏与发展的重要引擎。2010 年中国 GDP 总量超过日本成为当今世界第二经济大国。中国作为新兴大国中的重要成员，既应该在新兴大国争取国际政治经济秩序变革的过程中积极有所作为，也应该为在新形势下如何与世界形成良性互动早作规划。

对中国与拉美国家间的相互依赖模式展开研究，不仅有利于更好地认清中拉关系的现状及未来需努力的方向；也有利于更好地认知在当前全球相互依赖增加和国际体系变革的大背景下，新兴国家如何在平等互利的基础上参与到全球治理和国际机制改革中去。

（二）有利于对中国与发展中国家的关系作出新的思考

随着经济全球化的不断深入发展，经济相互依赖的广度和深度都处于不断的提升之中，国家之间的联系变得更为密切。日益机制化的政府间和国家间多渠道联系以及日趋常态化的跨国间商业往来，使得各国对彼此政策的敏感度不断提高，国家间的共同利益也不断增多，传统的军事实力和国家安全在国家议程设置中的重要性有所下降。

在经历了30多年的改革与发展后，中国已经发展成为一个具有一定国际影响力的新兴大国，但是中国的发展中国家属性没有发生改变。中国根据国际和国内形势的变化，不断地对自身的外交战略进行调整，在继续巩固与发展中国家传统关系的同时，对中国与发展中国家间关系的形式和内容也在相应地充实与调整。

中国与发展中国家虽然都有反抗帝国主义和殖民主义的类似历史境遇，当前都面临着发展本国经济和谋求建立更为公正合理的国际政治经济新秩序的共同目标，但是发展中国家间的历史背景、政治经济制度以及文化背景等都存在很大差异。此外，作为独立自主的主权国家，发展中国家在维护各自国家利益的过程中也难免会产生一些矛盾或冲突。处理好与不同地区、不同发展阶段的发展中国家关系是新时期中国夯实外交基础的重要立足点。

进入新世纪以来，随着“走出去”战略的不断深化，中国的海外利益呈现出快速向全球扩展的态势，其中广大发展中国家成为了中国海外利益的一个重要增长点。发展中国家既是中国能源和资源的重要来源地，也是日益重要的海外投资和出口目的地。在频繁的经贸互动过程中，如何促进共同经济利益，妥善处理存在的摩擦或冲突，避免事态向不利于发展中国家间团结合作的方向发展需要大家共同努力。

发展中国家不仅在国际政治经济体制改革及应对诸如气候变化等全球性重大问题上有着广泛的共同利益，而且在全球相互依赖不断加深的背景下如何应对与发达国家的不对称相互依赖、如何处理发展中国家间相互依赖加深过程中出现的经贸摩擦等问题上有着许多相似之处。在政治与经济互动不断深化的背景下总结中国与拉美国家的相互依赖模式对开展其他发展中国家关系具有一定的借鉴意义，有利于更好定位发展中国家的关系走向。

（三）有利于更好地处理中国与拉美国家间关系

2014 年 7 月，习近平主席在出席中拉领导人集体会晤的主旨演讲中提议努力构建中拉关系五位一体新格局，打造中拉携手共进的命运共同体。[①] 习近平主席以“命运共同体”来定位中拉关系的走向，把双方整体关系发展提升到了一个新的历史高度。

拉美地区是中国实施“走出去”战略的重要地区之一，双方关系的不断深化主要建立在以共同经济利益为核心的基础之上。经过十几年的发展，中拉间的经贸关系显示出了很大的活力，但是随之而来的贸易摩擦也呈现出了明显的上升趋势。双方相互依赖关系的建立与发展既符合全球政治和经济环境不断变化和发展的大背景，也符合双方特殊的战略需求。需要注意

① 习近平：“努力构建携手共进的命运共同体——在中国拉美和加勒比国家领导人会晤上的主旨讲话”，载《人民日报》，2014 年 7 月 19 日，第 2 版。

的是，影响中拉间相互依赖关系发展的因素十分复杂。双方在各个领域的互动不仅受到双方内部因素的影响，同时也受到外部因素的干扰。

从经济因素方面看，拉美各国虽然都希望借助中国经济发展的东风来推动本国经济的发展，但是各国由于经济利益和对外战略的不同导致了它们在发展与中国关系时存在不同的利益诉求。随着中拉间经贸关系的提升，双方的共同利益增多，但与此同时贸易摩擦也逐渐增加，甚至超出了双方的实际贸易水平。此外，中拉间贸易和投资增长主要是在21世纪以来的十几年里出现的，而且主要集中在南美国家的原材料和能源领域，双方的贸易和投资合作结构相对单一，这非常不利于双方经贸关系的健康有序发展。

美国和欧盟作为拉美的传统贸易伙伴和直接投资来源地，它们的跨国企业不仅了解拉美市场并且已经占据了绝对优势。近年来，随着拉美地区一体化进程的深入发展，拉美国家通过相互协调处理地区事务的能力也大大加强，美国对该地区的影响力有所下降。但是，美国仍是世界上唯一的超级大国且在地缘上与拉美有着紧密联系，美国的任何经济发展变化、贸易政策动向对拉美的切身利益产生直接影响。[①] 欧盟是拉美开展经贸合作、获取援助和平衡美国影响力的重要战略支点。欧盟与拉美的地区间合作不仅占据历史、文化和政治制度方面的优势，而且在推进区域一体化和倡导多边主义等方面有着许多共同语言。自20世纪末以来，通过一系列政治对话和贸易谈判，

① 程洪、于燕："试述中拉关系中的美国因素（2001～2010年）"，载《拉丁美洲研究》，2010年10月第5期，第18页。

欧盟与拉美国家的地区间对话和合作机制日趋完善。2008 年以来的国际金融危机和欧洲债务危机及复杂的国际政治局势，使得美国和欧盟对拉美的进出口贸易额、直接投资额以及政治关注度都有所下降，但随着美国和欧盟经济的复苏以及战略中心的转变，它们可能对中拉关系的全面发展做出新的评估并制定新的应对战略。

从整体看，中拉间相互依赖具有不对称性，主要体现在以下两个方面：一方面，综合实力的不对称性。中国是世界第二大经济大国，近几年来更是成为了推动世界经济复苏和发展的重要引擎。拉美的地区一体化虽有所加强，并成为了 2008 年的国际金融危机冲击下少数几个实现经济持续较快增长的地区，但这一地区要形成类似欧盟这样的区域一体化组织仍面临许多挑战。巴西作为拉美最具国际影响力的地区大国，要成为具有全球影响力大国也仍有很长的路要走。另一方面，贸易地位的不对称性，中国是许多拉美国家的主要贸易伙伴国和直接投资来源国。中国与拉美各国都有经贸往来，但双方的贸易额主要集中在巴西、智利、墨西哥、阿根廷、秘鲁等国。目前，中国是巴西和智利的第一大贸易伙伴，是阿根廷、墨西哥、秘鲁和委内瑞拉等国的第二大贸易伙伴。拉美地区在中国对外贸易中的地位并非同等重要。中国的出口主要集中在美国、欧盟和亚洲地区，拉美是中国的第四大贸易伙伴。

虽然中拉相互依赖的影响因素具有复杂性，且双方的相互依赖也表现出了明显的不对称性，但开展以互利共赢为基础的合作符合双方利益。首先，中国与拉美国家都秉承独立自主和多元化的外交政策，都反对霸权主义行为，都主张和平解决国际争端。这些是中拉政治互信和政策协调不断增加和增多的基础。从中国方面来看，中国的对外政策原则和指导方针决定了中国不会利用不对称相互依赖来过分谋求自身利益。正如胡锦涛同志在中国共产党第十八次全国代表大会的报告中重申的那样，“推动建设持久和平、共同繁荣的和谐世界，是各国人民共同愿望”，“中国将始终不渝走和平发展道路，坚定奉行独立自主的和平外交政策”，“中国将始终不渝奉行互利共赢的开放战略”，“中国坚持在和平共处五项原则基础上全面发展同各国的友好合作”。[①]

其次，双方都在实行经贸合作多元化战略且双方经贸结构中的比较优势在进一步显现。中国把拉美视为实现经贸合作多元化战略的重要地区。拉美是中国对外贸易和投资增长最快的地区以及某些重要资源和能源的来源地，它对中国经济可持续发展具有不可忽视的重大战略意义。[②] 中国则是拉美国家推行经贸合作伙伴多元化的重要组成部分。中拉合作的深入开展可以使其摆脱对美国和欧盟国家的过分依赖。中拉经贸关系加强更是拉美地区成功应对2008年以来的国际金融危机的重要因素。此外，中国对拉美的投资和贷款不附带任何政治条件，不具有意识形态色彩，这种投资和贷款为拉美国家加快产业结构调整和改善基础设施提供了有力支持。

最后，中国与巴西等拉美地区大国在国际事务中的合作有利于提高新兴市场国家和发展中国家在国际事务中的代表性和

---

① 胡锦涛:《坚定不移沿着中国特色社会主义道路前进，为全面建成小康社会而奋斗——在中国共产党第十八次全国代表大会上的报告》，载《人民日报》，2012年11月18日02版。

② 沈安:“关于中国未来对拉美外交战略的思考”（上），载《拉丁美洲研究》，2009年第4期，第7页。

发言权。全球化的深入发展以及国际政治经济体系的调整和变革将是一个漫长的过程。中国与拉美国家间只有不断挖掘双方的合作潜力，夯实合作的基础，才能进一步拓展双方在地区和国际事务中的共同利益，才能在当前国际体系变革的南北方博弈中变得更有默契。

总之，认清中拉相互依赖所呈现的不对称性和互利共赢性，有利于双方更加明确对方在本国或本地区对外战略中的角色定位，有利于推动双方的机制化合作以共同促进双方关系的全方位发展，也有利于双方更好的解决经贸互动过程中出现的矛盾与摩擦。总结中拉相互依赖模式的最大意义在于对影响中拉关系发展的内外部因素有更为深入的了解，从而对中拉关系的健康可持续发展有更为直观的认知。

三、本书结构

本书分为导论、正文（六章）和结语三大部分。具体内容如下：

导论部分主要提出了选题的目的和意义。对拉关系是中国开展全方位外交和拓展与发展中国家关系的重要组成部分。对中拉相互依赖模式进行研究，有利于更好地认知在国际体系调整背景下国家间互动关系的变化，有利于对中国与发展中国家关系做出新的思考，也有利于更好地处理中国与拉美国家间关系。

第一章为文献综述部分，主要对国内外学者关于相互依赖理论以及中国与拉美国家关系研究现状进行了梳理。在本章中，笔者一方面对中外学者关于相互依赖概念的界定、对相互依赖有助于促进和平还是会导致更多冲突的争论、对相互依赖与权力关系以及现有的相互依赖模式等四个方面进行了系统的分析；另一方面，对中拉关系的研究现状进行了梳理，认为当前国内外学者关于中拉关系的研究主要集中在以下三个方面：第一，对中拉关系发展现状与前景的综合性分析。第二，对于中拉经贸关系的研究。第三，对于中拉关系中的“美国因素”的研究。最终，笔者认为当前相互依赖领域已经涉及了传统安全和非传统安全的诸多方面，但研究对象大多仍停留在发达国家之间或者发展中国家与发达国家间的相互依赖关系，对于发展中国家间的相互依赖关系的研究较少。当前，中国与拉美国家间的相互依赖特征日趋明显，非常有必要从这一角度进行深入研究。

第二章为研究框架，主要明确了本书的核心问题、研究思路、研究方法以及本书的创新之处和不足。本书的核心问题是新世纪以来中国与拉美国家的相互依赖处于一种什么样的模式？为了回答这一问题，本书对相互依赖——尤其是经济相互依赖和政治相互依赖、相互依赖模式等相关概念进行了进一步的界定。在此基础上，本书从整体层面和具体层面的不同视角对核心问题进行了论证。从整体层面来看，本书把中拉相互依赖解构为中拉政治相互依赖模式与经济相互依赖模式两个研究视角；在具体层面则以中国与拉美大国间的相互依赖关系、中拉间机制化整体合作对应对相互依赖所导致的合作与冲突的作用两个角度来进一步验证中拉相互依赖模式。在论证过程当中，本书主要采用了历史分析法、层次分析法、个案研究法以及文本分析法等研究方法。

第三章开始进入具体分析论述部分。本章主要针对中拉政治相互依赖层面进行展开，分别对中拉相互依赖关系发展的历史脉络以及中拉政治相互依赖的具体表现进行了分析。新中国成立后，中拉关系经历了从以民间往来为突破点到官民并举再到政治与经济并重的发展历程。中拉政治相互依赖模式的内涵在双方的政治互动中得到了很好的体现。中拉人民都经历过反对帝国主义和殖民主义的斗争，在获得独立后又都面临着维护独立和发展经济的任务。对发展中国家身份的认同，在国际机制变革中共同的利益诉求以及发展本国经济过程中面临的相似问题使得双方能够不断克服政治理念上的分歧，在重大国际问题中的相互协调与合作不断增多。习近平主席在出访拉美时提出的构建中拉命运共同体，正是对中拉相互依赖模式的最好界定。

第四章主要围绕中拉经济相互依赖层面进行论述。进入21世纪以来，中拉经贸关系进入了跳跃式发展的阶段，中拉经贸合作由原来的贸易合作“一枝独秀”发展为贸易、投资和金融“百花齐放”的良好势头。但与此同时，中国企业在投资拉美的过程中也出现了各种“水土不服”现象，与当地的利益群体矛盾不断。中拉经贸互动过程中合作与冲突并存的局面正是中拉经济相互依赖日益密切的一种反映。在处理冲突时，中国很少利用在不对称相互依赖中的有利地位去迫使拉美国家做出让步。

在对中拉政治相互依赖模式和经济相互依赖模式有了整体认识之后，本书的第五章与第六章将从具体层面去验证前面两章所得出的结论的正确性以及进一步对中拉相互依赖模式进行提炼。

第五章具体分析了中国与阿根廷、巴西和墨西哥等拉美主要地区大国间的相互依赖关系。本章主要以21世纪以来中国与巴西、墨西哥和阿根廷等拉美大国间的双边互动为研究对象，通过对中国与上述三个拉美国家领导人互访过程中发表的共同声明和联合公报等重要文件作为研究文本进行分析。通过中国与拉美不同地区大国间双边互动的分析，有利于理清在相互依赖加深背景下，中国与拉美地区大国如何促进合作以及如何处理因利益分配而产生的矛盾。本章最终发现互利友好合作、促进共同发展是双边关系发展的主线，双边国家议程最大的共同点集中在地区和国家关系领域，最为关注经贸领域的协调与合作。中国与上述三国的政治相互依赖发展较为稳定，这与双方共同利益增多并且始终坚持平等合作不无关系。在经济相互依赖领域，中国作为依赖相对较小的一方，更愿意在冲突当中做出让步。从总体上看，中拉各方都积极寻求通过协商和协调的方式把经贸领域的冲突控制在一定范围之内。

第六章主要通过对拉美地区一体化和地区间合作进程、中拉机制化整体合作、美国与欧盟和拉美地区间合作与中拉地区间合作比较，旨在论证中拉相互依赖加深过程中地区合作机制和国际合作机制有何作用，中拉整体合作机制的发展对于解决中拉不对称相互依赖有何影响，拉美地区一体化的深入发展以及地区间机制化合作的开展是拉美国家应对全球化和相互依赖带来的负面效应的有效手段。拉美与美国和欧盟的机制化合作是南北合作的一部分，可以为拉美国家带来发展所需的技术和资金。但这种不对称的南北相互依赖模式，使得拉美在机制化合作过程中处于较为被动的地位。中拉间的机制化整体合作是南南合作的重要组成部分，属于南南相互依赖的范畴。它不仅有利于中拉实现共同的发展目标，而且是拉美国家应对与美国、欧盟不对称相互依赖的重要借助力量。中拉合作论坛不仅是拉美国家推行联系战略的场所，更是中拉就共同关心的国际和地区事务加强对话与协调的重要舞台。

最后，本书的结语部分对全书的论证过程和观点进行了简要的总结，并再次指出了本书研究中存在的一些不足，以及今后研究过程中有待进一步深入的几个方面。

第 一 章

文献综述

本章对国际关系中的相互依赖理论以及中国与拉美国家关系研究现状进行了梳理。一方面，通过学界对相互依赖概念的界定、对相互依赖有助于促进和平还是会导致更多冲突的争论、对相互依赖与权力关系的辨析以及对相互依赖模式的论述等四个方面的分析，理清相互依赖理论发展的历史脉络、所关注的核心问题以及现有的相互依赖模式。另一方面，通过梳理国内外学者关于中拉关系研究的相关文献，总结当前涉及中拉关系研究的主要方向、领域以及重点。

第一节　国际关系中的相互依赖理论

一、什么是相互依赖?

相互依赖理论是西方国际关系学中重要的理论，它同时也被视为现代国际体系的根本特征。正如亨利·基辛格指出的那样，“国际问题的传统议程——大国均势、国家自身的安全——再也无法界定我们面临的威胁，也难以诠释未来的前景。我们正在进入新的时代。旧的国际格局正在崩溃，昔日的标语不再具有启示意义，过去的解决办法也不再奏效。在经济、传播和人类共有的期望等层面，世界早已变得相互依赖了”。①

相互依赖现象在地理大发现和工业革命之后已普遍存在，早期重商主义者、启蒙思想家孟德斯鸠、卢梭，古典经济学家亚当·斯密的作品中都曾使用过国家间依赖的概念。例如，孟德斯鸠在《论法的精神》一书中写道：“贸易的自然结果就是和平。两个国家之间有了贸易，就彼此相互依存。如果此方由买进获利，则彼方由卖出获利，彼此间的一切结合是以相互的需求为基础的。”②

对于相互依赖现象的产生，马克思曾分析道：“不断扩大产品销路的需要，驱使资产阶级奔走于全球各地。它必须到处落户，到处开发，到处建立联系。资产阶级由于开拓了世界市场，使一切国家的生产和消费都成为世界性的了。……旧的、靠本国产品来满足的需要，被新的、要靠极其遥远的国家和地带的产品来满足的需要所代替了。过去那种地方的和民族的自给自足的闭关自守状态，被各民族的各方面的互相往来和各方面的互相依赖所代替了。”③

据考证，对于相互依赖一词的使用，最早可追溯到1822年。但经济学家从世界经济发展的内部来比较全面地分析各国

---

① 转引自［美］罗伯特·基欧汉、约瑟夫·奈著，门洪华译：《权力与相互依赖》（第四版），北京：北京大学出版社，2012年版，第3页。

② ［法］孟德斯鸠著，张雁深译：《论法的精神》，北京：商务印书馆，1978年版，第14页。

③ 《马克思恩格斯选集》，第1卷，人民出版社，1995年版，第276页。

间的相互依赖关系是在二战之后。[①] 现代学者们首先把经济领域的相互依赖作为研究对象之后逐渐扩展到了经济与政治互动层面以及国际政治层面。

20 世纪 60 年代后期开始，由于欧洲和日本经济的快速增长，美国实力相对下降。西欧国家和日本在经济领域对美国的单方面依赖开始改变。西方阵营国家间的贸易和投资迅速发展，经济上的互动和联系日益紧密，经济问题在国际事务中的重要性逐渐上升。美国经济学家理查德·库珀（Richard N. Cooper）敏锐地捕捉到了这一变化并于 1968 年率先出版了《相互依赖的经济学——大西洋共同体中的经济政策》[②]（以下简称《相互依赖的经济学》）一书，此书成为了最早从理论上分析相互依赖关系的著作。

相互依赖是一个动态的概念，学界对其内涵的界定至今仍未达成共识。查德·库珀在《相互依赖的经济学》一书中认为相互依赖是“一国经济发展与国际经济之间的敏感反应关系”。[③] 库珀在该书中突出了国家间因相互依赖不断增加而带来的政治挑战。他认为国际经济中相互依赖的增加使得各国经济的自主性受到了威胁，同时也使得各国独自“追求各自经济目标的实现变得更加困难”。为了更好地适应相互依赖情况下带来的相互影响和相互制约的情景，各国应该采取多层次多渠道的合作。

① 转引自张蕴玲：《世界经济中的相互依赖关系》，北京：中国社会科学出版社，2012 年版，第 25 页。

② Richard Cooper，“The Economics of Interdependence：Economic Policy in the Atlantic Community”，New York：McGraw Hill，1968.

③ 转引自樊勇明：《西方国际政治经济学》，第 23 页。

20世纪60年代后期70年代初，有关相互依赖理论的著作和文章如雨后春笋般的冒了出来，主要针对相互依赖概念的界定以及经济相互依赖增加后对国际关系领域带来的各种变化。卡尔·多伊奇也是较早的对相互依赖理论做出思考的学者。他在《国际关系分析》一书中认为研究国际关系不能仅仅以国家为中心，要重视国家间的相互联系和相互依赖。多伊奇认为，“如果A国的变化，如总的物价水平上涨伴之以B国的某些可预见的变化，如那里的物价水平也上涨，这两国就是相互依存的”。他根据相互依赖程度不同对其进行了区分，即对称的相互依存、积极的相互依存、消极的相互依存以及脆弱的相互依存。他认为相互依赖的领域和手段增加对一国的政策制定造成了影响。他还运用依赖幅度和依赖成本的概念对相互依赖的成本与收益进行了定性分析。[①] 多伊奇对于相互依赖的论述恰恰体现了相互依赖现象的复杂性，它很难用简单的语言来进行概括。

斯坦利·霍夫曼（Stanley Hoffman）认为相互依赖是指“社会的相互渗透”和“世界经济中不同国家政策的相互联系”。它既是“一个条件”，也是“一种过程”，它“对国家的利益和目标既提供了限制，也提供了机遇”。[②] 霍夫曼对于相互依赖的界定虽然指明了相互依赖的一些现象和特征，但是并未清楚地指出其具体内涵。格哈特·马利（Gerherd Mally）认为相互依赖是“一种复杂的跨国现象，它包含了国家之间多层

---

① ［美］卡尔·多伊奇著，周启朋等译：《国际关系分析》，北京：世界知识出版社，1992年版，第348—377页。

② Stanley Hoffman，Janus and Minerva，Essays in the Theory and Practice of International Politics，Westview Press，1987.

次、多方面的互动模式，并产生明显的相互敏感性和脆弱性。”[①] 在他看来，相互依赖是一个置于孤立主义和超国家主义之间的妥协性概念。他把相互依赖分为了四个类型，即安全相互依赖、生态相互依赖、经济相互依赖以及政治组织相互依赖。前两个类型涉及人类的生存，而后两类则重点关注国家福利和政治互动。奥兰·扬认为政治学意义上的相互依赖指的是“利益上的一种相互关系，也就是说，如果一个国家的地位发生了变化，其他国家也要受这种变化的影响”。[②]

大卫·鲍德温（David A. Baldwin）在《相互依赖与权力：概念性分析》（1980）一文中认为“依赖”一词在普通语言中包含了两方面的含义：一方面，“依赖”被用于指一种状态，在这种状态下一种结果的产生取决于另外的事情或者以另外事情为条件；另一方面，“依赖”也被用来表示一种从属关系，在这种从属关系中，一件事必须要有另一件事的支撑，或者说满足一项需求必须有赖于其他事物。关于“依赖”的这两层基本含义常常与“敏感性相互依赖”（Sensitivity Interdependence）和“脆弱性相互依赖”（Vulnerability Interdependence）相对应。前者指明了不确定性的存在，而后者指出了当需求不能得到满足时可能将付出高昂的代价。[③] 马利和鲍德温都注意到了相互依赖的敏感性和脆弱性，但并没有对两者进行明确的区分。

---

① Gerherd Mally，“Interdependence—the European-American connection in the Global Context”，published for the Atlantic Council of the United States，1976，p. 5.

② ［美］西里尔·爱德华·布莱克主编，杨豫译：《比较现代化》，上海：上海译文出版社，1996 年版，第 537 页。

③ David A. Baldwin，“Interdependence and Power：A Conceptual Analysis”，International Organization，Vol. 34，No. 4（Aut.，1980），pp. 475 –476.

罗伯特·基欧汉（Robert O. Keohane）和约瑟夫·奈（Joseph S. Nye）的《权力与相互依赖》一书是新自由制度主义的奠基之作。他们所构建的复合相互依赖理论是对经济相互依赖的一种政治分析，该理论的核心是探讨国际关系中经济上相互依赖与政治权利上相互竞争之间的关系。该理论为我们提供了一个以政治角度分析相互依赖关系的理论框架。在涉及相互依赖概念界定时，基欧汉和奈认为，“一般而言，依赖（dependence）指的是为外力所支配或受其巨大影响的一种状态。简而言之，相互依赖（Interdependence）即彼此相依赖（mutual dependence）。世界政治中的相互依赖，指的是以国家之间或不同国家的行为体之间相互影响为特征的情形。……这些影响往往源自国际交往——跨越国界的货币、商品、人员和信息流动。……然而，这种联系并不等同于相互依赖。人类交往对相互依赖的影响取决于与之相关的制约或成本”。①

基欧汉和奈认为相互依赖涉及国家关系的政治、军事、经济和环境等多个领域；相互依赖的本质是国家间的相互影响和联系达到了要为付出代价的结果。这种代价的高低会对国家在相互依赖关系中的获利程度造成影响，因此当双方都要为这种关系付出代价的时候，有可能促使双方的互利合作增加，但也可能因为其它因素的影响引发竞争和冲突的可能性。这种获利的能力和获利的程度取决于各行为体在相互依赖中的敏感性和脆弱性。

基欧汉和奈对相互依赖的“敏感性”和“脆弱性”进行

① ［美］罗伯特·基欧汉、约瑟夫·奈著，门洪华译：《权力与相互依赖》（第四版），第9—11页。

了严格区分。他们认为“敏感性指的是某政策框架内做出反应的程度——一国变化导致另一国家发生有代价变化的速度多快？所付出的代价多大?”，而脆弱性程度则取决于“各行为体获得替代选择的相对能力及其付出的代价”。[①] 敏感性和脆弱性从不同角度衡量了相互依赖所付出的代价的尺度。敏感性相对比较直观，而脆弱性更具政治和战略意义。例如A国与B国都需要进口35%的石油来满足国内需求，因此两国对国际原油价格变化都较为敏感，但如果A国在国际原油价格变化时可以利用国内资源去平衡，而B国因为没有这种替代性选择，只能以改变政策框架来应对变化，那么B国的脆弱性要大于A国。

20世纪80年代以来，对相互依赖的研究内容已经从单纯的概念界定和理论研究转为对具体问题的个案研究，在研究方法上日益多元化，研究学者从欧美国家扩展到了其他地域。日本学者阿部清司在他的代表作《国际经济相互依存论》(1983) 一书中对“相互依赖”一词做了词源上的考证，他认为英语中“interdependence”一词不仅是从“dependence”一词演变而来，并且还是一组对应的概念。他将相互依赖的内涵细分为了12组互为对应的概念。[②]

中国学界对相互依赖理论的研究最早始于20世纪80年代。到目前为止，中国学者对该领域的研究仍然停留在对西方理论的学习和模仿阶段，研究成果主要以学术论文为主，相关专著寥寥无几。除了国际政治和国际关系学科的教科书中对西

---

① [美] 罗伯特·基欧汉、约瑟夫·奈著，门洪华译：《权力与相互依赖》（第四版），第12页。

② [日] 阿部清司：《国际经济相互依存论》，东京：东京经理协会，1983年，第13—78页。

方的相互依赖理论有系统的介绍外，中国学者也把该理论中的西方经典著作翻译成了中文版，使得该理论在中国的认知度得到很大提高。

二、相互依赖对和平与合作的影响

相互依赖有助于促进和平还是会导致更多冲突一直是国际关系学界争论的焦点。罗伯特·基欧汉和约瑟夫·奈曾指出相互依赖并不局限于互利的情境，“为人父母皆知，烤制大馅饼并不能阻止小孩子就分多分少而争吵”[①]。自由主义学者延续了“贸易和平论”的思想，认为相互依赖有助于减少国家间的冲突，增进国际和平。如，理查德·罗斯克兰斯（Richard Rosencrance）认为现代世界经济与相互依赖关系的发展使得越来越多的国家成为了贸易国家，“如果国家的经济发展政策依赖于世界市场的扩大这样的国家就很难指望推行领土侵略和扩张”[②]；所罗门·波拉切克（Solomon W. Polachek）（1980）首先构建了一个预期收益模型，认为国家间的冲突将切断双边贸易往来，减少预期收益和降低福利，因此国家为了提高国内福利将不倾向于挑起冲突。波拉切克用计量模型和大样本数据经验统计，对1958—1967年期间30对贸易伙伴国的双边贸易流量和每年的“净冲突”（net conflict）之间的关系进行考察，发现贸易与“净冲突”两个变量之间存在负相关关系，从而证

---

① ［美］罗伯特·基欧汉、约瑟夫·奈著，门洪华译：《权力与相互依赖》（第四版），第10页。

② Richard Rosencrance：The Rise of the Trading State：Commerce and Conquest in the Modern World，New York：Basic Book，Inc.，1986. p. 13.

明了贸易能减少冲突的假设。[①] 其他持类似观点的文章还有阿瑟·斯坦（Arthur Stein）的《政府、经济相互依赖与国际合作》（1993）、约翰·奥尼尔（John R. Oneal）与布鲁斯·拉西特（Bruce Russett）的《古典自由主义是正确的：民主、相互依赖与冲突，1950—1985》（1997）、《和平的起因：民主、相互依赖和国际组织，1885—1992》（2003）等。

以肯尼斯·华尔兹（Kenneth N. Waltz）为代表的现实主义学者对相互依赖促进和平的观点提出了反驳，他认为经济相互依赖的加深会导致国家间发生更多的冲突。华尔兹在《国际政治理论》一书中指出："紧密的相互依赖意味着交往的密切，从而增加了发生偶然冲突的机会。最残酷的内战以及最血腥的国际战争都发生在制度相似而且紧密联系的人们之间。除非潜在的参战各方具有某种联系，否则战争根本不可能发生。如果相互依赖的各国之间的联系无法得到规范，必然会发生冲突，偶尔也将诉诸暴力。如果相互依赖的发展速度超过了中央控制的发展，相互依赖便会加速战争的来临。"[②]

罗伯特·吉尔平认为："经济相互依存和相互获益前景的发展还没有消除国家之间的竞争与不信任。贸易并不总是一种维护和平的力量。相反，随着相互依存性的增加，国家变得更担心失去自治权以及担心诸如进入外国市场、原料来源的安全

---

① 转引自邝滟湘："中美学者的相互依赖理论研究：一种比较的视野"，载《世界经济与政治论坛》，2011 年第 3 期，第 163 页。详见 Solomon W. Polachek, "Conflict and Trade", The Journal of Conflict Resolution, Vol. 34, No. 1, 1980, pp. 55 – 78.

② ［美］肯尼斯·华尔兹著，信强译：《国际政治理论》，上海：上海人民出版社，2008 年版，第 147 页。

以及相互依存关系的代价。”[①] 凯瑟琳·巴比莉（Katherine Barbieri）在《经济相互依赖：通往和平之路还是冲突之源》（1996）中通过计量模型，检验了华尔兹的结论，即对称的相互依赖会减少冲突，而不对称的相互依赖则会导致更多的冲突。[②] 此外，持类似观点的还有约翰·米尔斯海默（John J Mcarsheimer）的《回到未来：冷战后欧洲的不稳定》（1990）、杰克·列维（Jack S. Levy）的《战争的起因：对理论和证据的评论》（1989）等等。

也有学者认为经济相互依赖与国家间的冲突与和平没有相关性，或者在一定条件下才具有相关性。巴里·布赞（Barry Buzan）在《经济结构与国际安全》（1984）中认为国家之间的经济交往属于低级政治领域问题，而国家安全利益属于高级政治领域，国家的最高目标是确保主权的不可侵犯性和政治安全，经济往来只是达到这个目标的手段。因此，当国家政治和军事安全利益受到威胁的时候，国家会毫不犹豫地中断贸易联系，所以经济相互依赖对国家可能爆发冲突的制约有限。[③] 凯瑟琳·巴比莉和杰克·列维（Jack S. Levy）在《与敌人共眠：战争对贸易的影响》（1999）中发现大多数情况下战争并没有给贸易关系造成很大影响。虽然战争在短期内有时会导致贸易水平的下降，但是战争对贸易关系没有永久性的长期影响。事

---

① ［美］罗伯特·吉尔平，武军等译：《世界政治中的战争与变革》，北京：中国人民大学出版社，1994 年版，第 216—217 页。

② Katherine Barbieri, "Economic Interdependence: A Path to Peace or a Source of Interstate Conflict", Journal of Peace Research, Vol. 33 No. 1, 1996, pp. 29 – 49.

③ Barry Buzan, "Economic Structure and International Security: The Limits of the Liberal Case," International Organization, Vol. 38, No. 4, Aut. 1984, pp. 597 – 624.

实上，在战后贸易反而会增加。[①] 戴尔·科普兰德（Dale Copeland）在《经济相互依赖与战争：一种关于贸易预期的理论》[②]（1996）一文中认为，真正决定是冲突还是和平的变量并非当前的贸易水平，而是对未来贸易的预期。如果当前贸易水平很高，而预期很低，那么也有可能导致冲突；相反，如果当前贸易水平很低但对未来贸易的预期很高，则有可能导致合作与和平。哈佛·黑格瑞（Havard Hegre）（2000）认为经济相互依赖导致和平的结论是否成立，有赖于国家的发展水平。相对于发展中国家的经济往来而言，发达国家之间的经济相互依赖更加可能导致和平。[③]

日本学者山本吉宣针对相互依赖中存在的纠纷与协调提出了"山影模式"。他认为自由经济交流扩大，会给双方带来利益的同时也要付出很高的代价。他通过对两国间的经济交流量与利益和成本的比较分析后，认为两个相互依赖的国家，在任何条件下都有可能发生贸易摩擦。自由经济交流中所形成的利益存在利益分配不均的问题。在相互依赖的不对称性中占据有利地位，可以使自身在利益分配问题上占据于有利地位，但也会引起其它行为体对分配不公的诟病，以及形成新的竞争和协调纠纷的模式。[④]

中国学界关于经济相互依赖导致合作还是更多冲突问题

---

① Katherine Barbieri and Jack Levy, "Sleeping with the Enemy: The Impact of War on Trade", Journal of Peace Research, Vol. 36, No. 4, 1999, pp. 387 –404.

② Dale Copeland, "Economic Interdependence and War", International Security, Vol. 20, No. 4, Spr., 1996, pp. 5 –41.

③ Havard Hegre, "Development and the Liberal Peace: What Does It Take to Be a Trading State?", Journal of Peace Research, Vol. 37, No. 1, Jan., 2000, pp. 5 –30.

④ ［日］山本吉宣著，桑月译：《国际相互依存》，北京：经济日报出版社，1989 年版。

也是莫衷一是。张蕴岭、祁忠武等学者认为经济相互依赖有利于促进和平与合作。相互依赖体系虽然会带来矛盾和冲突，但是合作与矛盾是相互依赖体系中的两个方面，彼此有制约和牵制作用，因此合作一般情况下不会破裂。[①] 也有学者认为相互依赖是导致国际冲突的一个直接根源。卢林认为国际相互依赖与国际冲突有内在联系，这种联系通过需求的机制而建立起来。只要民族国家还是国际关系的主要单位，那么相互依赖关系就有着导致国际矛盾和冲突的内在倾向。[②] 于军认为相互依赖关系中国家与市场的矛盾、代价、国家行为的不自主以及相互依赖的不对称都使相互依赖具有导致冲突的内在倾向，而不同领域权力资源的转换则具有使冲突升级的性质。[③]

此外，也有学者认为相互依赖导致合作还是冲突取决于一定条件。崔守军（2002）指出合作不该被视为没有冲突的状态，而应该被视为对冲突或潜在冲突的反应。在国际制度对国际相互依赖进行管理和约束下，相互依赖与国际合作呈正相关关系。[④] 邝艳湘是目前为止中国关于相互依赖理论研究成果最多的学者之一，她认为“经济相互依赖具有和平效应，但是受到一定环境的制约；经济相互依赖的和平效应并不是一成不变

① 张蕴岭：“世界经济中的相互依赖关系”，载《西欧研究》，1988 年第 4 期，第 1—11 页；祁忠武：“当代世界经济中的相互依赖和合作”，载《世界经济》，1991 年第 4 期，第 22—25 页。

② 卢林：“论国际相互依赖与相互冲突”，载《上海社会科学院学术季刊》，1990 年第 3 期，第 65—73 页。

③ 于军：“相互依赖与国际冲突”，载《国际政治研究》，2003 年第 3 期，第 147—150 页。

④ 崔守军：“相互依赖与国际合作的相关性考察”，载《国际关系学院学报》，2002 年第 5 期，第 13—18 页。

的，它会随着国家间相互依赖的程度、形式的变化而变化；在全球化条件下经济相互依赖的和平效应不断增强。”①

从上述学者的争论中可以看出，相互依赖作为一个相互影响和互动的过程，它无法对相互依赖加深有利于实现和平还是导致冲突给予明确的答案。近几年来国际关系学界仍试图通过运用实证检验和建立模型等方法对经济相互依赖加深将导致更多冲突还是可以赢得更多和平进行论证，但迄今为止仍然没有得出可以令人信服的结果。

三、相互依赖与权力的关系

在对权力与相互依赖关系进行分析时，基欧汉和奈提出的复合相互依赖理论赋予了国际政治权利概念更多新的内涵。在对经济相互依赖与政治影响关系进行研究时，不对称相互依赖被视为权力产生的来源。基欧汉和奈把相互依赖因付出代价不同而分为三大类型，即均衡依赖、纯粹依赖、相对依赖或叫不对称相互依赖。他们认为不对称相互依赖是最常见的情形，而均衡依赖和纯粹依赖都较为少见。在相互依赖关系中，由于不对称性的普遍存在使得各国在获利能力和获利多寡存在差异。敏感性相互依赖和脆弱性相互依赖的区分为权力与相互依赖之间建立了联系框架。依赖性较小的行为体可以把相互依赖作为一种权力来源，在某些问题上讨价还价甚至利用联系战略影响其他问题。但是，正如基欧汉和奈所指出的那样，“认识到操纵相互依赖关系可以成为一种权力工具是

① 邝艳湘：“全球化条件下的经济相互依赖与世界和平”，外交学院博士学位论文，2008 年。引自中文摘要部分。

重要的，而认识到这一工具的局限性也同样重要。非对称相互依赖本身并不能解释讨价还价的后果，即便是在传统的国际关系中亦然如此”①。

相互依赖的权力资源在转化为现实权力过程中受到很多因素的影响和制约。不对称相互依赖只为谈判之初参与各方所具有的优势提供了初步估算，但是这种最初所具有的优势并不能保证一定会转化会最终在结果控制方面占有优势。操纵相互依赖中的敏感性和脆弱性——尤其是包含政治和战略意义的脆弱性，有可能导致对方的战略反击，从而导致得不偿失的结果。“当代国际相互依赖的其他条件也倾向于限制政治家操纵非对称相互依赖的能力”。② 正因如此，政府在制定战略时必须要考虑在相互依赖格局中的敏感性和脆弱性程度，以及注意在政治谈判过程中分析相关领域的相互依赖关系，从而采取合理的行动，在获利和代价间寻求动态的平衡。

大卫·鲍德温从权力的关系属性、权力的多维度属性、实际的和潜在的权力、行为体的意图、权力的代价、权力资源以及权力的可转换性等不同维度详细论述了相互依赖与权力的关系。他认为如果把依赖关系也看作是一种权力关系，那么应该明确的是一个国家因什么事情而高度依赖什么行为者。如美国或许在石油方面依赖沙特，但是他在战略武器控制谈判方面并不依赖沙特。他把脆弱性依赖视为一种潜在的权力，他认同基欧汉和奈关于政治讨价还价是把潜能转化为影响力的通常手段，但许多潜能也在这种转化过程中被消耗掉了的观点。他认

---

① ［美］罗伯特·基欧汉和约瑟夫·奈著，门洪华译：《权力与相互依赖》（第四版），第18页。

② 同上。

为在脆弱性相互依赖中处于弱势的一方的行为会受到强势一方的影响。相互依赖作为一种权力付诸实施会使各方都付出一定代价，而代价小的一方可以使另一方做出让步。最后，权力具有可转换性，一个问题领域中的权力资源能够在其他问题领域发挥效用，相互依赖也有类似效果。[①]

对相互依赖与权力关系进行探讨的还包括哈里森·瓦格纳（R. Harrison Wagner）和罗德里克·马丁等学者。瓦格纳在《经济相互依赖：谈判能力与政治影响》（1988）一文中运用谈判理论提出经济不对称依赖需要在一定条件下才会导致政治影响力的实现。用经济资源来换取政治上让步的交易要好于单独从经济关系角度来对其收益分配进行谈判的关系。[②] 罗德里克·马丁的《权力社会学》（1992）一书从政治社会学角度研究相互依赖与权力的关系，认为依赖中的不对等程度和摆脱依赖的难易程度，决定着社会生活中的权力关系，依赖并不会自然而然地导致服从，因为服从只是在没有其他出路时才会存在。[③]

四、相互依赖模式

国际关系理论不同学派从各自理论视角出发，对相互依赖理论的本质和相互依赖模式的论述各不相同。比较具

---

① David A. Baldwin, "Interdependence and Power: A Conceptual Analysis", International Organization, Vol. 34, No. 4 (Aut., 1980), pp. 496 – 504.

② R. Harrison Wagner, "Economic Interdependence, Bargaining Power, and Political Influence", International Organization, Vol. 42, No. 3, 1988, pp. 461 – 483.

③ ［英］罗德里克·马丁著，丰子义、张宁译：《权力社会学》，北京：三联书店，1992 年版，第 120 页。转引自苏长和：“经济相互依赖及其政治后果”，载《欧洲》1998 年第 4 期，第 37 页。

有代表性的是结构现实主义、新马克思主义以及新自由制度主义。

作为结构现实主义的代表人物，肯尼斯·华尔兹用一整套科学化的概念对传统的现实主义进行大力改造后提出只要国际无政府状态继续存在下去，国家在功能上就是相似的单元，国家会为了生存而最大程度地保持独立，这种国家间的安全竞争压力和顾虑就不可能使国际关系变成真正的相互依赖。华尔兹对相互依赖的分析模式是建立在单元（国家）和体系这两个不同层面的。华尔兹在其《国际政治理论》中指出结构现实主义是一种从体系层次来分析构成体系的单元（国家）行为的理论。他指出由于结构的差异[①]，国内的相互依赖与国家间的相互依赖是两个截然不同的概念。国内的相互依赖由于有公认的权威来保护因相互依赖加深而产生的收益分配不公问题，因此领域内的单元就可以自由地实行专业化分工，不同单元相互作用，随着专业化程度的加深这种相互依赖就越发紧密。国家间的相互依赖因处于无政府状态下，每个国家都把生存放在首要的战略地位，由于相互依赖的加深会增加各国对收益分配的疑虑，各方都担心因为相互依赖中的获利较大的一方会利用其增加的能力来实行一项意图伤害或毁灭他国的政策，因此国家作为同类单元都尽量保持最大的独立程度，尽量避免由于国与国之间专业化分工程度加深所导致的更紧密的相互依赖。正是因为行为体担忧会受制于脆弱性相互依赖或会因分工合作而依附于他国，各行为体不愿置身于不断加深的相互依赖之中，合作

① “结构的差异”，指的是国内的等级秩序，国家间的无政府状态。

也变得困难重重。[1]

新马克思主义的依附论（Dependency Theory）也是相互依赖理论中较为重要的一个流派。依附论主要兴起于20世纪60年代的拉丁美洲，主要代表人物有安德烈·甘德·弗兰克（Andre Gunder Frank）、萨米尔·阿明（Samir Amin）和特奥托尼奥·多斯桑托斯等人。其中，多斯桑托斯在其《帝国主义与依附》中对于依附概念的界定最为被众人所接受，他认为："依附是这样一种状况，即一些国家的经济受制于它所依附的另一国经济的发展和扩张。两个或更多国家的经济之间以及这些国家的经济与世界贸易之间存在相互依赖关系，但是，结果某些国家（统治国）能扩张和加强自己，而另外一些国家（依附国）的扩展和自身的加强则反而是前者扩展的反应。"[2]

依附论虽然存在众多派别，但是在一些主要问题上各学者的看法基本上是一致的，即学者们大都认为发达国家与发展中国家间关系是一种中心—外围（边缘）或宗主—卫星式的依附关系；资本主义的全球性扩张导致了中心—外围格局的形成。具体而言，处于中心地位的发达国家可以利用初级产品与加工产品间的不平等交换，使得处于边缘地位的发展中国家成为它们的原材料来源地和工业品出口目的地，从而保证了自身经济的高度繁荣；而发展中国家则在这样的一种中心—边缘体系中

---

① ［美］肯尼斯·华尔兹著，信强译：《国际政治理论》，第110—113页。

② ［巴西］特奥托尼奥·多斯桑托斯著，杨衍永等译：《帝国主义与依附》，北京：社会科学文献出版社，1999年版，第302页。

遭受了剥削，经济发展受到抑制。[①] 依附论所表述的是一种不平等和严重不对称的相互依赖模式。在经济全球化时代具体表现为某些发展中国家对发达国家经济上不平等和单向依赖关系。[②]

基欧汉和奈的《权力与相互依赖》一书是新自由主义的奠基之作，该书不仅分析了权力与相互依赖的关系，更构建了复合相互依赖模式。他们在该书中指出原有的现实主义的理论体系在解释国际关系新变化时已开始显得力不从心了，为此他们在对现实主义三大理论假设[③]进行批判过程中提出了复合相互依赖的理想分析模式。基欧汉和奈的复合相互依赖理论有以下三个基本特征："其一，各社会之间的多渠道联系，它包括政府精英之间的非正式联系或对外部门的正式安排；跨国组织（如多国银行或多国公司）等；其二，国家间关系的议程包括许多没有明确或固定等级之分的问题；其三，当复合相互依赖普遍存在时，一国政府不在本地区内或在某些问题上对他国政府动用武力，然而，在本地区或在某些问题上，军事力量在政府间关系中也起着非常重要的作用"。[④]

---

① 倪世雄等著：《当代西方国际关系理论》，上海：复旦大学出版社，2001 年版，第 340 页。

② 关于依附论的具体论述可参见樊勇明教授《西方国际政治经济学》中的第三章，第 84—110 页。

③ 政治现实主义的三个理论假设为："其一，作为整体的国家是国际政治最重要的行为体，这是一个带有双重含义的假设，即国家是最重要行为体；其二，现实主义假定，武力是一种可用且有效的政策工具，尽管其他工具也可以采用，使用武力或武力威胁却是行使权力的最有效工具；其三，部分与第二个假设相关，它假设世界政治中的问题（issues）有等级之分，其中军事安全最重要，作为'高度政治'（high politics），军事安全主导着经济和社会事务等低度政治（low politics）"。参见［美］罗伯特·基欧汉、约瑟夫·奈著，门洪华译：《权力与相互依赖》（第四版），第 22—23 页。

④ ［美］罗伯特·基欧汉、约瑟夫·奈著，门洪华译：《权力与相互依赖》（第四版），第 23—24 页。

复合相互依赖理论的三个基本特征导致了其不同于现实主义条件下的政治进程（见表1.1），正是这些政治进程使得权力资源与权力实现转化：第一，联系战略，在复合相互依赖条件下，各问题领域间相互关联性大为增强。由于军事力量作用下降，强国越来越难以运用支配地位控制其他问题的结果，而弱国在一定程度上可以利用联系工具，如国际组织，将不同问题联系起来从而在某些问题上使强国让步或得到附带补偿。1973年石油输出国组织发起的石油斗争就是典型的例证。第二，议程设置，由于问题之间没有等级之分，随着经济增长和敏感性相互依赖增加，一些经济问题被政治化的同时，许多国内问题成为了国际问题。国家之间外交议题的确立也变得更加微妙和多样化。各行为体都希望把自身关注的问题上升为国家议程或国际议程，通过议程的扩大或缩小实现自身优势的最大化。第三，跨国和跨政府关系，随着社会联系渠道的多元化，国内政治和国际政治的区分以及国家利益的界定变得模糊。各行为体对外部变化的敏感性和脆弱性都将直接影响一国的政策制定。第四，国际组织的作用，由于存在多渠道联系，国际组织在各种政治经济谈判中的潜在作用大为增强。具体来说，国际组织有助于国际议程的制定，同时它们也可以促成多国联盟形成以及成为弱国结盟和推行联系战略的场所。①

---

① ［美］罗伯特·基欧汉、约瑟夫·奈著，门洪华译：《权力与相互依赖》（第四版），第29—35页。

表 1.1　现实主义和复合相互依赖条件之下的政治进程①

	现实主义条件之下	复合相互依赖条件之下
行为体的目标	军事安全将是首要的国家目标。	国家的目标因问题领域而异。跨政府的政治存在，导致目标难以确定。跨国行为体将追求自身的目标。
政府的政策工具	军事力量是最为有效的政策工具，尽管也采用经济手段及其他政策工具。	适用于具体问题领域的权力资源最为相关。相互依赖、国际组织和跨国行为体的管理将是主要的手段。
议程形成	势力均衡的潜在转变和安全威胁将确定高度政治领域的议程，并将对其他议程产生重大影响。	议程受到如下因素的影响：各问题领域内权力资源分配的变化；国际机制地位的变化；跨国行为体重要性的变化；与其他问题的联系以及敏感性相互依赖增强而导致的政治化等。
问题的联系	联系将降低问题领域间后果的差别，增强国际等级区分。	由于武力的效用难以发挥，强国实行联系战略将愈加困难。弱国通过国际组织推行联系战略将衰弱而非增强国际等级区分。
国际组织的作用	受制于国家权力和军事力量的重要性，国际组织的作用有限。	国际组织将设置议程，促动联盟的建立，并为弱国的政治活动提供场所。选择处理某问题的组织论坛并争取支持票的能力将是重要的政治资源。

① ［美］罗伯特·基欧汉、约瑟夫·奈著，门洪华译：《权力与相互依赖》（第四版），第35页。

基欧汉和奈的复合相互依赖模式具有较强的折中色彩，他们用该理论把现实主义和自由主义进行结合，为新自由制度主义理论奠定了基础。基欧汉和奈指出相互依赖作为国家之间的相互影响状态，不仅反映在政治、军事、经济和环境等国际关系的各个领域，并且这些领域之间也存在相互影响的特性，这些正好体现出了相互依赖的复合性特征。尽管基欧汉和奈认为相互依赖中的不对称性可能成为冲突的根源，但是复合型特征的存在，军事力量等传统手段可能并非是解决冲突的最佳方式。与之相反，由于相互依赖中多渠道联系的存在以及国际组织作用的加强，使得强国和弱国之间的关系发生变化，从而使合作的可能性增加。

尽管上述三个相互依赖模式的观点和分析框架各不相同，但它们都强调国际体系的重要性。在世界体系中，国家作为单一行为体有强弱之分。现实主义者认为国家的强弱是由这些国家采取的不同的国家战略而导致的，新马克思主义者认为这是由于两者间的不平等依附导致的，而自由主义者则认为国家强弱之分是由比较优势决定的。体系决定了国家的对外政策选择，一般而言拥有比较优势的强国在世界体系中处于核心地位，因而倡导自由贸易，而处于弱势的国家则处于世界体系的边缘地带，因而推行贸易保护政策。

第二节　中国与拉美国家关系的相关研究

拉丁美洲（简称拉美；英语：Latin America；西班牙语：América Latina 或 Latinoamérica）由墨西哥、中美洲、南美洲以及西印度群岛组成，共有34个国家和地区。拉丁美洲是一个政治地理概念。在历史上，这一地区主要为拉丁语系的西班牙和葡萄牙等国的殖民地，因此称之为拉丁美洲。此外，加勒比海上的西印度群岛同拉美地区具有相似的历史遭遇，在地理划分上习惯把它与拉美划在同一范畴中，统称拉丁美洲和加勒比地区。[①]

中国对于拉美真正意义上的研究起步于20世纪60年代初。1961年，中国社会科学院拉丁美洲研究所的成立标志着中国的拉美研究步入一个新的阶段。之后，北京大学、南京大学和复旦大学等高等院校也纷纷设立了拉美研究室。自改革开放政策实行以来，中拉关系开始升温，中国拉丁美洲史研究会、中国拉丁美洲学会等相继成立，学术刊物《拉丁美洲研究》也开始创刊发行。与此同时，拉美研究的学科建设也逐步完善起来。但涉及中国与拉美国家关系的研究成果仍然比较少，比较有代表性的是沙丁等合著的《中国和拉丁美洲关系简史》[②]，这是国内第一本系统论述中拉关系的著作。进入新世纪以来，随着中拉关系的快速发展，国内外学者对于中拉关系的研究逐渐增多，主要集中在中拉关系的整体评估和预判，中拉经济关系研究以及中拉关系与美国因素等几个方面。

一、对中拉关系发展现状与前景的综合性研究

中国学者对中国与拉美关系的综合性研究主要以中拉间政

① 关于拉丁美洲概况可参见中国社会科学院拉美研究所网站相关介绍。网址：http：//ilas. cass. cn/cn/lmgl/index. asp（上网时间2014年4月10日）

② 沙丁等合著：《中国和拉丁美洲关系简史》，郑州，河南人民出版社，1986年版。

治、经济和文化等方面的合作为视角，研究中拉关系整体发展的现状、优势以及对如何使中拉关系更加健康可持续发展给出建议。李明德主编的《拉丁美洲和中拉关系——现在与未来》[①]一书对20世纪中拉关系进行了全面的回顾和总结，在此基础上对21世纪的中拉关系提出了建议和展望。该书是进入新世纪以来第一本关于中拉关系的综合性著作。由苏振兴主编的《中拉关系60年：回顾与思考》[②]（上、下）对当前的中拉关系进行了定位，认为中拉关系已形成全方位、多层次、宽渠道和官民并举的发展新格局，进入了构筑双方全面合作伙伴关系的新阶段。认为“发展利益”正上升为中拉关系中的“重中之重”。对于中国来说，拉美地区是本国工业原料的重要来源地，是中国实现能源供应多元化战略的现实选择以及中国企业海外布局的战略性支点。对于拉美国家来说，对华关系的发展始终以追求经贸合作为重点，拉美各国把中国视为实现对外经贸合作关系多元化战略的重要选择。当前中拉关系正面临着新的发展机遇。由吴白乙等合著的《转型中的机遇：中拉合作前景的多角度分析》[③]（2013）从中拉经贸合作的各国视角、中拉安全合作以及中拉外交合作等各个层面对中拉关系的发展进行了远景展望，对中拉关系的重要性和未来的发展方向给出了独到的见解。

除了上述综合性著作之外，近几年来许多国内学者发表了一系列关于中拉关系现状以及未来发展趋势的文章。例如，沈

---

① 李明德主编：《拉丁美洲和中拉关系—现在与未来》，北京：时事出版社，2001年版。

② 苏振兴主编：《中拉关系60年：回顾与思考》，北京：当代世界出版社，2010年版。

③ 吴白乙等著：《转型中的机遇：中拉合作前景的多视角分析》，北京：经济管理出版社，2013年版。

安的《关于中国未来对拉美战略的思考》(2009)[①](上、下),从评估当前国际形势和拉美地区国际地位和重要性入手,论述了中国在拉美的战略利益以及拉美地区对中国的期待和疑虑,最后对中国未来的拉美战略提出了看法和建议。

其他从整体视角论述中拉关系的文章还包括:张建民和张勇的《当前的中拉关系特点评析》(2013)、牛海彬的《试论新时期中拉关系的战略性》(2013)、江时学的《中拉关系五问》(2013)、王平和王翠文的《国际格局的变化与中拉关系的可持续发展》(2014),王友明的《构建中拉整体合作机制:机遇、挑战及思路》(2014 年)等。这些论文对中拉间的政治互动都给予了高度评价,对中拉间的经济互动给予了肯定,但大都认为中拉间在贸易合作的结构以及经贸合作的范围和方式都有很大的改善和提升空间,中拉也需要继续扩大在文化等领域的合作。从整体来看,中拉关系越来越具有全球性性质。近几年,学者在关注中拉关系政治和经济互动对发展双边关系意义的同时,也在研究其对于推动国际体系变革以及维护发展中国家共同利益的特殊意义。

此外,从现有的研究成果看,涉及中国在拉美形象方面的研究仍然非常有限。倪建平的《国家形象与中国同拉美的经济合作:文化传播视角》[②](2010)一文是少数几篇把国家形象与中拉关系结合起来研究的文章,他从文化传播的视角,首先对文化传播与经济合作的相关性进行了论述,之后分析了中国

① 沈安:"关于中国未来对拉美战略的思考"(上、下),分别载《拉丁美洲研究》2009 年第 4、第 5 期,第 3—8 页、36—40 页。

② 倪建平:"国家形象与中国同拉美的经济合作:文化传播视角",载《拉丁美洲研究》,2010 年第 3 期,第 3—7 页。

在拉美地区的文化传播以及中国与拉美地区国家合作所面临的各类挑战，最后提出了文化传播对深化中国与拉美国家的经济合作以及提升中国在拉美的国家形象的作用。

相对于中国学者而言，国外学者更为关注中拉关系发展给拉美地区带来的各种影响。费尔南多·比亚米萨·拉姆斯（Fernando Villamizar Lamus）（2012）从分析《中国对拉丁美洲和加勒比政策文件》入手，证明中国在发展与拉美关系时如何积极运用“巧实力”。他认为该政策文件重点强调了中拉合作。合作对于拉美国家来说具有很大的吸引力，中国的“软实力”可以在中拉开展合作中得以实现。但是当合作开展的同时，中国的“硬实力”也开始显现，如中国的对外援助。在不久的将来中国在拉美影响力的提升将对美国的霸权发起挑战，就如在非洲许多地区那样。他期待中国与拉美关系的最终走向不是拉美和加勒比沦为中国的初级产品供应地和工业制成品的购买者，而是让中拉关系的发展成为本地区全面发展的机遇。[①] 伊萨贝尔·罗德里格斯·阿兰达（Isabel Rodríguez Aranda）和迭戈·雷瓦·万·德·玛勒（Diego Leiva Van de Maele）（2013）也从国际关系和中拉关系的角度对2000年至2010年间中国运用“软实力”和公共外交的情况进行了分析。他们认为中国在经济上的成功使其成为了一个具有全球吸引力的国家，而中国正在运用经济方面的优势来加强其文化“软实力”方面的吸引力。拉美国家在评估中国发展模式时把其与中国政治区分开来。从总体来看，中国正在综合运用其“软实力”和“硬实

① Fernando Villamizar Lamus, “Smart power y la política exterior de China hacía America Latina y Caribe”, Revista Enfoques. Vol. XI, No17, 2012. pp . 33 – 51

力”，使其成为外交上的“巧实力”，中国外交具有实用主义色彩。[①]

此外，阿里尔·C. 阿莫尼（Ariel C. Armony）和朱莉娅·C. 施特劳斯（Julia C. Strauss）（2012）以中国实施“走出去”战略为背景，对中国与拉美的互动关系进行了分析，认为对双方互动关系的研究要考虑到参与者自身的多样性。中拉互动领域的研究正在呈现出其独特形式。[②] 其他分析中国对外政策对拉美影响的研究还包括班杰明·科鲁兹菲尔德（Benjamin Creutzfeldt）的《拉美在中国外交政策中的位置》（2013）[③]、克里斯·奥尔登（Chris Alden）的《中国与非洲：拉美远方的镜子》（2012）[④] 等。

二、关于中拉经贸关系的研究

中外学者对于中拉经贸关系的发展都给予了高度关注，但是他们的关注焦点和得出的结论各不相同。中国学者对于中拉经贸合作的发展大都给予了比较积极和正面的评价，而外国学者则褒贬不一。中国学者对于中拉经贸合作的研究主要有以下几个方面：

---

① Isabel Rodríguez Aranda y Diego Leiva Van de Maele，“El soft power en la política exterior de China：consecuencias para América Latina”，Polis［En línea］，35，2013. http：//polis. revues. org/9179.

② Ariel C. Armony and Julia C. Strauss，“From Going Out (zou chuqu) to Arriving In (desembarco)：Constructing a New Field of Inquiry in ChinaLatin America Interactions”，The China Quarterly，Vol. 209，March 2012，pp. 1 – 17.

③ Benjamin Creutzfeldt，“América Latina en la política exterior China”，Pap. Polít. Bogotá (Colombia)，Vol. 18，No. 2，pp. 599 – 611，julio-diciembre 2013.

④ Chris Alden，“China y África：un espejo distante para América Latina”，Colombia Internacional 75，enero a junio de 2012，pp. 19 – 47.

第一，对中拉经贸合作的整体分析。苏振兴主编的《中国与拉丁美洲——未来10年的经贸合作》（2014）一书在全面总结了21世纪以来拉美地区经济发展趋势和政策调整的基础上，通过对拉美地区主要国家的资源禀赋、产业结构、经贸合作等各个角度的案例分析，深入探讨了今后10年中拉经贸合作的前景和实现途径。[①] 郭濂主编的《中国与拉丁美洲经贸合作战略研究》（2014）一书则在介绍中国企业与拉丁美洲国家开展经济贸易合作有关的政治和经济制度、人文环境和风俗习惯等基础上，对中拉开展经贸合作的现状、战略布局以及将来面临的机遇与挑战进行了分析，为中国企业制定与该地区国家的经贸合作规划提供了参考。[②] 这两本著作都为中国关于中拉经贸合作的最新力作，书中对中拉经贸合作对双方的战略性意义进行了肯定，并对经贸合作过程中的优势与不足进行了分析，为中拉经贸合作如何继续抓住战略机遇期和应对挑战提供了建议。此外，近几年来董国辉（2013）、李淑娟（2012）、左品（2012）、杨志敏（2009）[③] 等学者也从不同角度对中拉经贸合作的当前格局、发展前景以及政策选择进行了分析，大都认同合作与发展仍将是中拉经贸合作的主旋律。

---

① 苏振兴主编：《中国与拉丁美洲——未来10年的经贸合作》，北京：中国社会科学出版社，2014年版。

② 郭濂主编：《中国与拉丁美洲经贸合作战略研究》，北京：中国社会科学出版社，2014年版。

③ 董国辉："中国与拉美经贸关系中的合作与冲突"，载《拉丁美洲研究》，2013年第3期，第42—48页；李淑娟："新世纪以来拉美与亚太地区的经贸合作——兼论中国与拉美的经贸合作"，载《拉丁美洲研究》，2012年第4期，第53—63页、76页；左品："中国与南方共同市场经贸合作格局与前景分析"，载《国际观察》，2012年第5期，第73—79页；杨志敏："中拉经贸合作面临的新形势与政策选择"，载《拉丁美洲研究》，增刊2，2009年10月，第31—37页、51页。

第二，涉及中拉间各专业领域合作的研究。随着中国综合实力的增长以及“走出去”战略的实施，中拉的经贸合作正在向贸易、投资和金融合作等各个领域扩展。除了对中拉经贸合作进行整体分析的书籍和论文会对各专业领域的合作有所涉及外，具有针对性的分析文章也开始增多。例如，《中拉合作应对国际金融危机的合作模式分析》（2009）一文通过比较国际金融危机向中国和拉美的传导机制后，阐述了中拉合作的三大机遇，并在此基础上着重分析了中国参与美洲开发银行业务、双边货币互换、“贷款换石油”、增资双边投资基金四种合作模式，并对前景做出了展望。[①]《中国对拉美直接投资的现状及发展问题研究》（2013）一文在分析中国对拉美地区直接投资的主要问题的基础上，认为继续开拓投资领域，规避投资风险，树立中国企业的良好形象，加强中国政府对企业的扶持和引导，建立危机预警机制是进一步发展对拉美直接投资的策略选择。[②]其他专业文章还涉及了中拉在能源和自由贸易等领域的合作。[③]

第三，涉及双边经贸合作的研究。这一类研究主要围绕中国和巴西、墨西哥以及阿根廷等拉美主要大国间的经贸合作展开。例如，有学者对中国与巴西双边贸易的竞争性与互补性进

---

① 张勇：“中拉合作应对国际金融危机的合作模式分析”，载《拉丁美洲研究》，增刊2，2009年10月，第43—51页。

② 李辉、侯志铭、张荣：“中国对拉美直接投资的现状及发展问题研究”，载《财经理论研究》，2013年第6期，第48—53页。

③ 张仕荣、张曙光：“新时期拉美结构主义与中拉能源合作的前景”，载《拉丁美洲研究》，2012年第6期，第18—22页；武小琦、陈开军：“中国与拉美国家自由贸易协定的效应评价”，载《拉丁美洲研究》，2013年第5期，第64—67页；田志、吴志峰：“中国在拉美地区的自由贸易区布局及合作战略”，载《拉丁美洲研究》，2014年第1期，第26—31页。

行研究后认为中国与巴西的出口产品呈现互补性大于竞争性的特征，中巴双边贸易存在着较大的发展潜力。[①] 也有学者在对20世纪90年代以来中国与墨西哥的双边贸易发展趋势及其特点进行总结和分析的基础上，着重论述了影响双边贸易的主要因素及其存在的问题与障碍。[②]

外国学者主要以中国经济的快速发展和国际影响力的不断扩大为背景，分析中国对拉美国家的经济发展是机遇还是威胁或挑战。中国为拉美国家发展提供的机遇主要体现在：第一，中国经济的快速稳定发展使得中国成为了全球经济发展的主要引擎，为世界经济的发展做出了贡献，也为拉美经济的发展带来了机遇。第二，中拉贸易结构的互补性大于竞争性，中国已成为了拉美原材料和初级产品的主要出口目的地之一，有利于拉美经济的增长。第三，中国巨额的外汇储备和对外直接投资的提升，为拉美国家融资渠道和吸引外资多元化提供了机遇。

中国对拉美经济发展的“威胁”主要体现在三个方面：第一，中国大量的廉价商品输出会与拉美国家在国内、本地区以及区域外的第三方市场（如美国）形成竞争关系，从而使得处于劣势地位的拉美相关产业部门受到损害。第二，中国吸收了大量的外国直接投资，会对拉美国家吸引外资造成不利影响。第三，中国与拉美经贸合作的互补性主要体现为中方主要输出工业制成品而拉美主要出口原材料和初级产品的特点。中国对拉美的直接投资主要集中在资源和能源领域。中国与拉美间的

① 吕宏芬和俞涔：“中国与巴西双边贸易的竞争性与互补性研究”，载《国际贸易问题》，2012年第2期，第56—64页。

② 吴国平、岳云霞：“中国与墨西哥双边贸易的发展趋势及其面临的问题”，载《拉丁美洲研究》，2012年第5期，第2—11页。

经贸关系具有“中心—外围”的特征。

一方面，一部分学者和机构认为中国的快速发展以及中拉经贸关系的发展对拉美国家来说机遇和威胁并存，但机遇大于威胁。认为中国对拉美经济来说机遇大于挑战的这些观点主要出现于2004年之后，这与中拉政治互动进一步加大，以及双方经济都出现高速增长不无关系。例如，哈维尔·桑蒂索（Javier Santiso）主编的《中国在拉美的有形之手》（2009）中收录的五篇文章，分别对中拉在贸易和投资领域等的竞争和机遇进行了分析。认为拉美的贸易将从中国强劲的需求中获益；中拉贸易结构互补性大于竞争性。中国产品并未与拉美国家在本土市场和美国市场上形成严重的竞争。在吸引外资方面，由于经济结构差异，中拉间也不存在严重的竞争性。[①] 奥斯瓦尔多·罗萨莱斯（Osvaldo Rosales）和桑山干雄（Mikio Kuwayama）的《拉美与中国、印度相遇：贸易和投资的前景与挑战》（2007）指出中国与印度经济的快速增长为拉美的对外贸易提供了巨大的潜力。虽然到目前为止这一潜力还没有完全显现出来，但是拉美国家应该加强与这两个亚洲国家的联系，最大程度地寻求与他们的经济互补性。拉美国家可以通过签订贸易协定和结成更多的贸易和投资联盟，从而使得拉美能够有更多的渠道进入这两个国家并成为亚洲生产链的一员。[②]

---

① ［西/法］哈维尔·桑蒂索主编，王鹏、赵重阳译：《中国在拉美的有形之手》，北京：世界知识出版社，2009 年版。

② Osvaldo Rosales y Mikio Kuwayama, “América Latina al encuentro de China e India: perspectivas y desafíos en comercio e inversión”, Revista de la CEPAL, Diciembre 2007, pp. 85 – 108.

拉丁美洲和加勒比海地区经济委员会（简称“拉美经委会”，西班牙语缩写为“CEPAL”，英语缩写为“ECLAC”），2011 年发表了题为《中华人民共和国和拉丁美洲及加勒比海地区经济贸易往来迈入新阶段》的报告，对中拉经贸关系给予了积极评价。报告认为，中国作为最主要进口国，对拉丁美洲及加勒比海地区近几年来的出口增长发挥了至关重要的作用。但是，中拉经贸关系存在一定缺陷，如中国与拉美的贸易存在国别和商品种类过于集中、中国对拉美的投资主要集中在能源领域等问题。拉美各国需要抓住中国机遇，促使双方的贸易和投资向多元化方向发展。[①]总体来看，拉美经委会一系列的研究报告和文章对中拉间的经贸合作持比较正面看法，并建议中拉间应该开展更为广泛的经贸合作。

另一方面，持“中国威胁论”的学者大都只关注中国发展给拉美经济带来的负面影响，没有综合考虑拉美国家经济自身的结构性缺陷，如政府官僚作风问题、基础设施落后、劳动力综合成本高等自身问题给拉美商品的出口竞争力带来的损害，也没有关注资源优势给拉美经济腾飞带来的红利，而只着墨于其给拉美造成诸如“去工业化”之类的不良影响。

凯文·加拉格尔（Kevin Gallagher）和罗伯特·波尔茨卡恩斯基（Robeao Porzecanski）在其合著的《房间里的龙：中国与拉美工业化的未来》（2010）一书中将拉美受到中国“威胁”的产业分为三类：一是“受威胁”，即拉美工业制成品出口在世界市场上的份额下降，而中国的份额在扩大；二是“部

① 《中华人民共和国和拉丁美洲和加勒比地区经贸往来迈入新阶段》（中文版），联合国拉丁美洲和加勒比海地区经济委员会，智利，圣地亚哥，2011 年 6 月。

分受威胁”，即拉美和中国的工业制成品在世界市场上的份额都在增加，但中国增加的份额更大；三是“不受威胁”，即拉美工业制成品在世界市场上增加的份额大于中国的份额。该书认为，截至2009年，92%的拉美工业制成品出口受到了中国的“威胁”。因此，这两位学者认为，中国竞争力的加强损害了拉美未来长期发展的能力。①

莱斯·詹金斯（Rhys Jenkins）虽然认为中拉间的经贸关系日益紧密，并且未来双方的经贸合作关系会越来越重要，但是到目前为止与美国和欧盟相比，中国对拉美的影响力还比较有限。总体上看，他对中国对拉美经济的影响持较负面观点。该学者曾于2009年发表过一篇题为《中国对拉美的影响》，认为中国在以下几方面对拉美国家带来了挑战：在拉美本地市场形成的竞争、中拉贸易结构具有“中心—外围”特征、中国对初级产品的需求给拉美经济带来“荷兰病”效应、与中国经贸合作产生的利润集中于少数大公司而民众不仅没有分享到多大好处却要承担中拉关系带来的负面影响。2012年，他又撰文指出中拉贸易具有的不对称性和“中心—外围”的特征。他认为中国对拉美经济的贡献率还非常有限，大家不应对中国在该地区存在抱有过分的希望与恐惧。②

① Kevin Gallagher and Robeao Porzecanski，“The Dragon in the Room：China and the Future of Latin American Industrialization”，Stanford University Press，2010. 转引自江时学：“中拉关系五问”，载《拉丁美洲研究》，2013年第5期，第5页。

② Rhys Jenkins，“El impacto de China en América Latina”，Revista CIDOB d’Afers Internacionals，85－86，mayo 2009，pp. 251－272；Rhys Jenkins，“Latin America and China—a new dependency?”，Third World Quarterly，Vol. 33，No. 7，2012，pp. 1337－1358.

三、中拉关系中的“美国因素”[①] 研究

中拉关系的发展必然绕不开美国因素，与美国的关系一直都是拉美绝大部分国家对外关系中的优先发展战略，拉美国家的多元化对外战略的目的是为了平衡而不是去除美国对本地区的影响力。进入新世纪以来，中外学者都较为关注中拉关系发展中的“美国因素”。美国学者对于中拉关系对美国利益影响的评估和分析主要有两种趋向：一种是“中国威胁美国后院”的论调，认为中拉关系的升温会影响到美国在该地区的利益，会妨碍拉美国家的民主化进程；另一种观点则把“中国威胁美国后院论”转向了“中国伙伴论”，认为中拉关系的发展是一个新兴大国崛起的表现，不能简单地把其视为对美国利益的威胁，相反应该看到中拉关系改善对拉美地区产生的积极影响。欧洲和拉美学者对于中—美—拉三边关系发展则持较为乐观的态度。

美国政界和学界持“中国威胁论”观点者除了关注中拉美经济关系发展会给美国企业带来更多竞争外，更为关注中拉关系发展对美国的政治影响。如 2014 年 1 月召开的第二届拉共体（CELAC）首脑会议通过“关于支持建立中国—拉共体论坛的特别声明”后立即引来了美国舆论的担忧，认为中国加强与拉美关系的意图不仅在于获取原材料，还有更加复杂的政治意图。甚至认为中拉整体合作提升是中国对美国亚太“再平衡”战略展开的反制措施，“中拉合作论坛”建立有利于拉美

① 这里的“美国因素”指的是中拉关系发展中美国的反应以及中—美—拉三边关系。

国家平衡美国对该地区的影响力。[①] 这种类似猜忌在美国舆论中时常出现。对"中国威胁论"持否定态度的美国学者则认为中拉关系发展是全球化背景下的正常现象，与中国关系的发展也是拉美国家多元化外交政策的一部分。中拉关系发展对于第三方来说也可获益，而不必要做出"胜利者赢得全部竞争"的解读。[②]

阿根廷学者胡安·加布里埃尔·多卡利安（Juan Gabriel Tokatlian）的《拉丁美洲、中国和美国：值得期待的三角关系》（2007）一文中认为中—美—拉三边的合作关系是可以实现的。他认为在当前由单极体系向多极体系过渡的国际背景下，三方的合作非常有利于拉美地区向更为独立自主的方向发展。他认为到目前为止还没有证据表明中国要在拉美挑战美国的利益。推动中—美—拉三边的良性互动有利于国际社会的和平与繁荣。[③]

中国学者在研究中拉关系时常常把"美国因素"考虑在内，并大都认为要避免与美国产生冲突，中美可以在拉美事务中开展更多中—美—拉三边合作。此外，也有学者从美国对中拉关系发展的认识、评估以及相应的政策等角度出发对中拉关系中的"美国因素"进行了专门分析。[④] "美国因素"将长期

---

① Shannon Tiezzi，"China's Push Into 'America's Backyard'"，February 08，2014. http：//the-diplomat. com/2014/02/chinas-push-into-americas-backyard/（2014 年 6 月 8 日）

② Jamie Heine，"China's Claim in Latin America：So Far，a Partner not a Threat"，July25，2008. http：//www. coha. org/china% E2% 80% 99s-claim-in-latin-america-so-far-a-partner-not-a-threat/（2014 年 6 月 8 日）

③ Juan Gabriel Tokatlian，"América Latina，China y Estados Unidos：Un triángulo promisorio"，Revista CIDOB d'Afers Internacionals，núm. 78，pp. 187 – 195.

④ 参见朱鸿博："近期中拉关系的发展与美国的拉美政策"，载《拉丁美洲研究》，2006 年第 4 期，第 60—65 页；王晓梅："美国对中国加强与拉美合作的认识与政策"，载《教学与研究》，2007 年第 2 期，第 78—84 页。孙洪波，"美国对中拉关系的判断及其疑虑"，载《江汉大学学报》（社会科学版），第 2009 年第 2 期，第 5—9 页等等。

成为中拉关系发展的重要外部因素。对中拉关系中的“美国因素”进行分析才能更加客观地总结出中拉相互依赖模式。

小　结

从学者们对于相互依赖理论的概念界定可以看出，由于相互依赖的复杂性至今仍未有人对此提出过一个完全令人信服的定义。当前，学界对于相互依赖是导致和平还是冲突的争论仍无定论。现实主义者更为关注相互依赖关系中断可能带来的成本和代价，认为它将给国家的自主性和安全带来消极影响。他们强调相互依赖中的权力因素使行为体间爆发冲突的可能性增加。自由主义者则更为看重相互依赖给各方带来的收益，以及这种收益对各国可能产生的冲突行为的抑制作用。自由主义者强调各国间利益的相关性，认为基于利益的合作是有必要的。本书认为在当前以和平与发展为主题的国际背景下，和平与合作更符合时代发展的潮流，随着相互依赖的加深，贸易冲突或摩擦虽然不可避免，但是可以通过协商和谈判的途径进行调和。

相互依赖理论在一定程度上反映了当代国际关系的客观现实，即在经济和科技快速发展的背景下，各国家间和跨地区间的相互影响、相互作用日益增加。尤其是 20 世纪 90 年代以来，随着经济全球化和国际政治格局多极化的不断发展，国际社会的相互依赖程度不断提高，所涉及的领域也更为广泛。相互依赖对世界政治和国家的行为方式产生了深刻影响，同时国家行为也影响着相互依赖的模式。相互依赖所产生的权力资源转化为实际权力所面临的内外环境更为复杂，权力的衡量也变得更为困难。很显然，结构现实主义和新马克思主义的依附论的分析模式都很难去解释当今国际相互依赖的特点。

相互依赖是新世纪以来中国与拉美国家关系的一个主要特征，也是本书分析的逻辑起点。在当今国际格局变动的大背景下，战争已成为了各国在追求利益中的次要选项，世界各国间的现实和潜在共同利益多于冲突利益，在合作中寻求利益最大化已经成为了世界各国的追求目标。随着全球化的深入发展，地区间合作和地区一体化进程的加深，国家间关系越来越紧密，政治、经济等方面的多渠道联系和相互影响日益增加。中国与拉美国家相互依赖的加深是全球范围内相互依赖日趋紧密的一个缩影。

值得注意的是当今国际体系仍处于无政府状态的逻辑之下。当代国际关系中虽然出现了行为主体多元化的趋势，但是国家在未来相当长时间内仍将是国际政治中的主要行为体。无论是全球和区域性层面各类相互依赖关系的形成，还是双边层面相互依赖关系的加深，都需要国家行为的支撑。中拉相互依赖的模式虽然受到各行为体的目标和联系战略的影响，但最终决定中拉间相互依赖模式走向的仍然是中国与拉美各国政府，特别是拉美地区大国政府的政策目标和议程。

复合相互依赖模式是一种理想化模式，“武力作用下降”、“国际组织作用上升”带有理想化色彩。现实的世界处于现实主义与此理想模式之间。基欧汉和奈指出世界政治和国家行为与相互依赖之间存在相互影响关系，并认为政府需要通过制定或采取某些程序、规则和组织制度来调节、控制和管理相互依赖关系以解决彼此间的矛盾和摩擦。这些观点对于当代国际政治仍具有很强的指导意义。但是，也应看到，大国对国际制度的主导作用也并没有一落千丈。尽管发展中国家在国际组织中与发达国家的讨价还价能力有所增加，但是国际组织仍是大国政治的舞台，如果大国感到国际组织的规则对自己构成制约时，大国甚至会绕开国际组织单独行动。冷战后美国屡次拒绝接受或退出对自己构成制约的国际组织或国际条约就是最好的例证。

基欧汉认为全球化依赖于有效治理，而有效治理需要制定更为广泛的国际制度。为了防止全球化的停止或逆转，因此需要发展有助于促进合作和解决冲突的制度性安排。[①] 从某些意义上看，国际制度就是由国家制定的对相互依赖关系产生影响的一系列具有控制性的安排。[②] 为了解决彼此间的矛盾和摩擦，各国需要通过制定某些规则和制度以调节和控制国家关系。相互依赖的加深是国际制度正常运作的基础，而制定的变迁则是对相互依赖关系动态发展的一种反应。

到目前为止，相互依赖的研究领域已经涉及了传统安全和非传统安全的诸多方面，但研究对象大都仍停留在发达国家之间或发展中国家与发达国家间的相互依赖关系，对于发展中国家间的相互依赖关系则很少提及。本书认为进入21世纪以来，随着发展中新兴大国的群体性崛起，发展中国家间的相互依赖特征越来越显现，它们会复制以往南北相互依赖的模式，还是具有南南合作的灵魂有待进一步研究。

中国和拉美国家间在政治和经济上互动的日益频繁，使得

① Robert Keohane, International Relations and International Law: Two Optics, Harvard International Law Journal, Vo. l 38, No. 2, Spring 1997, pp. 487 - 502.

② 樊勇明:《西方国际政治经济学》，第110页。

双方在政治和经济上的相互依赖特征日益显现，但到目前为止还没有学者从这一角度对其进行过深入的研究。从现有的文献来看，学者们尤其是中国学者大都认同中拉政治上的合作性，但经济上在合作日益密切的过程中存在一些需要共同解决的诸如贸易不平衡、经贸合作不对称等问题。中拉如何解决经济相互依赖加深过程中的矛盾与冲突，如何看待美国在中拉政治和经济互动过程中的作用对于研究中拉相互依赖模式具有重要意义。

第 二 章

研究框架

在上一章对相互依赖理论以及中国与拉美国家关系研究现状进行了系统梳理的基础上，本章主要围绕搭建整体的研究框架展开。具体用以回答以下四个问题：第一，明确本书的核心问题是什么？第二，围绕确立的核心问题如何进行进一步论证？第三，本书拟采用什么样的研究方法？第四，本书的创新之处和不足之处有哪些？

第一节　研究问题与研究思路

本书的核心问题是：新世纪以来中国与拉美国家的相互依赖处于一种什么样模式？对该问题的研究旨在为中国与拉美国家关系研究提供更为广泛的视角。基欧汉和奈提出复合相互依赖模式最终是为了在霸权衰弱的情况下如何维护美国对世界的领导而建言献策，本书对中拉间相互依赖模式的研究则是为了更好地审视中国崛起过程中如何在平等互利的基础上更好地与发展中国家开展合作，如何解决双方互动过程中产生的矛盾与冲突。

一、相关概念界定

为了对本书的核心问题进行系统性论述就必须理清相互依赖和相互依赖模式等相关概念。如前章所述，到目前为止国际关系学界对于相互依赖的内涵界定仍未给出一个令人信服的标准答案。综合国内外学者的观点，本书认为可以从以下三个方面去理解相互依赖的内涵：一是相互依赖是国家行为体和非国家行为体在经济、政治、军事、文化等各领域内形成的需要承担义务和付出代价的相互联系、相互影响的关系与状态；二是相互依赖是市场经济向全球范围内的生存要素进行优化配置的结果；三是不对称性相互依赖是权力的重要来源，相互依赖的敏感性和脆弱性程度决定了行为体在相互依赖中最初的优劣势地位。

与 20 世纪 70 年代国际关系学者言必称相互依赖一样，20 世纪 90 年代全球化逐渐成为了国际关系学界的新宠。相互依赖理论和全球化理论在议题和内容上存在着千丝万缕的联系，但并非完全等同。基欧汉和奈认为相互依赖指的是一种条件，事物的一种状态，其程度可以增加也可以减少，而全球化指的是一种不断增长的事物，其程度会越来越高。基欧汉和奈同时指出分析家不应假定任何事情仅仅处于上升状态。因此，他们采用“全球主义”（globalism）一词作为分析的起点，并将其定义为世界的一种条件或状态，其程度可增可减。全球主义关涉各大洲之间存在的相互依赖网络，它通过资本、商品、信息、观念、人民、军队、与环境和生物相关的物质的流动和影响联结在一起。根据此定义，全球化或“去全球化”（deglobalization）分别指的是全球主义的增减。由于基欧汉和奈指出相互依赖指的是“以国家之间或不同国家的行为体之间相互影响为特征的情形”，全球主义与相互依赖网络有关，因此全球主义是相互依赖的一种表现形式，而“全球化”反映了相互依赖深度和广度的增强。[①]

相互依赖反映了客观存在的现实，是社会生产力发展到了一定阶段后的产物。同时，它也是一个动态的概念，它的内涵和外延会随着社会生产力的发展而不断出现新的变化。本书主要从国际政治和国际经济相结合的角度对相互依赖理论进行理解。其中，政治相互依赖指的是国家行为体在双边、地区间以及全球事务中形成的需要承担义务和付出代价的相互联系和相互影响的关系与状态；而经济相互依赖则包含了双方在贸易、投资和金融等领域互动中产生的经济利益、经济政策等方面的相互联系和相互影响。

有中国学者认为，由于侧重点或角度不同，人们对模式的认识存在不同的表述，但是从本质上看“模式一般是指从生产经验中经过抽象和升华提炼出来的核心知识体系，通过揭示事物之间隐藏的内在关系，从而构成解决某一类问题的方法论。模式所揭示的事物内在关系，既可用图像、图案等来表现，也可以用数字、抽象的关系，甚至思维的方式等来表达”。[②] 此外，模式具多样性和可参照性两大特征。其中，多样性指的是在对前人积累的经验进行不断抽象和升华的基础上，可以找出

① ［美］罗伯特·基欧汉、约瑟夫·奈著，门洪华译：《权力与相互依赖》（第四版），第253—254页。

② 陈锦华：《中国模式与中国制度》，北京：人民出版社，2012年版，第40—41页。

解决此类问题的经验性归纳总结，由此形成特指的模式；而可参照性指的是可以用特定模式去指导分析相似事物以及运动的性质和运动。①

基于上述关于相互依赖以及模式等概念的界定，笔者认为中拉相互依赖模式包含了以下两方面的内涵：一方面，对中国与拉美国家关系发展过程中所积累的经验的归纳和总结，从而得出中拉相互依赖得以建立所包含的内外因素之间的内在关系；另一方面，是对中拉关系发展过程中双方互动特征和规律的分析，即中拉双方处理双边和多边事务时所显示出的互动特征和规律。

二、研究思路

在厘清了本书的相关概念之后，本书将从整体层面和具体层面对核心问题进行分析和论证。从整体层面来看，本书从中拉政治相互依赖模式与经济相互依赖模式两个研究视角分别论述，并提出以下两个研究问题：

1. 中国所倡导的平等互利、共同发展原则在中拉政治相互依赖模式中如何得到体现?

2008 年 11 月发表的《中国对拉丁美洲和加勒比政策文件》中明确指出了中国“致力于同拉丁美洲和加勒比国家建立和发展平等互利、共同发展的全面合作伙伴关系”，并提出了“互尊互信、扩大共识”、“互利共赢、深化合作”、“互鉴共

① 陈锦华:《中国模式与中国制度》，2012 年版，第 42 页。

进、密切交流”三大总体目标。[1] 这一文件的发表既是对新中国成立以来中拉关系发展的全面总结，更是对中拉关系发展方向的全面规划和政策性指导。

中拉间相互依赖关系的建立与发展既产生于国际体系变革和全球相互依赖加深的大背景，也离不开中国与拉美地区自身综合实力的不断增加以及对外政策的不断调整。因此，要归纳和总结中国与拉美国家间政治相互依赖的内涵和互动特征必须从以下两个层面进行分析：第一，历史层面，即理清中国与拉美国家相互依赖关系得以建立的历史脉络。新中国成立之后，中拉关系经历了从民间往来为突破点到官民并举再到政治与经济并重最终走向相互依赖的发展历程。中拉政治相互依赖内涵在双方日趋频繁的政治互动中不断得到丰富。第二，现实层面，即在当前国际体系转型的背景下中国与拉美国家在对方对外关系中的战略地位。当前国际关系的深刻变化为世界各国带来了新的机遇和挑战。各国都在不断地调整对外战略以适应国际格局变化的需要。中国与拉美各国在对方对外关系中定位的变化正好与国际环境变化相符。只有了解历史把握现状才能总结出中国与拉美国家的政治相互依赖模式。

2. 当前中拉经贸合作呈现出合作与冲突并存格局，这一格局对中拉经济相互依赖模式带来了哪些影响？

经贸合作的快速发展是中国与拉美国家经济相互依赖模式的建立和不断深化的基础。中拉经贸关系中呈现出的互补性和竞争性并存的局面必然导致拉美各国不同利益部门的不同利益

① 《中国对拉丁美洲和加勒比政策文件》，新华网，2008 年 11 月 05 日，http：//news. xinhuanet. com/newscenter/2008 －11/05/content_ 10308177. htm（上网时间 2014 年 4 月 5 日）

诉求。一方面，从中拉经贸合作中获利的行为体必然希望政府进一步放宽对中国的市场准入，进一步加深与中国的经贸合作；另一方面，与中国在本国市场或其他第三方市场存在竞争的行业和部门则会向政府施压，要求政府采取贸易保护措施。为此，本书从新世纪以来中国与拉美国家的经贸合作与冲突的现状与特点出发，重点厘清经济相互依赖的加深给中拉经贸关系带来了更多的是合作还是冲突，以及经贸互动过程中双方采用什么方式去提升合作和化解冲突，从而找出中拉经济相互依赖模式的基本特征。

从具体层面看，由于拉美地区国家众多，各国的政治、经济、社会和对外关系的状况和特点各不相同，为此它们与中国关系的现状也各不相同。这就使得基于相互关系加深而产生的相互依赖关系框架也会有所不同。在对中国与拉美国家的政治相互依赖模式和经济相互依赖模式有了总体上的了解和认识之后。为了对上述两个研究问题进一步进行验证并对中国与拉美国家相互依赖模式进行总结，本书又从以下两个方面进一步对本书的核心问题进行了论证：

1. 中国与拉美地区大国间的相互依赖关系具有什么样的内涵与特征？

巴西、墨西哥和阿根廷等拉美地区大国既是全球新兴市场国家中的一员，也是推动拉美区域一体化建设的中坚力量。上述三国都注重多边外交的作用，把多边外交活动视为其发挥影响力和提升国家形象的重要舞台。它们在倡导世界多极化与民主化，推动建立公正合理的国际政治经济新秩序方面与中国有着许多共同利益。此外，当前中国是巴西的第一大贸易伙伴，是墨西哥和阿根廷的第二大贸易伙伴，经济相互依赖对中国与上述三国关系的影响日益突出。为此，本书选择了新世纪以来中国国家领导人与巴西、墨西哥和阿根廷等三国国家领导人间的互访作为研究对象，主要选取双方领导人互访过程中共同发表的重要文件为研究文本进行分析。通过对这些文本的研究分析，用来考察中国与上述三国在相互依赖加深过程中如何促进合作以及如何处理因利益分配而产生的矛盾，从而进一步得出中国与上述三国相互依赖关系的内涵与特征。

2. 中国与拉美机制化整体合作对应对相互依赖所导致的合作与冲突有何作用?

拉美是开展各类区域、次区域一体化合作起步最早和最为活跃的地区之一，地区间合作机制已经成为了拉美各国抱团取暖以及表达共同利益诉求的重要平台。中拉机制化整体合作是在双方合作关系全面升级的背景下产生的。为了促进合作以及解决双方相互依赖加深过程中的利益协调问题，双方需要通过协商的方式，共同构建整体合作机制和制定相关合作规范，以期早日实现整体合作的制度化。本书通过对现有的中拉多边合作机制以及新成立的中国—拉共体合作论坛的分析，用来考察中拉相互依赖加深过程机制化整体互动在促进合作和解决分歧中的作用。同时对中拉整体合作进行研究，也是为了弥补本书不能对中国与拉美各国的相互依赖关系一一进行分析论证的问题。中拉机制化整体合作的发展，使得拉美各国不论大小都可以很好地表达本国的利益诉求和立场。

在对上述两个层面的四个问题进行具体分析时，基欧汉和奈提出的复合相互依赖模式的三个基本特征，即各社会间的多渠道联系、问题之间没有等级之分、军事力量起着次要作用，对本书具有重要的借鉴意义。这三个基本特征体现了当前国家间关系的主要特征。在复合相互依赖的环境下，由于各行为体追求的目标和利益不同，对政府制定政策的影响力也各不相同，国家内外政策制定和议程形成因受到各种问题的影响和制约而变得更为复杂和多变。本书对中拉相互依赖模式的分析和总结立足于复合相互依赖分析模式的基础之上。

此外，由于相互依赖与全球化以及国际制度间的复杂关系，因此本书对中拉相互依赖模式进行研究时需要充分考虑双边和多边互动因素。中拉相互依赖模式与西方发达国家间的相互依赖模式有某些相似之处，即在具有互惠互利特征的同时存在着竞争与摩擦。但由于发展中国家的经济发展水平、政治体制以及地缘因素等存在很大差别，因此彼此间的相互依赖模式比发达国家间的相互依赖模式要更为复杂。发展中国家之间的复合相互依赖具有多重复合性特征，它不仅涉及双方经济、政治以及其他领域的相互联系和相互制约，也涉及与西方发达国家之间的相互制衡和协调。

当前国际局势的发展虽然出现了新的有利于发展中国家的变化，但以西方发达国家为主导的国际体系在今后很长的一段时间内不可能发生质的改变。发达国家间虽然也会因为相互依赖而引发竞争和摩擦，但这不会影响它们在南北合作中保持一致立场，而发展中国家由于受经济发展水平、政治体制以及地缘政治经济因素的影响，因此更容易出现立场上的摇摆。这些因素和特征都是本书研究时需要关注的重要内容。

第二节　研究方法、创新之处与不足

本书主要通过对中拉政治相互依赖模式和经济相互依赖模式的分析来最终总结中拉相互依赖的整体模式。在进行具体论证的过程中，主要运用了历史分析法、层次分析法、个案研究法以及文本分析法。具体研究方法如下：

（一）历史分析法

运用历史分析法对中拉相互依赖关系的建立与发展进行回顾与分析。通过介绍新中国成立后，中拉关系经历了从民间往来为突破点到官民并举再到政治与经济并重最终走向相互依赖的发展历程，综合分析中拉政治与经济相互依赖形成和发展的国际与国内历史背景。在此基础上归纳和总结相互依赖的加深给中拉关系带来了哪些变化？

（二）层次分析法

运用层次分析法对本文的核心问题进行分层次研究。本文首先把对中拉相互依赖模式的研究分成政治相互依赖模式和经济相互依赖模式两个层面进行分析和总结。文中把中拉政治关系和经贸关系视为自变量，把相互依赖视为因变量，中拉间相互依赖是否存在有别于西方发达国家间的相互依赖模式或南北相互依赖模式是本文要解决的核心问题。

本书又从中国与拉美大国间的双边互动和中国与拉美整体互动两个层面进一步分析与论证。在国家互动层面，以涉及政治、经济等领域的国家利益作为自变量，把互动模式视为因变量；在跨地区间互动层面则以国际体系调整、拉美地区一体化以及地区间合作的发展等作为自变量，把地区间合作机制的建立和发展视为因变量，进一步验证政治相互依赖和经济相互依赖模式的内涵和特征。

（三）案例研究法

运用案例研究法对中国与拉美地区大国间的双边和整体互动进行分析。案例研究能使总体研究更具说服力和变得更具立体感。例如本书以中国与阿根廷、巴西和墨西哥国家间的元首或政府首脑的互访以及中拉合作论坛为案例，既可以从一定程度上反映中国与拉美国家在双边和整体层面的互动模式，又可以通过对双边与整体层面互动过程中的异同来总结中拉相互依赖模式的影响因素。

（四）内容分析法和文本分析法

本书多处用到了内容分析法和文本分析法相结合的方法。中国与拉美国家相互联系积累到了一定程度才产生了相互依赖。本书运用内容分析对中拉间的经济相互依赖以及中国与拉美大国间的互动进行数据化呈现，例如，在第四章中，通过对中拉间贸易额、贸易种类以及贸易摩擦数量等进行定量分析，可以对中拉间是否存在经济相互依赖以及经济相互依赖对中拉经济关系带来的影响有一个直观的了解。由于定量研究只能解决“是什么”的问题，而不能解决“为什么”的问题。为此，就需要对文本所呈现出的中拉间的经济相互依赖特征进行定性分析，用以回答“为什么中拉间经济相互依赖呈现出上述特征”。

本书第五章第二节主要运用了内容分析法对中国与阿根廷、巴西和墨西哥国家元首或政府首脑间互访时的重要文件进行定量分析。具体步骤如下：

第一，文本的选择。进入新世纪之后，中国与上述三国领导人互访和在多边场合的交流频繁，由此签署了一大批有利双方关系发展的重要文件。本书选取的定量研究文本为2000年至2014年间，中国与阿根廷、巴西和墨西哥国家领导人互访过程中共同发表的联合声明、联合公报、联合新闻公报和行动纲要等重要文件。国家元首或政府首脑互访，对推动双边关系发展具有重要作用。互访过程中所签署的联合声明、联合公报等重要文件，一定程度上反映了双方交往过程中的国家议程设置，体现了当时双方在共同关心的问题上的立场。

本书通过中国外交部网站下载了中国与上述三国共同发表的联合声明等重要文件共计12份，其中涉及阿根廷和墨西哥各3份，涉及巴西的为6份。在对重要文件内容进行量化分析时，本书选取文件中的自然段为分析单位，根据各段所涉及的主题把文本分成4个指标进行统计分析。本书在设定指标时参考了《中华人民共和国和墨西哥合众国关于推进全面战略伙伴关系的行动纲要》[①] 中对双方合作领域的分类方法。该行动纲要把双边合作领域分成了以下4个内容：政治领域合作；贸易、投资、金融等领域合作；旅游、文化、教育、科技和社会发展领域合作；多边事务协调与合作。最终本书确立以下4个指标：双边政治关系、双边经济关系、地区与国际关系、双边社会交流议题[②]。通过对双边政治关系、地区与国际关系以及社会交流议题这3个指标的分析可以对双方的政治互动有一个

① 《中华人民共和国和墨西哥合众国关于推进全面战略伙伴关系的行动纲要》，2014年11月13日，详见中国外交部网站：http://www.fmprc.gov.cn/mfa_chn/zyxw_602251/t1210532.shtml（上网时间2014年11月15日）。

② 社会议题包括了文化、教育、科技、体育、旅游等领域的交流与合作。

更为直观的了解，而双边经济关系指标则针对双方的经济互动。

二、创新之处与不足

本书有以下一些创新之处：

第一，对相互依赖理论研究对象的发展。目前为止国内外学者对相互依赖研究大多以发达国家之间或者发达国家和发展中国家之间的相互依赖为对象，对发展中国家之间的相互依赖进行研究的学者较少。本书认为中拉间的相互依赖模式与西方发达国家间的相互依赖模式有某些相似之处，但由于发展中国家的经济发展水平、政治体制以及地缘因素等存在很大差别，因此发展中国家间的相互依赖模式具有多重复合性特征，它不仅涉及发展中国家间在经济、政治以及其他领域的相互联系和相互制约特征，也涉及与西方发达国家之间的相互制衡和协调。

本书借助中国与拉美国家间相互依赖模式的研究，试图比较综合地去分析和总结发展中国家间的相互依赖有何特有规律，从而能对中国与发展中国家间的关系有更进一步的认识。

第二，注重对因相互依赖加深而导致的互动过程的研究。本书争论的焦点不是为了分析相互依赖对合作与冲突的影响，而是为了考察导致合作或冲突的各种因素，以及中拉双方为了促进合作或解决冲突而采取的各种措施。本书借鉴了复合相互依赖的分析模式后重新构建了分析框架。本书采取了总分总的分析框架，首先以中拉政治与经济相互依赖的总体现状为起点，开门见山地指出了相互依赖在推动中拉政治和经贸合作提升的同时，在经贸领域的冲突也逐渐增多。之后，从双边和整体两个层面对中国与拉美国家间的政治进程进行分析，最后总结出中拉相互依赖模式的内涵和特征。通过对双边和整体两个不同层面的分析有利于更好地理解相互依赖给中拉关系带来的变化，以及中拉关系发展对应对相互依赖深化过程中形成的合作与冲突的作用。

每一项研究都不可能完美无缺。就本书而言，主要的不足除了个人研究能力以及对整个研究的时间估计不足外，主要有以下一些问题：第一，难以对所有与中国存在相互依赖关系的拉美国家进行分析研究。拉美地区国家众多，与中国的相互依赖关系程度不一，但由于时间和个人研究能力有限，因此不可能做到面面俱到。第二，由于对经济、金融方面的知识有限，因此在撰写中拉间经济相互依赖时难免会出现以偏概全或者分析不足的问题。第三，在对双方国家元首或政府首脑互访的重要文件进行分析时，难免带有主观性以及分析不足或代表性不够全面的问题。本书选择的重要文件虽然具有一定的代表性，联合声明或联合公报等多属国际关系中礼节性友好往来的正式报道，很少会对双方交往过程中的矛盾与摩擦做出直接的具体表述，因此会对分析的客观性和全面性造成一定影响。

第 三 章

中国与拉美的政治相互依赖

虽然中国与拉美国家远隔重洋且在社会制度和文化传统上有着很大的差异，但是双方没有任何历史遗留问题及根本性的利益冲突。新中国成立之初，拉美国家在美国的影响下，选择了与台湾当局保持所谓的外交关系，中国与拉美国家间官方的相互联系较少，相互影响也几乎不存在。中拉建立各渠道的相互联系到上升为相互依赖经历了怎样一个过程？相互依赖加深对中拉关系有何影响？中拉间的政治相互依赖主要体现在哪些方面？本章将围绕上述几个问题具体展开。

第一节　中国与拉美国家相互依赖的建立和发展

1949 年 10 月 1 日，中华人民共和国正式成立，中国历史又翻开了新的篇章，新中国成立后至 20 世纪末，中拉关系经历了“从无到有，从局部突破到大面积突破，从小规模、低层次交流不断向大规模、高层次推进的过程”。[①] 新中国成立之初，由于受到美国因素的影响，除古巴在1960年与中国建立了外交关系外，大多数拉美国家都选择了与台湾当局保持所谓的外交关系。在此背景下，以毛泽东为首的党和国家第一代领导人选择了以民间交往为起点来开展与拉美各国的友好关系。经过20多年的不懈努力，20世纪70年代终于迎来了第一个中拉建交高潮。此后，中国与拉美国家间的政治、经济联系不断增加，在国际舞台上的共同利益不断增多，为中拉相互依赖关系的确立打下了扎实基础。

一、中拉关系的民间友好往来模式（1949—1969年）

新中国成立之初，世界已处于以美国为首的资本主义和以苏联为首的社会主义两大阵营对峙格局。新中国外交在“另起炉灶”、“打扫干净屋子再请客”和“一边倒”三大外交方针的指引下，以及在《中国人民政治协商会议共同纲领》对于新中国外交基本原则和政策的相关规定下正式启动。新中国外交从一开始就表现出了维护本国的独立、主权和领土完整的决心和坚持在平等、互利及互相尊重领土基础上与各国建立外交关系的原则。[②] 由于“一边倒”政策的实施，中华人民共和国一经成立就同社会主义国家建立了外交关系，这对于巩固新生政权，尽快恢复和发展国民经济，打破美国对新中国的孤立和封锁提供了有力的支撑。

---

① 转引自吴白乙等著：《转型中的机遇：中拉合作前景的多视角分析》，北京：经济管理出版社，2013年版。第5页。

② 方连庆、王炳元、刘金质主编：《国际关系史》（战后卷）上册，北京：北京大学出版社，2008年版，第136—138页。

为了更好地维护国家的独立与主权，中国与民族主义国家和资本主义国家建立外交关系时采取了先谈判后建交的原则。第二次世界大战结束之后，美国在拉美形成了独霸一方的局面，广大拉美地区完全成为了美国的“后院”。拉美国家在《美洲国家互助条约》和美洲国家组织的约束下，在东西方冲突中基本上站在了美国的一边，在对待新中国的问题上也唯美国马首是瞻，不少拉美国家政府选择仍继续与台湾当局保持所谓的“外交关系”。针对这一情况，毛泽东主席指出：“只要拉美国家愿意同中国建立外交关系，我们一律欢迎。不建立外交关系，做生意也好，不做生意，一般往来也好。”[①] 在这一方针的指引下，中国开始积极地与拉美国家开展民间往来。

20 世纪 50—60 年代，文化交流和经贸往来是中拉交流的主要联系渠道。在拉美对华友好人士的积极推动下，拉美许多国家建立了对华文化协会或友好协会等民间交流机构。1952 年 10 月 1 日，智利率先成立了“智利—中国文化协会”，该机构在智利前总统萨尔瓦多·阿连德（Salvador Allende），著名诗人、诺贝尔文学奖得主聂鲁达（Pablo Neruda），画家万图勒里（Jose Ventureli）等对华友好人士的领导下为促进两国友好关系和文化交流做出了积极的努力。1953 年 9 月，“墨西哥—中国友好协会”、“巴西—中国文化协会”成立；1953 年 12 月，“阿根廷—中国文化协会”成立。在之后的几年时间里，玻利维亚、乌拉圭、哥伦比亚、秘鲁和委内瑞拉等国也陆续建立了类似的协会，成为了促进双方文化交流与合作的桥梁。在拉美

① 王泰平主编：《中华人民共和国外交史》第 2 卷（1957～1969），北京：世界知识出版社，1998 年版，第 481 页。

民间友好机构的组织和推动下，拉美各国工会、妇女、新闻、经贸等各界的友好人士和友好团体纷纷到访中国。据不完全统计，在1950—1959年间，约有19个拉美国家的1200多人先后访问过中国。①

与此同时，中国也陆续派遣了文化团体、工会、青年、妇女和新闻工作者代表团访问拉美。例如，1954年6月，中国文化代表团应邀参加了在智利首都圣地亚哥举行的第一届拉丁美洲大陆文化会议，并顺势访问了智利；1956年8月，中国民间艺术团赴智利、乌拉圭、阿根廷和巴西演出；1957年5月，中国人民银行代表团访问乌拉圭、智利和阿根廷；1959年5月中国新闻工作者代表团访问智利、乌拉圭、巴西和古巴等等。1960年3月16日，由中华全国总工会、中华全国青年联合会、中华全国妇女联合会、中国文学艺术联合会等15个人民团体联合推动的“中国—拉丁美洲友好协会”在北京正式成立，其宗旨是推动中国人民与拉美及加勒比地区人民之间的相互了解和增进友谊，扩大双边交流与合作，促进共同发展。

进入20世纪50年代末至60年代末，国际局势出现重大变化，美国和苏联两个超级大国由冷战初期的僵硬对抗态势向又妥协、又对抗的方向发展；东西方阵营内部各国独立自主的倾向开始发展，尤其是越来越多的殖民地在赢得独立后，纷纷奉行不结盟政策，成为了国际舞台上一支重要力量。此外，自50年代末开始，随着美苏关系的缓和以及中苏关系的恶化，中国不得不抵御来自美国和苏联两方面的压力，不得不采取了“两个拳头打人”的对外战略。在国际舞台上中国开始同时反

① 沙丁等合著：《中国和拉丁美洲关系简史》，第279页。

对美苏两个超级大国的霸权主义政策，并在此外交困境下努力在“中间地带”开拓新的外交空间。[①]

20 世纪 60 年代，中国对拉美国家的抗美斗争和民族独立运动给予了坚决支持，中国与拉美国家官方渠道的往来也开始建立。1959 年 1 月，古巴人民在菲德尔·卡斯特罗（Fidel Castro）的领导下，取得了反帝反独裁革命的胜利，鼓舞了拉美国家维护民族独立和国家主权的信心。中国政府率先承认了古巴新政权。1960 年 9 月 28 日，中国与古巴发表了建交公报，古巴成为了第一个与中国建交的拉美国家。中古建交之后，两国关系迅速得到发展，双方在政治、经济和文化等领域的合作与交流逐渐开展起来。20 世纪 60 年代上半期，中国与巴西的关系也有了明显进展。1961 年 8 月，巴西副总统若奥·古拉特（João Goulart）到访中国，成为第一位访问新中国的在任拉美国家领导人。之后，中巴之间的民间交往和半官方性质的交流也日益增加。

在 20 世纪 60 年代的上半期，中拉民间友好往来和文化交流明显增加。越来越多的拉美国家开始建立旨在促进对华友好关系的协会组织。如，“委内瑞拉—中国之友协会”、“厄瓜多尔—中国青年协会”、“哥伦比亚—中国文化中心”以及墨西哥的“人民中国之友协会”等等。这些组织对促进中拉关系都起了积极作用。据不完全统计，在 1960—1964 年间，拉美国家大约有 20 个包括工会、妇女、经济、贸易、文化等各界的友好代表团访问过中国，而中国也派出了近 10 个友好代表团

① 俞正梁等著：《全球化时代的国际关系》（第二版），上海：复旦大学出版社，2009 年版，第 266—270 页。

访问了拉美 7 个国家。此外，为了更好地促进中拉文化交流与增进相互了解，中国还向古巴、巴西以及墨西哥等国派驻了新华社常驻记者。北京大学、复旦大学、北京师范大学等高等院校开始设置拉丁美洲史课程并培养专业研究生，中国科学院也设立了拉丁美洲研究所。①

在经贸往来方面，1952 年 10 月 23 日，中国进出口公司与智利贸易公司在北京签订了一项中智贸易协议，成为新中国和拉丁美洲国家建立贸易关系的开端。之后的几年时间里，智利、墨西哥、阿根廷、巴西、乌拉圭等国逐渐开始了与中国的贸易往来。墨西哥于 1953 年成立了“墨西哥—中国经济关系促进委员会”。拉丁美洲其他一些国家的民间商业团体和工商界人士也开始同中国进行接触。1950—1959 年间，中拉双方贸易总额为 3710.7 万美元。②

进入 60 年代之后，随着中国与古巴关系的日益密切，中古贸易成为当时中拉贸易的核心，但这一时期的中古经贸关系明显带有援助性质，双方除了签订一系列有利于古巴的贸易协定之外，中国还多次给予古巴无息贷款。除了与古巴开展经贸合作之外，中国与其他拉美国家的经贸关系也有了一定的发展。1961 年 10 月，中国进出口公司在智利设立了商业新闻办公室。1965 年 6 月，半官方性质的中国驻智利商务代表处正式建立。它为促进中智两国贸易的发展起了重要作用。此外，中国与墨西哥、巴西以及阿根廷之间的贸易往来也取得了一定进展。1960—1969 年之间，中拉贸易总额达到了 20.56 亿美元，

① 沙丁等合著：《中国和拉丁美洲关系简史》，第 288—289 页。
② 李明德主编：《拉丁美洲和中拉关系——现在与未来》，第 496 页。

比50年代增长了54倍。其中，中古贸易占中拉贸易总额的76.6%。[①]

二、官民并举的中拉关系（1970—1979年）

进入20世纪70年代后，国际关系进入一个新的转型期，国际政治中的各种力量加速分化组合，西欧国家与日本随着经济实力的增强，独立自主和多元化外交的态势日益显现；第三世界国家已发展成为国际舞台上一支不可忽视的力量，它们对建立国际政治经济新秩序的呼声越来越强烈；这一时期，美国由于经济实力和综合竞争力的相对下降，在美苏争霸中处于守势，因此不得不调整全球战略，由战后初期的到处扩张转为在全球范围内实行有限收缩，这一战略转折使得中美关系正常化被提上日程。与此同时，美国也放松了对拉美的控制。

在国际形势发生重要变化的同时，中国国内也出现了有利于取得外交突破的条件：首先，中国的综合国力有了一定的恢复和提高，尤其是核武器试验的成功，大大增强了中国的国防力量。其次，在广大发展中国家的支持下，1971年10月25日，第26届联合国大会恢复了中华人民共和国在联合国的合法权利，中国的国际地位获得了很大的提高。最后，中国领导人开始改变过去在处理国际问题上以意识形态和阶级斗争划线的做法，开始从国家利益等角度去思考问题，将外交思想和实践建立在较为现实的基础之上。[②] 在重返联合国的最初十年时间里，中国把加强同第三世界国家的团结与合作作为中国外交

---

① 李明德主编：《拉丁美洲和中拉关系——现在与未来》，第496—501页。

② 俞正梁等著：《全球化时代的国际关系》（第二版），第270—271页。

政策的基本点，坚定地与发展中国家站在一起，积极促进南南合作和南北对话的开展。中国在世界上赢得了越来越多的朋友。20 世纪 70 年代，在世界范围内再次掀起了与中国建交的高潮。

在这一时期，拉美的地区形势也出现了深刻变化。随着民族经济的发展，许多拉美国家的独立自主意识越来越强烈，在外交上开始寻求摆脱美国的控制和影响，采取独立自主的外交政策，努力实现外交关系多元化。拉美国家逐渐意识到它们与亚洲和非洲的广大发展中国家在促进经济发展和改变不公平的国际政治经济秩序上有着许多共同利益，拉美的一些国家开始选择与第三世界国家站在一起，在争取海洋权益等许多重大国际问题上相互支持和帮助。与此同时，随着东西方关系的缓和，许多拉美国家开始摆脱意识形态思维，逐渐从本国的实际利益出发，发展与不同类型国家的外交关系。中拉友好关系向官民并举方向发展就建立在这一基础上。①

1970—1977 年的 8 年时间里，中国与拉美国家迎来了第一个建交高潮，中国先后与智利（1970 年）、秘鲁（1971 年）、墨西哥（1972 年）、阿根廷（1972 年）、圭亚那（1972 年）、牙买加（1972 年）、特立尼达和多巴哥（1974 年）、委内瑞拉（1974 年）、巴西（1974 年）、苏里南（1976 年）、巴巴多斯（1976 年）等 11 国建立了外交关系，基本包括了拉美地区的主要国家。中拉关系进入了一个新的历史时期。古巴、智利、厄瓜多尔、圭亚那、墨西哥、秘鲁、特立尼达和多巴哥等 7 国在 26 届联大就恢复中华人民共和国在联合国的合法席位进行投票时投了赞成票，而中国也对拉美国家维护海洋权益、建立

① 李明德主编：《拉丁美洲和中拉关系——现在与未来》，第 478—479 页。

无核区以及反对国际经济旧秩序等斗争给予了坚决的支持。随着中国与拉美国家的广泛建交，中拉关系开始向更高层次发展，双方的高层领导人互访逐渐增多，民间往来更加活跃，经贸合作也得到了进一步发展。中拉间的多渠道联系逐渐建立起来。

20 世纪 70 年代，随着中国与拉美国家建交潮的到来，双方的经贸关系有了新的突破。在这一时期，拉美国家的工业化取得了较大进展，巴西、墨西哥、哥伦比亚等许多拉美国家开始实施鼓励出口和促进出口市场多元化战略，中国市场逐渐引起了拉美国家的重视。中国先后与智利、秘鲁、阿根廷、牙买加、哥伦比亚、圭亚那、委内瑞拉等十几个拉美国家签署了经贸和技术合作协定，内容涉及经贸、科技、文化、运输、旅游以及通讯等各个领域。中拉双方经贸代表团的互访变得更为频繁。中国与阿根廷、墨西哥、巴西和智利等国建立了贸易混合委员会并与许多拉美国家开始互设商务办事处。

在 20 世纪 70 年代的 10 年时间里，中拉贸易总额达到了 49.7599 亿美元，比 60 年代增长了近 1.5 倍。1979 年中拉贸易总额突破 10 亿美元大关，达到了 12.6178 亿美元。中拉间的贸易结构也开始出现变化，中国除了从拉美进口棉花、小麦、糖、铜、铅、锌等初级产品外，也开始从拉美国家进口钢材、石化产品、涤纶、纸浆等工业制品；中国对拉美出口的产品也在原有的土特产品、纺织品、工艺品等基础上增加了原油、石蜡、机电产品、小五金等工业制品。巴西、阿根廷、墨西哥和智利等国成为了中国在拉美的主要贸易伙伴国。①

---

① 李明德主编：《拉丁美洲和中拉关系——现在与未来》，第 502—506 页。

在文化交流方面，除了双方各类文化艺术和体育代表团队的交流互鉴不断增加之外，双方的各类学术交流活动也日益活跃。每年都有各类学术代表团和学者实现互访。拉美的一些学术机构开始举行中国专题的报告会和研讨会，一些大学也开始设立汉语课程。继60年代初成立拉丁美洲研究所之后，中国于1979年成立了拉丁美洲历史研究会以增加对拉美的深入了解。

从总体上看，20世纪70年代中拉关系随着国际大环境的改变和双方对外政策思维的变化而有了很大的发展。双方官民并举的合作态势初步确立，交往渠道显现出更加多样性与灵活性的特点。但是，双方在国际事务与地区事务中的合作仍然处于起步阶段，双方的贸易基础仍然比较脆弱，双边贸易额在各自对外贸易中所占的比重也非常有限。因此，中拉间虽然联系增多，但是政治与经济上的相互依赖并不明显。

三、政治、经济并重的中拉关系（1980—1999年）

20世纪80年代以来，中拉关系进一步深化，形成了官民并举、多方位、多渠道、多层次的外交新形势。在联合国组织的决议案投票中，一些拉美国家与中国投票的一致率高达95%以上。①

1978年12月，中国共产党十一届三中全会顺利召开，全会明确指出党在新时期的历史任务是把中国建设成为社会主义现代化强国，并做出了实行改革开放的重大决策。自此中国走

① 王泰平主编：《邓小平外交思想研究论文集》，北京：世界知识出版社，1996年版，第240—242页。

上了一条建设中国特色社会主义的道路。进入80年代之后，中国根据国内经济建设的需要和国际形势的发展，对外交政策进行了重大调整，确定中国对外政策的基本任务是反对霸权主义、维护世界和平，增进同第三世界国家的团结，在和平共处五项原则基础上发展同各国的友好合作和促进共同发展。[①] 这次战略大调整为中国全面融入国际社会并迅速崛起奠定了坚实的基础。

在同一时期，拉美地区形势也发生了深刻变化。首先，在国际金融和贸易形势恶化，以及国内经济发展战略和债务管理过程中举措失当等内外因素的共同作用下，拉美各国相继爆发了债务危机并对拉美各国的经济造成了极大损害。其次，在阿根廷与英国之间爆发的马岛战争中，美国与西欧国家都选择了支持英国并对阿根廷实施了制裁，而广大发展中国家与拉美各国则都选择了站在阿根廷一边。这次战争使得拉美国家更加深刻感受到只能依靠自己的力量和加强地区内各国的团结来维护自身和本地区的利益。最后，在美国和苏联的干预下，中美洲地区在整个80年代一直处于政局不稳、危机频发的状态之下。中美洲危机进一步唤醒了拉美各国组成地区性国家集团来增强抗衡超级大国力量的意识。复杂的政治、经济形势推动着拉美国家寻求更广泛的国际合作，对外关系多边化的趋势更为明显。[②]

中国根据总体对外战略制定了发展与拉美国家关系的四项

① 方连庆、王炳元、刘金质主编：《国际关系史》（战后卷）上册，北京：北京大学出版社，2008年版，第718页。

② 李春辉等主编：《拉丁美洲史稿》下卷，北京：商务印书馆，2009年版，第105—111页。

原则："和平友好、相互支持、平等互利、共同发展"。[①] 在同拉美国家的双边关系发展中，中国的重点对象发生了转变，即从重点发展与民族主义倾向较强的国家的关系转向发展与政治上比较温和、地区影响力较大、经济实力较强的拉美大国的关系，如巴西、墨西哥、阿根廷、委内瑞拉等国。此外，中国不仅在政治和外交上继续支持拉美国家维护民族独立和国家主权的斗争，而且更加重视发展与拉美各国的经贸关系，使双方关系变得更为务实。

20 世纪 80 年代，中国与拉美各国关系有了进一步深入发展。首先，中国与拉美国家迎来了第二个建交高潮。在这一时期，中国分别同厄瓜多尔（1980 年）、哥伦比亚（1980 年）、安提瓜和巴布达（1983 年）、玻利维亚（1985 年）、尼加拉瓜（1985 年）、乌拉圭（1988 年）等 6 国建立了外交关系。至此，中国与 18 个拉美国家正式建立了外交关系。[②] 其次，中拉国家领导人间的互访逐渐增多。在这一时期，大部分与中国建立了外交关系的拉美国家的国家元首或政府首脑访问过中国。中国总理也分别于 1981 年和 1985 年访问了墨西哥、阿根廷、巴西、哥伦比亚和委内瑞拉等拉美国家。最后，中国与拉美国家合作新机制逐渐建立起来。中国全国人民代表大会与拉美国家议会、中国共产党与拉美各国共产党以及民族主义政党等之间的交流与合作机制逐渐形成。

---

① 韩念龙主编：《当代中国外交》，北京：中国社会科学出版社，1987 年版，第 365 页。

② 中国曾于 1985 年 10 月以及 1987 年 2 月先后同格林纳达和伯利兹建交，但因上述两国于 1989 年同台湾建立了所谓的"外交关系"，因此中国政府终止了与它们的外交关系。

20世纪最后的10年时间里，世界形势发生了巨大变化，随着苏联的解体和冷战的结束，两极体系最终瓦解，世界政治多极化和经济全球化的趋势进一步加强。在经济全球化的推动下，经济、文化、科技等非传统安全领域因素的作用日益增强。国际组织和跨国公司等非国家行为主体的数量和影响力也逐渐增加。各国间的相互依赖关系进一步强化，国际合作成为国际关系发展的主旋律。和平与发展成为了当今世界发展的两大主题。面对国际形势的风云变幻，世界各国都对本国的发展战略进行了相应调整，国际政治经济体制也开始进入新一轮的深入调整期。

在这一时期，中国在邓小平“韬光养晦，有所作为”的战略思想指引下，一方面加快了全面融入国际社会的步伐，另一方面在坚持和平共处五项原则的基础上积极为建立国际政治经济新秩序而努力。而拉美各国在这一时期已基本完成了“民主化进程”，民主选举体制在拉美国家普遍确立。随着民主政治的深化与巩固，拉美各国在经济方面开始实行调整经济结构和对外开放的政策。在对外关系上，一方面进一步加强了拉美国家间的团结与合作，使拉美国家一体化取得了新的进展，另一方面积极推行多元化外交政策，加快发展与欧盟和亚太地区国家关系。

中国与拉美各国外交政策的调整为中拉关系的快速发展注入了新的动力。首先，中国与拉美各国领导人之间的频繁互访，进一步增进了双方的相互了解和政治互信。1990年，时任中国国家主席杨尚昆对墨西哥、巴西、乌拉圭、阿根廷和智利进行了国事访问，这是中国国家元首对拉美的首次访问。此后，李鹏、江泽民以及朱镕基、乔石、李瑞环、胡锦涛、尉健行、李岚清等党和国家主要领导人也对拉美国家进行了访问，而拉美国家的10多位总统也访问了中国。

在这一时期，巴哈马（1997年）和圣卢西亚（1997年）分别同中国建立了外交关系。截止1999年底，同中国建交的拉美国家达到了19个国家，[①] 占拉美和加勒比地区领土和总人口的90%以上。其次，中国加强了与拉美地区组织的关系。1990年中国与里约集团正式建立对话关系；此后，双方经常利用联合国大会期间举行中国外长与该集团外长对话，就国际形势以及双方共同关心的问题交换看法。双方还于1994年和1996年分别举办了“中国—里约集团经贸研讨会”和“中国—里约集团科技合作研讨会”。1991年和1994年中国相继成为美洲开发银行、拉美一体化协会的观察员，并且中国是拉美一体化协会的第一个亚洲观察员。1997年5月，中国人民银行正式加入了加勒比开发银行，从而开辟了中国与加勒比国家的合作渠道。

政治上的良性互动使得中国与拉美国家的经贸关系取得了进一步发展。1983年，中拉贸易总额突破20亿美元，达到20.32亿美元；1985年，中拉贸易再上新台阶，达到25.72亿美元；1989年，中拉贸易增至29.69亿美元。中国主要从拉美国家进口钢材、铁矿砂、铜锭、化肥、鱼粉、纸浆、木材、化学纤维、羊毛、小麦、粗糖、香蕉和动植物油等，向拉美国家主要出口纺织品、服装、轻工业品、化工产品、石油、焦炭、粮油制品、医药原料、农业机械和小水电站设备等。在这一时

① 1990年11月，尼加拉瓜恢复与台湾所谓的“外交关系”，中国终止了与其的外交关系。

期，中国对拉美贸易一直处于逆差地位。中国与拉美各国贸易在各自对外贸易中所占的比例仍然很小，还不能算是对方的主要贸易伙伴，但双方对扩大贸易合作都表现出了很大的兴趣。中国需要从拉美进口所需的矿产品和农牧业初级产品来满足“四个现代化”的建设需求；而拉美国家为了扩大出口，努力实现出口商品多样化和贸易对象国多元化，也开始重视挖掘中国市场的潜力，进一步发展中拉贸易关系符合双方的利益。①

此外，中国与拉美各国除了贸易合作不断扩大之外，经济合作也出现了一些新的变化。中拉双方的相互投资逐渐开展起来。中国开始与巴西、墨西哥、圭亚那、巴巴多斯、委内瑞拉、厄瓜多尔和智利等国建立起一些生产、销售性的独资或合资企业。

进入 20 世纪 90 年代之后，中拉经贸关系有了明显的发展。在贸易合作方面，双方的贸易额从 1990 年的 22.94 亿美元增至 1999 年的 87.78 亿美元。中国对拉美地区的出口结构发生了改变，高附加值和高科技产品的比例在逐渐增加。例如，在 1996 年和 1997 年，机电产品出口值分别为 11.4 亿美元和 16 亿美元，所占比重达到了出口拉美总值的 1/3 以上。但是，中国从拉美地区的进口结构没有太大变化，仍以钢材、矿产原料和农牧业初级产品为主，巴西仍是中国在拉美的第一大贸易伙伴国。在经济合作方面，据不完全统计，中国企业已在拉美和加勒比 20 多个国家和地区建立了 200 多家独资企业、合资企业和贸易公司。投资金额约 10 亿多美元，拉美国家在

---

① 李明德主编：《拉丁美洲和中拉关系——现在与未来》，第 553—555 页。

中国的投资也有了一定的规模。[①]

值得注意的是，随着中国经济的快速发展和中拉贸易额的增加，墨西哥、秘鲁、智利、阿根廷、乌拉圭、哥伦比亚、委内瑞拉、厄瓜多尔等许多拉美国家开始对中国出口商品实行"反倾销调查"措施。以墨西哥为例，面对大量涌入的价廉物美的中国商品，墨西哥相关企业开始向政府施压要求政府采取措施保护本国的民族工业。1993 年 4 月，墨西哥政府突然宣布对来自中国的十大类别的 4000 多种产品进行"反倾销调查"，涉及商品约占中国对墨西哥出口额的 3/4。如此大规模地对中国商品进行"反倾销调查"在世界上也不多见。后来经过中国政府有关部门的多方交涉这一情况才有所缓解。[②]

自改革开放政策实施以来，中国与拉美国家间的文化和科技往来也日益密切，呈现出多渠道、多层次发展的局面。中国与多数拉美建交国签订了文化交流或科技合作协定，并建立了相应的混双委员会。中拉间的学术交流和留学人员往来逐渐增加。此外，中拉在科技领域的合作也开始变得活跃，尤其是在中拉经济不断发展的背景下，中拉科技合作正在从一般人员和团组交流向实际科技应用领域发展。例如，1988 年中国与巴西签署了《关于核准研制地球资源卫星的协议书》，此后两国政府在利用外层空间科学技术合作方面的合作积极开展起来。

四、相互依赖凸显的中拉关系（2000 年—至今）

新中国成立之后，中拉关系的稳步发展为中拉相互依赖关

① 李明德主编：《拉丁美洲和中拉关系——现在与未来》，第 556 页、565 页。

② 李明德主编：《拉丁美洲和中拉关系——现在与未来》，第 557—558 页。

系的确立打下了良好基础。进入新世纪以来，一方面中国外交在“大国是关键、周边是首要、发展中国家是基础、多边是重要舞台”的战略布局下取得了丰硕的成果；另一方面，拉美国家的多元化外交战略和地区一体化战略也取得了一定成绩。经过十几年的努力，中国与拉美国家友好合作关系经历了跨越式发展，双方政治互信和经贸合作不断扩大，合作规模呈现出全方位、宽领域、多层次发展的良好态势。中拉关系朝着越来越相互依赖的方向发展，并呈现出以下特征：

第一，经贸领域的相互联系和相互影响日趋紧密，经济相互依赖特征进一步明显。中国实行改革开放以来的 30 多年时间里，中国经济的持续高速增长使得中国的经济影响力不断提升。中拉经贸合作领域不断拓展，科技含量不断增加，呈现出了由资源和能源领域合作向高科技领域合作延伸的良好态势。一方面，中拉贸易从原来的低起点迈入了实质意义上的增长阶段。双方贸易额在 2000 年突破 100 亿美元后，在 2007 年迈上了 1000 亿美元的大关，之后又仅用了 4 年时间就上到了 2000 亿美元的台阶。2008 年以来的国际金融危机和欧洲债务危机虽然对全球经济发展造成了重大冲击，但也使得中拉经贸合作的重要性进一步显现，双方经贸结构正处于不断调整和优化的态势当中。目前，中国已成为了继美国和欧盟之后拉美的第三大贸易伙伴。

另一方面，投资和金融合作日益扩展，拉美已成为中国第二大对外投资目的地。中拉间开展金融合作起步较晚，但是发展迅速。中国在拉美的金融业务特别是贷款业务主要来自于国家开发银行和中国进出口银行，但是随着中拉间经贸合作的不断深化，中国各大银行纷纷抢滩拉美市场。中国银行业在拉美的业务也从传统的参与银团贷款、对外承包工程等领域向商业性贷款领域拓展。[①]

第二，联系渠道不断扩展使影响双方政治进程的因素变得更为复杂。首先，中拉间官方层面的交往日益密切。2001 年，时任国家主席江泽民出访了智利、阿根廷、乌拉圭、巴西、古巴、委内瑞拉等六国，揭开了中拉关系的新篇章。2004 年至 2010 年，时任国家主席胡锦涛先后四次访问拉美，推动中拉关系出现了跨越式的发展。国家主席习近平更是在上任之后的短短一年多时间内对拉美进行了两次访问，进一步凸显了中国对拉美战略地位的重视。与此同时，拉美所有建交国领导人也都访问过中国。此外，双方领导人也经常在联合国大会、二十国集团峰会以及其他国际峰会上进行会晤。中国分别同巴西、墨西哥建立了外长级全面战略对话和副外长级战略对话机制，同委内瑞拉、墨西哥、巴西建立了双边高层合作机制，同拉美所有建交国都建立了外交部间政治磋商机制。

进入 21 世纪以来，中国分别与多米尼克（2004 年）和哥斯达黎加（2007 年）建立了外交关系，与格林纳达（2005 年）恢复外交关系。至此，中国与 21 个拉丁美洲国家建立了外交关系[②]（见表 3.1）。尤其是中国与哥斯达黎加建交以来，双边关系快速稳定发展，高层交往频繁，各领域的交流合作不断扩大。2011 年 8 月正式生效的中国与哥斯达黎加的自由贸易协定，是中国与中美洲国家签署的第一个自贸协定。目前，中

① 柳明 王发军："中国在拉丁美洲的贷款"，载《拉丁美洲研究》2012 年 8 月第 4 期，第 19 页。

② 2007 年 5 月，圣卢西亚恢复与台湾所谓的"外交关系"，中国终止了与其的外交关系。

国已成为哥斯达黎加第二大贸易伙伴。中哥关系的快速发展为中国与中美洲国家关系的发展起到了良好的示范作用。

其次，双方非官方组织和人员间的相互交流不断增加。在经贸合作领域，随着中拉经贸合作的不断提升使得双方经贸领域相关企业和人员间的往来逐渐增多，企业家代表团更是成为了双方领导人国事访问代表团的亮丽风景线；每年在中国和拉美地区举办的各类国际性会展成为了双方企业寻求商机的重要场所；2007 年以来举办的一年一度的中拉企业高峰会，为促进双方企业间的信息交流提供了重要平台。

表 3.1　中国与拉美国家建交情况

	国　名	建交时间
1	古巴共和国	1960 年 9 月 28 日
2	智利共和国	1970 年 12 月 15 日
3	秘鲁共和国	1971 年 11 月 2 日
4	墨西哥共和国	1972 年 2 月 14 日
5	阿根廷共和国	1972 年 2 月 19 日
6	圭亚那共和国	1972 年 6 月 27 日
7	牙买加	1972 年 11 月 21 日
8	特立尼达和多巴哥共和国	1974 年 6 月 20 日
9	委内瑞拉玻利瓦尔共和国	1974 年 6 月 28 日
10	巴西联邦共和国	1974 年 8 月 15 日
11	苏里南共和国	1976 年 5 月 28 日
12	巴巴多斯	1976 年 5 月 30 日
13	厄瓜多尔共和国	1980 年 2 月 7 日
14	哥伦比亚共和国	1980 年 2 月 7 日
15	安提瓜和巴布达	1983 年 1 月 1 日

续表

	国　　名	建交时间
16	玻利维亚共和国	1985 年 7 月 9 日
17	乌拉圭东岸共和国	1988 年 2 月 3 日
18	巴哈马	1997 年 5 月 23 日
19	多米尼克	2004 年 3 月 23 日
20	格林纳达	1985 年 10 月 1 日建交，1989 年 8 月 7 日终止外交关系 2005 年 1 月 20 日复交。
21	哥斯达黎加	2007 年 6 月 1 日

备注：中国曾分别与尼加拉瓜（1985 年）、伯利兹（1987 年）以及圣卢西亚（1997 年）建立过外交关系，后因上述三国与台湾恢复了所谓的“外交关系”。因此，中国于 1990 年 11 月中止与尼加拉瓜的外交关系；于 1989 年 10 月中止了与伯利兹的外交关系；于 2007 年 5 月中止了与圣卢西亚的外交关系。

最后，中拉间的人文交流的形式与内涵也不断丰富。随着中拉领导人的频繁互动以及双方经贸关系的快速发展，中国与拉美各国对于进一步加强彼此间的相互认知和相互理解的需求变得更为紧迫。中国在越来越多的拉美国家建立了孔子学院，拉美地区掀起了一股“汉语热”。截止 2013 年底，中国已在 14 个拉美和加勒比国家开设了 31 所孔子学院和 10 个孔子课堂。[①] 与此同时，中国学习西班牙语的人数也在快速增加，各所高校的西班牙语专业已经成为了热门专业，各类西班牙语培训班也不断增加。此外，2013 年中国和墨西哥互设了文化中心。中拉智库交流论坛、中拉法律合作论坛、中拉民间友好论

① 《孔子学院 2013 年发展报告》，北京，孔子学院总部/国家汉办，2013 年版，第 71 页。

坛等民间交流机制也在富有成效的开展之中。除了中拉官方与民间的文化交流活动日益频繁之外，双方旅游和留学人员的往来也不断增多。

第三，国际机制变革中的共同利益不断增多使得政治相互依赖的重要性进一步增加。中国与拉美国家大都认同发展中国家身份，都希望推动世界多极化、民主化并建立公正合理的国际政治经济新秩序。进入新世纪以来，巴西、墨西哥和阿根廷等拉美大国在多元化外交战略指导下，在经济快速增长的鼓舞下都积极参与国际事务，希望在国际格局大变革中寻求更为有利的国际地位；而中国作为世界第二大经济体和最大的发展中国家正在更深入和广泛地融入国际社会，中国的国际角色也正处于相应转变的过程当中。

近年来发达国家和新兴国家在世界经济比重中的此消彼长，为新兴国家参与国际机制改革提供了前所未有的机遇。中国、巴西、墨西哥和阿根廷都是二十国集团的成员国；中国与巴西同时也是“金砖国家”成员国。2008 年国际金融危机以来，中国与其他新兴大国在推动国际货币基金组织（IMF）和世界银行等国际金融机构改革中的合作初见成效。中国、巴西、墨西哥等国在 IMF 的份额和投票权也获得了提升。今后，新兴大国之间仍然需要不断的磨合，在涉及发展中国家共同利益的国际事务中相互支持和协调，扩大发展中国家在参与国际机制变革中的影响力。

由于多渠道联系的存在，中拉各国政府在处理双边和多边关系时的影响因素不断增多，“政治家必须将相互依赖战略的总影响、不同影响考虑在内，又要考虑到相互依赖战略可能对政治化和议程控制产生影响的意义”。[①] 中拉关系因相互依赖的增加而进入到了必须把其提升到新的战略高度的时刻。

第二节　中拉政治相互依赖：国际关系视角

中国与拉美国家关系的全面深入发展使得双方的政治相互依赖与经济相互依赖[②]日益加深。自2008年的全球金融危机以来，全球经济要实现全面复苏仍然面临诸多挑战，中拉各国的发展都面临着调整经济结构和转变发展模式等问题。在错综复杂的国内外形势下，中拉双方需要相互配合与协调之处越来越多。中拉间的政治相互依赖在当代国际体系转型、中国和拉美各国对外战略转变等政治进程中都得以体现。

一、中拉在国际体系转型中的共同利益增多

发展中国家政治相互依赖得以建立的基础主要源于相似的历史境遇、对彼此政策的理解以及在发展过程中共同的利益诉求。发展中国家大都经历过反对帝国主义和殖民主义的斗争，在获得独立后又面临着维护独立和发展经济的任务。相似的历史境遇使得发展中国家处理国际关系时更容易形成共识，例如发展中国家大都反对霸权主义和强权政治、主张建立公平合理的国际政治经济新秩序、主张国际关系民主化和认同发展模式

① ［美］罗伯特·基欧汉、约瑟夫·奈著，门洪华译：《权力与相互依赖》（第四版），2012年版，第32页。

② 经济相互依赖将在第四章具体展开，因此这里不多赘述。

多样化等等。

第二次世界大战结束以来，广大发展中国家为了与以西方为主导的国际体系进行抗争做出了不懈的努力，不论是成立“77国集团”，还是组织“不结盟运动”都体现了发展中国家希望改变现有国际体系，努力实现自身发展的共同愿望和共同利益。冷战结束后，随着经济全球化的迅速发展和新兴大国的群体性崛起，国际体系正处于重大转型的关键时期。在这一特殊时期，发展中国家更需同心协力，在促进南北对话和加强南南合作的过程中加强相互协调和相互配合，促使国际体系和平转型。

在经济全球化的影响下，世界各国经济相互依赖的广度和深度都日益加深，不同国家的获利能力和获利水平出现了显著分化的趋势。发达国家作为经济全球化的主要推动者，既在资金、技术、管理经验、市场运作机制等方面具有优势地位，又在金融和贸易等方面的国际制度制定和运作上占有主导权。因此，发达国家成为了经济全球化的最大受益方。发展中国家在全球化过程中的差异和内部分化也在进一步加剧。一些发展中国家如中国、印度、巴西等由于把握住了商品、资本、技术等在全球范围内流动和优化配置的机遇，使经济步入了快速发展的轨道；但是大部分发展中国家仍处在国际分工体系中的底端，仍然是国际市场上劳动密集型、低附加值、低技术含量产品和服务的供应方，因此成为了全球化发展过程中负面影响的最大承受者。

经济全球化一方面是国际生产力快速发展，特别是世界科技快速发展的产物，另一方面也是世界各国为了获得更多超额利润、发展本国经济、为提高本国国际地位而进行制度（政治）安排的结果。经济全球化的这两方面动力决定了它具有经济和政治的双重功效。[①] 在以追求利润和经济效益最大化为目标的全球化过程中，西方发达国家占据了有利地位，一些发展中国家也抓住了机遇使本国经济获得了快速发展。但是从长远来看，在相互依赖日趋紧密的国际大背景下，如果世界经济发展不平衡、贫富差距不断扩大等问题得不到有效的控制和解决，那些在全球化过程中获利较多的国家最终也会受到影响，由全球化而造成的传统安全与非传统安全领域的诸多国际问题也将无法得到妥善处理。为此，建立国际政治经济新秩序，促进国际体系和平转型既符合各国可持续发展的长远利益，也符合时代发展的潮流。

进入21世纪以来，中国、印度、巴西、俄罗斯、南非等新兴大国的群体性崛起成为了当前国际经济和政治中的突出现象，成为了推动本轮国际体系和平转型的生力军。在当前国际形势下，国际体系的力量基础、组织机构、规范准则和共有价值观等四大要素正在重新整合，呈现出以下特征：第一，国际力量对比继续朝着有利于多极化的方向发展。第二，国际组织的迅速发展加强了国际体系行为主体多样化的趋势。第三，国际社会对国际规范、规则、准则和法律等的共识逐步增多，对有序发展的认识不断提高。第四，国际体系的价值观呈多元共处和两元对立的复合趋势。新兴大国的群体性崛起不仅加强了国际体系的包容性和开放性，扩大了国际组织的规模和作用，推动了国际规范建设，而且有利于在国际价值观共识中更多地

---

① 俞正梁等著：《全球化时代的国际关系》（第二版），上海：复旦大学出版社，2009年版，第189页。

体现发展中国家的理念和思想。[1]

新兴大国群体作为发展中国家的一支特殊力量，它们在国际政治舞台中的话语权和影响力在不断提升，在经济领域中它们与发达国家的差距也在逐渐缩小，它们正在改变着传统南北关系中发达国家与发展中国家间的依附性结构。“未来的世界秩序在很大程度上取决于原有大国和新兴大国的积极合作，取决于国际行为体用对话的方式化解矛盾、防止冲突，取决于真正认可多种发展模式、接受多元文化、制定有效制度。”[2]

全球化的迅速发展使得中国与发展中国家的相互联系变得更为频繁、更加密切。虽然在交往过程中中国与发展中国家也会因为各自现实利益的不同而产生分歧和争议，但是这并不是当代国际关系中的主要矛盾，更不具有绝对的对抗性质，双方终究可以凭借多年来所积累的经验互谅互让地加以解决。[3] 双方在推动国际体系变革中的共同利益和共同诉求将为双方维护政治互信和增加政治共识提供持续的动力。

改革开放以来，虽然中国的综合国力不断提高，在国际政治经济领域中的地位和作用也有了大幅度的提升，已经成为了国际和地区多边机制中的重要行为体，但是中国始终坚持自身的“发展中国家”属性，始终把自身的发展和发展中国家的共同发展结合起来，始终把加强同广大发展中国家的团结与合作作为中国外交政策的基本立足点。

---

① 杨洁勉：“新兴大国群体在国际体系转型中的战略选择”，载《世界经济与政治》，2008 年第 6 期，第 7—8 页、10 页。

② 秦亚青：“国际体系的延续与变革”，载《外交评论》，2010 年第 1 期，第 13 页。

③ 吴白乙：“对中国与发展中国家政治关系的再思考”，载《拉丁美洲研究》，2010 年第 4 期，第 6 页。

经过几十年的发展，中国参与国际体系的程度、广度和深度都大大增强，中国的国际角色也发生了相应的变化，中国已完成了从现存国际体系的“革命者”到“参与者”和“建设者”的转变。时任外交部长杨洁篪在十二届全国人大一次会议记者会上表示：“同上个世纪相比，二十一世纪的国际多边体系应当扩大代表性、提升公正性、增强实效性。中国是国际体系的参与者、建设者和贡献者。我们将以更加积极的姿态参与国际事务，为使国际体系朝着更加公正合理的方向发展而发挥应有作用。”①

中国是发展最快、世界影响力最大的发展中大国。拉丁美洲地区是当今世界发展中国家最为集中的地区之一，且各国政局比较稳定，在国际格局中的地位也在不断上升。巴西、墨西哥和阿根廷等地区大国通过自身发展，逐渐成为了新兴市场国家群体中的重要力量，同时也成为了二十国集团成员。中国与拉美地区国家在国际舞台上有广泛的合作空间。正如习近平主席在2014年7月17日出席中拉国家领导人会晤上所讲的那样：“中拉在全球事务中加强协调和配合，对促进国际关系民主化，推动国际秩序朝着更加公正合理的方向发展具有重要意义”。

二、拉美在中国对外关系中的地位与作用

进入新世纪以来，在和平、发展与合作外交方针的指导

---

① 杨洁篪在十二届全国人大一次会议就中国外交政策和对外关系答中外记者问。http：//www.fmprc.gov.cn/mfa_chn/zyxw_602251/t1019938.shtml（上网时间2014年8月25日）

下，中国外交正朝着国别外交、区域外交和领域外交并重的方向发展，全方位外交的内涵变得更加丰富。随着国际形势的复杂变化和中国社会的深刻变革，中国的发展和稳定面临着来自内部与外部双重的风险与压力，处于各种国内外矛盾集中爆发期。为了给现代化建设营造良好的外部环境，统筹国内国际两个大局，[①] 中国外交需要不断开拓和创新。如何在继承新中国以来中国外交已形成的优良传统基础上，根据世界形势的变化探索一条具有中国特色和符合当代世界发展趋势的大国外交之路是中国外交亟待解决的新课题。拉美在中国的对外关系中具有以下几个方面的作用：

第一，拉美是中国开展经济外交，实现经贸结构多元化战略的重要地区。2012 年 11 月召开的中国共产党第十八次全国代表大会（以下简称“十八大”）对新时期中国的内政与外交进行了全面部署。外交战略的调整始终围绕国家的总体战略目标和国际格局的变化而展开。时任国家主席胡锦涛在十八大报告中明确指出：“综观国际国内大势，我国发展仍处于可以有大作为的重要战略机遇期”。在此判断的基础上，他进一步指出：“以经济建设为中心是兴国之要，发展仍是解决我国所有问题的关键。只有推动经济持续健康发展，才能筑牢国家繁荣富强、人民幸福安康、社会和谐稳定的物质基础。必须坚持发

① 2013 年 10 月 24 日，国家主席习近平在周边外交工作座谈会上再次强调，“做好外交工作，胸中要装着国内国际两个大局，国内大局就是‘两个一百年’奋斗目标，实现中华民族伟大复兴的中国梦；国际大局就是为我国改革发展稳定争取良好外部条件，维护国家主权、安全、发展利益，维护世界和平稳定、促进共同发展。”参见习近平：“为我国发展争取良好周边环境，推动我国发展更多惠及周边国家”，载《人民日报》，2013 年 10 月 26 日 01 版。

展是硬道理的战略思想，决不能有丝毫动摇。”①

国内以经济建设为重心的政策连续性决定了中国对外战略目标的延续性，正如外交部长王毅所写的那样：“中国的外交首先还是要紧紧围绕国家发展这个中心，服务发展，促进发展，更加积极有效地为全面建成小康社会营造良好的外部环境，为解决各种不可持续的问题，为维护中国在世界上不断延伸的正当权益提供更为有力的保障。”②

为了进一步服务国内的经济发展，经济外交在中国整体外交中的地位进一步显现。发展与巩固同拉美国家的友好关系，对深化中拉在自然资源和能源领域的互利合作、促进中国企业“走出去”具有重要战略意义。首先，拉美丰富的自然资源，是中国实现资源进口多元化的重要保障。随着中国人口的持续增长和经济的快速发展，中国对自然资源和能源的需求迅速增长。而拉美拥有丰富的自然资源，“拥有地球上 1/3 的耕地面积和 1/3 的淡水资源，全球 31% 的生物燃料生产和 13% 的石油生产，此外还有占世界 44% 的铜、65% 的锂、49% 的银、32% 的钼、23% 的锌和镍，以及 48% 的大豆、31% 的肉制品、23% 的牛奶和 16% 的玉米。”③ 根据《BP 世界能源统计年鉴》（2013 版）的数据显示，拉美石油储量占世界总储量的 20.4%，其中委内瑞拉石油储量占 17.8%，超过沙特阿拉伯，

---

① 胡锦涛：《坚定不移沿着中国特色社会主义道路前进，为全面建成小康社会而奋斗——在中国共产党第十八次全国代表大会上的报告》，载《人民日报》，2012 年 11 月 18 日 02 版。

② 王毅：“探索中国特色大国外交之路”，载《国际问题研究》，2013 年第 4 期，第 2 页。

③ 阿莉西亚·巴尔塞纳（Alicia Bárcena）：“2012 年拉丁美洲和加勒比地区的经济发展”，载《拉丁美洲研究》，2012 年第 6 期，第 6 页。

位居世界第一位。[①] 拉美是中国解决资源、能源紧缺问题的重要伙伴。

其次，拉美地区是中国企业实现“走出去”战略的重要场所。“走出去”战略不仅是经济全球化背景下中国进一步深化改革开放的战略需要，也是为了适应风云多变的国际政治经济形势的战略安排。进入新世纪以来，拉美逐渐成为了一个拥有巨大发展潜力的消费和投资市场，拉美地区拥有6.16亿人口，且人均GDP超过9000美元。[②]今后中拉双方在拓展贸易、投资、金融等各领域的务实合作方面将大有可为。

第二，拉美也是中国推进全方位外交和中国提升整体外交能力的重点区域之一。自实行改革开放以来，特别是进入新世纪之后，中国外交逐步确立了“大国是关键、周边是首要、发展中国家是基础、多边是重要舞台”的总体外交布局，形成了一系列外交新思路。在中国综合国力和国际影响力双重提升的背景下，中国外交需要更加具有全球视野和进取意识。中国要成为世界性的负责任大国，要为和平崛起营造良好的外部环境，就需要在外交方面实施更为平衡、全面和灵活的政策。为此，中国外交在重视改善与发达国家关系的同时注重与拉美、非洲等地区的新兴发展大国的全方位合作，在维护本国利益的同时始终注重维护广大发展中国家的共同利益。

2008年11月5日，中国政府发表的《中国对拉丁美洲和加勒比政策文件》的目的就是“旨在进一步明确中国对该地区

① 《BP世界能源统计年鉴》（2013版）http：//www.bp.com/zh_ cn/china/reports-and-publications/bp_ 2013.html（上网时间2014年8月25日）

② CEPAL，Anuario Estadístico de América Latina y el Caribe（2013），Santiago de Chile，2013. p. 23、p. 25.

政策目标，提出今后一段时期中拉各领域合作的指导原则，推动中拉关系继续健康稳定全面发展”。该文件也同时确立了中国对拉美政策的总体目标，即互尊互信、扩大共识，互利共赢、深化合作，互鉴共进、密切交流。此外，该文件还从政治、经济、人文和社会，以及和平、安全和司法四个方面提出了加强中拉合作与交流的具体思路。该文件不仅体现了中国独立自主的和平外交政策，也表明了中国和平、发展、合作的外交思想，是新时期中国政府对拉美关系的政策宣誓，对推动中拉关系的全面发展具有重大的历史意义。

十八大以来的中国外交既保持了改革开放以来中国外交的连续性，同时也呈现出了与时俱进的新特征。自十八大之后，以习近平为总书记的新一届中央领导集体在治国理政方面提出了实现中华民族伟大复兴的“中国梦”，引起了国内外舆论的高度关注。“中国梦与和平发展、和谐世界一样，正成为中国发展对外关系的重要理念与目标，体现了中国要如何建设自身和世界的问题。”① 2014 年 7 月 16 日，习近平主席在巴西国会的演讲中指出：“团结协作、发展振兴是拉美人民薪火相传的梦想。中国梦和拉美梦息息相通。中拉双方要勇于追梦、共同圆梦。”为了实现中国与拉美各国的共同梦想，双方必然需要加强在各个领域的协调与配合，积极开展全方位合作，重视双方相互依赖加深过程中的共同利益，妥善解决因经济利益而产生的各类矛盾与摩擦。

2014 年 7 月 17 日，国家主席习近平在出席中拉领导人会

① 杨洁勉：“中国梦与中国外交”，载《文汇报》，2013 年 6 月 25 日。求是理论网：http：//www. qstheory. cn/zl/bkjx/201306/t20130625_ 243017. htm（上网时间：2014 年 6 月 5 日）

晤时发表的题为《努力构建携手共进的命运共同体》的主旨讲话，提出了构建政治上真诚互信、经贸上合作共赢、人文上互学互鉴、国际事务中密切协作、整体合作和双边关系相互促进的中拉关系五位一体新格局。[①] 习近平主席的主旨讲话为中拉关系的整体发展描绘出了新的路线图。会晤后，双方领导人共同宣布成立中国—拉美和加勒比国家共同体论坛并尽早在北京举行论坛首届部长级会议，双方决定建立平等互利、共同发展的中拉全面合作伙伴关系。这是一次开拓性的、具有历史意义的多边会晤。它对推动中拉整体合作再上新台阶具有里程碑意义。

自党的十八大报告明确提出"要倡导人类命运共同体意识"[②] 以来，打造"命运共同体"已经成为了新时期中国外交的新战略。以习近平同志为总书记的党和国家领导人在不同的重要场合中多次提到过"命运共同体"理念。打造命运共同体意味着各国需要求同存异和休戚与共，以开放包容、合作共赢的心态谋求共同发展，以不断对话与协调来增加凝聚力，以不断建设和完善机制性合作来发挥建设性作用。中拉命运共同体的构建赋予了中拉关系新的内涵。

第三，拉美地区对中国维护领土与主权完整、实现国家和平统一具有特殊的战略地位。中国政府先后于 2005 年 12 月和 2011 年 9 月发表了《中国的和平发展道路》和《中国的和平发展》两份白皮书，向世界阐明了中国政府关于实现和平崛起

① 习近平："努力构建携手共进的命运共同体——在中国拉美和加勒比国家领导人会晤上的主旨讲话"，载《人民日报》，2014 年 7 月 19 日 02 版。

② 胡锦涛：《坚定不移沿着中国特色社会主义道路前进，为全面建成小康社会而奋斗——在中国共产党第十八次全国代表大会上的报告》，载《人民日报》，2012 年 11 月 18 日 02 版。

的发展战略，表明了中国崛起与世界和平发展的良性互动关系。《中国的和平发展》白皮书指出，“中国的核心利益包括：国家主权，国家安全，领土完整，国家统一，中国宪法确定的国家政治制度和社会大局稳定，经济社会可持续发展的基本保障。”① 拉美作为台湾当局的一块“外交重地”，是中国维护本国核心利益的必争之地。

目前，台湾当局共有 22 个所谓的“邦交国”，其中 12 个位于拉美及加勒比地区，占其“邦交国”总数的一半以上。拉美地区尤其是中美洲及加勒比地区的一些国家，历来是台湾当局推行“活路外交”的重点区域。一直以来，台湾当局利用中美洲和加勒比小国面临的经济落后、资金短缺等问题，大力推行“金钱外交”以收买和拉拢这些小国，从而为其争取更大的“外交空间”寻求支持。在台湾当局的金钱攻势下，这些国家在经济利益的驱使下同台湾当局保持了所谓的“外交关系”，并且为台湾重返或加入只有主权国家才能参加的国际组织摇旗呐喊。2008 年国民党重新上台执政后，两岸采取了“外交休兵”的策略，但从国家统一的长远利益出发，妥善处理两岸与拉美地区的关系，仍具有重要意义。

随着全球化和信息化时代的到来，国内社会与国际社会的互动更为密切，国内政治与对外政策的界线也变得更加模糊。当前中国正步入改革深水区、发展转型期和矛盾多发期。以美国为首的一些西方国家，企图利用中国的内政和外交问题进行炒作，对中国实行“软遏制”，甚至试图助推“颜色革命”在

---

① 《中国的和平发展》白皮书，中华人民共和国国务院新闻办公室，2011 年 9 月 6 日。http：//www. gov. cn/jrzg/2011 – 09/06/content_ 1941204. htm（上网时间 2014 年 6 月 25 日）

中国蔓延。中国对国际舞台上涉及中国主权和领土等问题的反应不再局限于政府层面，中国民众的参与度空前提高。国内政治国际化、外交议题内政化越来越明显。中国民众对外交政策的关注和立场会对中国政府的对外政策形成舆论压力，中国维护国内安全与稳定的任务将变得更为复杂和艰巨。中拉关系的发展也可以为中国处理国内问题国际化过程中赢得更多舆论和道义上的支持。

拉美地区也是反击“中国威胁论”，回应国际社会对于中国崛起过程中应该承担更多国际责任要求的重要地区。中国在实现中华民族伟大复兴的过程中，需要向世界展示和平、发展、合作、共赢的负责任大国形象，使国际社会对中国的和平发展有更全面的认知。在历史上没有任何积怨，在政治互信方面不断加深，在经贸关系上日益密切的拉美地区无疑是中国改善国际舆论环境，加强“软实力”建设的重要实践场所。拉美是中国实现全方位外交的重要舞台，中拉关系的可持续健康发展将成为中国兑现作为一个负责任大国的重要证明。

三、中国在拉美对外关系中的地位与作用

20 世纪 90 年代，拉美国家在“华盛顿共识”的指导下推行新自由主义改革遇挫，使得拉美各国开始普遍反思新自由主义给自身发展带来种种弊端，认为新自由主义改革不仅造成了贫困率上升和更严重的财富分配不公，还造成了贸易条件恶化、国内市场萎缩，甚至国家经济的衰退。[①] 拉美各国的政治

① 郭濂主编：《中国与拉丁美洲经贸合作战略研究》，北京：中国社会科学出版社，2014 年版，第 82 页。

和经济进入了新一轮的调整期。进入21世纪以来，随着拉美中左翼政党纷纷上台执政，拉美各国的民族主义和拉美地区联合自强的意识不断增强。此外，随着经济实力的稳步增长，巴西、墨西哥等地区新兴市场国家的综合实力不断提高，使得拉美国家在国际舞台上的影响力进一步提升。在本地区综合实力和国际地位不断上升的背景下，拉美各国开始积极拓展多元化发展战略，积极寻求与世界各主要大国或一体化组织建立伙伴关系或长效对话机制。经济发展迅速，综合国力快速提升的中国无疑成为了众多拉美国家重点关注的对象之一。

一方面，中国已经成为了拉美各国重要的贸易伙伴，对拉美经济发展的重要性不断提升。2010年，中国超过日本成为了世界第二大经济体。根据世界银行的预测，如果中国经济一直不低于6.6%的速度增长，那么在2030年中国将成为一个高收入国家，并取代美国成为世界头号经济体。[①] 此外，中国正在积极实施国民经济和社会发展“十二五”规划纲要，把经济结构战略性调整作为加快转变经济发展方式的主攻方向，促进经济增长向依靠消费、投资、出口协调拉动转变。这些为拉美各国扩大对中国的进出口贸易和吸引中国投资提供了良好机遇。

联合国拉丁美洲和加勒比海地区经济委员会（以下简称“拉美经委会”）认为，亚洲太平洋地区是目前世界经济最具活力的地区，拉丁美洲和加勒比海地区应该努力建立起和该地区的新联系。中国对于食品、能源、金属和矿产的高需求使这些商品的出口国大大受益，显著地提高了两个地区的交流并刺

① “China 2030：Building a Modern，Harmonious，and Creative Society”，The World Bank and Development Research Center of the State Council，the People's Republic of China，March 23，2013.

激了拉美经济的增长，并且这样一种贸易和投资关系仍存在相当大的加强和多样化空间。此外，中国在基础设施项目和能源领域的投资不仅有利于加强与拉美地区的经济联系，还有助于形成对该地区一体化有益的外部推动力。中国同拉美地区的关系已经进入了适宜建立实质性发展的成熟阶段。[①] 在当前美国和欧洲经济前景不明朗的背景下，拉美国家“面向亚太”的外交取向开始明显加强，抓住亚太地区和中国快速发展所带来的机遇，发展与亚太地区的经济贸易关系已成为大多数拉美国家的共识和国策。[②]

另一方面，中拉政治互信的不断加深不仅成为了促进双方经贸合作的重要保障，也成为了拉美国家积极拓展外交多元化战略、提升国际影响力以及维护主权独立和领土完整的重要推手，具体体现在以下几个方面：

首先，中拉关系的发展为拉美各国增加了与其他大国或一体化组织讨价还价的筹码。自冷战结束以来，尤其是“9·11”事件之后，拉美地区在美国对外战略中的重要性逐渐下降，美国对拉美地区的关注度和控制力不断减弱，这为拉美各国推进多元化外交战略提供了机遇。在这一时期，拉美地区一体化得到快速发展的同时，拉美与欧盟和亚太地区的关系有了不同程度的发展。中拉关系的全面发展为拉美平衡与美国、欧盟关系增加了筹码，有利于提升拉美与美国、欧盟开展对话与合作过程中的话语权。

其次，通过加强与中国的合作有利于拉美地区大国提升在

---

① 《中华人民共和国和拉丁美洲和加勒比地区经贸往来迈入新阶段》（中文版），联合国拉丁美洲和加勒比海地区经济委员会，智利，圣地亚哥，2011 年 6 月，第 29—31 页。

② 吴白乙：《转型中的机遇：中拉合作前景的多视角分析》，第 212 页.

国际事务中的影响力和话语权。巴西、墨西哥以及阿根廷等拉美地区大国由于综合国力的提升，对于增强本国在地区和全球事务中的影响力有了新的要求。“拉美新兴大国的地位提高和影响力的发挥与其他新兴大国整体影响力的发挥紧密联系。没有像中国、俄罗斯、印度、南非等新兴大国的崛起，难以想象拉美新兴大国能够在建设国际政治经济新秩序、加强南南合作、推动南北对话、在全球经济金融治理和可持续发展等诸多重大议题上有所作为。”①

再次，中拉整体合作的增强有利于增强拉美地区一体化的凝聚力。中国一贯支持拉美推进地区一体化，实现联合自强，在地区和国际事务中发挥更大作用。自20世纪90年代以来，中国与里约集团②、南方共同市场等拉美不同的区域和次区域组织间建立起了对话与合作机制。中国—拉共体论坛的成立更是为提升中拉整体合作提供了平台。它不仅将为中拉开展双边和多边的机制性合作创造更多机遇，也将为推进拉美地区一体化提供更多动力。拉美国家的内部整合与协调将提升它们与中国整体合作过程的效率，减少它们对中拉整体合作的顾虑和担忧。③

最后，拉美维护主权与领土完整需要中国的支持。虽然拉美地区大部分国家早在19世纪初期就取得了民族独立运动的胜利，但是被美国定位为自家“后院”。美国对拉美的政策历

---

① 张明德：“拉美新兴大国的崛起及面临的挑战”，载《国际问题研究》，2012年第5期，第123页。

② 2011年12月2~3日，拉美和加勒比地区33国国家元首、政府首脑或代表在委内瑞拉首都加拉加斯举行会议，宣布正式成立“拉美和加勒比国家共同体”（简称“拉共体”），里约集团终止运行。

③ 关于中拉整体合作可参见王友明：“构建中拉整体合作机制：机遇、挑战及思路”，载《国际问题研究》，2014年第3期，第105—117页。

经“门罗主义”、“泛美主义”和“现实主义”等策略的调整与变化。进入新世纪以来，美国对拉美的影响力虽然处于下降状态，但是美拉关系依然呈现“脱而不离、斗而不破”的复杂局面。[①] 美国不会放弃对美洲地区的主导权。美国对于以古巴和委内瑞拉为首的拉美反美势力仍然采取高压和颠覆政策。只是 2015 年以来，美国奥巴马政府软化对古政策，与古巴实现外交关系正常化，并放缓对古巴的经济封锁。美国对于拉美地区的亲美政府和亲美政党给予各种形式的支援和资源。拉美各国的多元化发展道路，追求主权完整注定要受到美国因素的影响与制约。

当前，美国重返亚太，实施亚太“再平衡”战略，无疑为拉美争取更多自由发展的空间提供了机遇。此外，中国历来支持拉美人民抗击帝国主义侵略和实现民族独立的斗争，中国也一贯支持拉美国家根据本国和本地区的实际情况，走出一条适合自己发展的道路。与中国关系的深入发展对拉美平衡美国影响力具有战略意义。最后，中国外交一贯秉持基于事情本身的是非曲直决定自己的立场和政策。中国一直支持阿根廷对马尔维纳斯群岛的主权要求就是基于上述立场，中国坚定的立场是阿根廷赢得国际舆论支持的重要一环。

小　结

中拉相互依赖的建立是双方政治、经济联系发展到一定程

① 王友明：“构建中拉整体合作机制：机遇、挑战及思路”，载《国际问题研究》，2014 年第 3 期，第 110、112 页。

度后的产物。新中国成立之后，中拉关系经历了从民间往来为突破点到官民并举再到政治与经济并重最终走向相互依赖的发展历程。中拉政治相互依赖模式的内涵在双方政治互动中得到了很好的体现。中国与拉美没有发生过大的政治冲突，在传统安全问题上也不存在任何矛盾和冲突。双方的政治相互依赖随着政治关系的稳定发展而逐步建立起来。双方在国际机制变革中的共同利益诉求以及对发展中国家身份的认同，使得双方在重大国际和地区事务中拥有许多共同的立场和观点，在发展本国经济和制定对外战略中拥有许多共同的理念。

中国的外交政策以和平、发展与合作为指导方针，以和平共处五项原则为基础。具体来说，在中国综合国力和国际影响力双重提升的背景下，中国始终坚持自身的“发展中国家”属性，把自身利益与发展中国家的共同利益结合起来。拉美作为中国开展全方位外交的重要组成部分，是中国提升整体外交能力的重点区域之一。在与拉美国家建立全面合作伙伴关系时中国始终强调平等互利和共同发展，并以“命运共同体”来定位中拉关系的走向。拉美地区在经济实力和地区一体化不断增加的背景下，开始积极拓展多元化发展战略。中拉合作对于提升拉美国家在国家事务中的影响力和话语权、增强地区内部的凝聚力、维护民族独立和主权完整以及减少对美国和欧盟等西方国家和地区组织的不对称相互依赖都有积极作用。中拉间既没有意识形态之争更没有领土和安全争端，双方更没有称霸世界的先例和野心。以上这些因素决定了中拉政治相互依赖模式的和平性、平等性和合作性。

第四章

中国与拉美的经济相互依赖

进入21世纪以来，中国与拉美国家的经贸合作进入了快速发展的周期，双方在对方经贸领域中的地位逐步提高并仍处于上升趋势。中国与拉美国家间的经济相互依赖逐渐加深。在这一过程中，双方的经济相互依赖虽然以合作共赢为主线，但双方的贸易摩擦越来越多，投资纠纷也时有发生。中拉经济相互依赖处于什么样的状态？经济相互依赖对中拉经贸互动产生了什么样的影响？本章将围绕这些问题展开。

第一节　中拉经济相互依赖的合作性与互补性

自中国实行改革开放以来，中国与拉美国家的经贸关系进入了快速发展阶段。进入了新世纪之后，伴随着加入世界贸易组织和“走出去”战略的实施，中拉经贸合作由原来的贸易合作“一枝独秀”，发展成为贸易、投资与金融“百花齐放”的良好态势。2013 年，中国已经成为了拉美最主要的贸易伙伴国和投资来源国之一。正如商务部新闻发言人沈丹阳所指出的那样，“近年来，中国和拉美国家的经贸合作领域不断拓宽，利益交汇点和切入点也日益增多，所以中拉经贸合作的规模也在持续扩大，并且形成了相互倚重、共同发展的经贸关系新格局。”①

一、贸易合作增长迅速且互补性明显

2000 年，中拉贸易总量为 126 亿美元，中拉贸易首次突破 100 亿美元关口。到了 2013 年底，中拉贸易总额达到了 2616 亿美元，增长近 20 倍。中拉用了 7 年时间实现了双方贸易额由 100 亿美元向 1000 亿美元迈进，之后仅用了 4 年时间，就使双方贸易额站上了 2000 亿美元的台阶。虽然 2008 年的国际金融危机对中拉贸易造成了一定的冲击，使 2009 年的双方贸易额同比下降了 15%，但是此后两年中拉贸易迅速反弹，2010 年更是同比增长了 50. 7%，中拉双方贸易整体向上增长的趋势没有改变（见表 4. 1）。除了贸易总额的快速增长之外，双边贸易占中拉各自对外贸易的比重也处于总体向上的趋势。2000 年拉美占中国对外贸易总额的 2. 7%，到 2013 年达到了 6. 3%。

① 2014 年 7 月 15 日，中国商务部例行发布会。http：//www. mofcom. gov. cn/xwfbh/20140715. shtml（上网时间 2014 年 9 月 15 日）

表 4.1　2001—2013 年中国与拉丁美洲贸易情况统计

年份	进口			出口			进出口总额		
	进口额（亿美元）	同比增长（%）	占总进口比重（%）	出口额（亿美元）	同比增长（%）	占总出口比重（%）	进出口总额（亿美元）	同比增长（%）	占进出口总值比重（%）
2000 年	54.1	80.8	2.4	71.9	36.4	2.9	126.0	52.5	2.7
2001 年	67.0	23.9	2.8	82.4	14.6	3.1	149.4	18.6	2.9
2002 年	83.4	24.4	2.8	94.9	15.2	2.9	178.2	19.3	2.9
2003 年	149.3	79.1	3.6	118.8	25.2	2.7	268.1	50.4	3.2
2004 年	217.6	45.8	3.9	182.4	53.6	3.1	400.0	49.2	3.5
2005 年	267.9	23.1	4.1	236.8	29.8	3.1	504.7	26.2	3.5
2006 年	341.8	27.6	4.3	360.3	52.1	3.7	702.0	39.1	4.0
2007 年	511.1	49.6	5.3	515.4	43.1	4.2	1026.5	46.2	4.7
2008 年	716.4	40.2	6.3	717.6	39.2	5.0	1434.1	39.7	5.6
2009 年	647.7	−9.6	6.4	570.9	−20.4	4.8	1218.6	−15.0	5.5
2010 年	918.4	41.8	6.6	918.0	60.8	5.8	1836.4	50.7	6.2
2011 年	1196.7	30.3	6.9	1217.2	32.6	6.4	2413.9	31.4	6.6
2012 年	1260.7	5.4	6.9	1352.2	11.1	6.6	2612.9	8.2	6.8
2013 年	1273.0	1.0	6.5	1342.7	−0.7	6.1	2615.7	0.1	6.3

数据来源：2000 年—2012 年数据来自历年《中国统计年鉴》，2013 年数据来源于中国商务部商务统计。占进出口值比重根据相关数据计算得出。

注：数据贸易额保留至千万美元，占比保留小数点后一位。

2005—2010 年，中国向拉美地区的进出口增长率是中国总进出口增长率的两倍。① 虽然，拉美在中国对外贸易中所占的

① 《中华人民共和国和拉丁美洲和加勒比地区经贸往来迈入新阶段》（中文版），联合国拉丁美洲和加勒比海地区经济委员会，智利，圣地亚哥，2011 年 6 月。第 12 页。

比例仍比较有限，但是从长远来看仍有比较大的上涨空间。2014年7月17日，习近平主席在中拉领导人集体会晤中发表的主旨讲话指出："双方应该发挥贸易对中拉经济增长的重要促进作用，优化贸易结构，促进拉美国家传统优势产品和高附加值产品对华出口，并在服务贸易、电子商务等领域扩大合作，力争实现10年内中拉贸易规模达到5000亿美元。"① 根据拉美经委会的预测显示，到2020年拉美向美国、欧盟和中国的出口占其总出口的比重将分别达到28.4%、13.6%和19.3%，欧盟在拉美出口贸易中的位置相对平稳，而美国和中国则出现了此消彼长的态势。（图4.1）② 可以预见，未来拉美的贸易伙伴将呈现出美国、欧盟和中国"三足鼎立"的态势。

从中拉的贸易结构来看，双方仍然以产业间贸易为主导，具有较强的互补性。根据拉美经委会的报告显示，除了墨西哥、哥斯达黎加和萨尔瓦多等少数国家对中国出口主要以较高附加值的制成品之外，大部分拉美国家向中国的出口商品主要为原料、以自然资源为基础的加工品、经加工的矿产以及部分农工业产品。例如，2007—2009年，巴西、阿根廷、委内瑞拉、哥伦比亚、智利和秘鲁等国前五位的出口商品占它们对华出口的比重分别达到了82.2%、92%、98.2%、97.6%、92.3%和80.8%。③ 中国经济高速增长对初级产品的旺盛需求成为了国际金融危机期间南美国家经济复苏早于墨西哥和中美

① 习近平："努力构建携手共进的命运共同体——在中国拉美和加勒比国家领导人会晤上的主旨讲话"，载《人民日报》，2014年7月19日，02版。

② 《中华人民共和国和拉丁美洲和加勒比地区经贸往来迈入新阶段》（中文版），联合国拉丁美洲和加勒比海地区经济委员会，智利，圣地亚哥，2011年6月。第16页。

③ 《中华人民共和国和拉丁美洲和加勒比地区经贸往来迈入新阶段》（中文版），联合国拉丁美洲和加勒比海地区经济委员会，智利，圣地亚哥，2011年6月。第23页。

洲国家的重要因素之一。

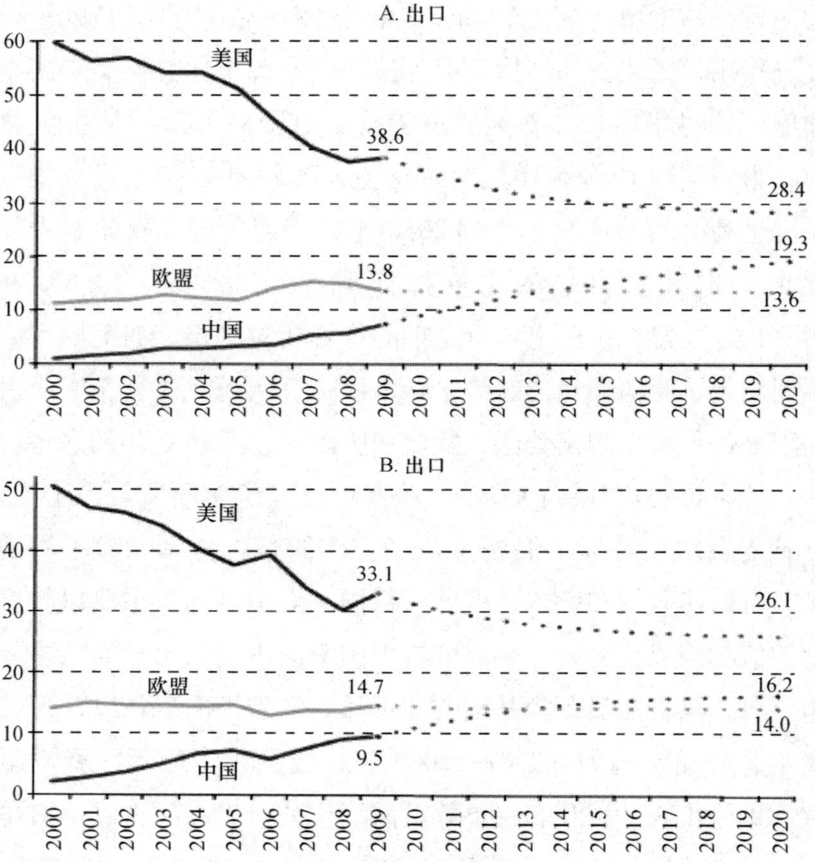

图 4.1　拉美及加勒比地区主要贸易伙伴所占的份额 2000—2020 年[a]

资料来源：拉丁美洲及加勒比经济委员会采用 COMTRADE 提供的数据。

注释：[a]16 国包括：阿根廷、玻利维亚、巴西、智利、哥伦比亚、哥斯达黎加、厄瓜多尔、萨尔瓦多、危地马拉、洪都拉斯、墨西哥、巴拿马、巴拉圭、秘鲁、乌拉圭和委内瑞拉玻利瓦尔共和国。估计数据以 2000—2009 年拉丁美洲和加勒比地区、亚太地区、中国、美国、欧盟以及世界其他地区的国内生产总值的增长率为基础。假设预测出口和进口增长都趋向于各自经济体的 GDP 长期增长率。

2012 年与 2013 年，中拉贸易的增长速度虽然放缓，但这仅为中拉贸易长期高速增长的一次调整。中拉贸易在经历了十几年的高速增长之后，双方的贸易基数已经有了一定的积累，今后双方贸易的增长方式需要实现由量向质的转变。从中国方面看，根据中国“十二五”规划纲要，中国当前正处于“深化改革开放、加快转变经济发展方式的攻坚时期”，而经济结构战略性调整是这一时期加快转变经济发展方式的主攻方向。中国经济的增长方式正在向依靠消费、投资、出口协调拉动转变。近几年来，中国对外贸易总量的增速趋缓，[①] 对外贸易依存度（进出口总额占国内生产总值的比重）也在下降。

2013 年，中国的对外贸易依存度为 45.4%，比上一年下降 1.6 个百分点。其中进口和出口贸易的依存度分别为 21.3% 和 24.1%，均比上一年下降 0.8 个百分点。[②] 中拉贸易的放缓正好证明其与中国经济和对外贸易相应进入了调整期。可以预见，随着未来中国第一、第二、第三产业实现更为均衡的发展，中拉贸易、投资和金融合作的结构也将相应发生变化，中国市场更为多元化的需求将为更多拉美商品进入中国提供机遇。

从拉美方面来看，受外部经济的不利影响和国内经济结构的制约，虽然 2013 年拉美经济仍然保持了增长，但是连续 3 年出现了增速递减的趋势。2008 年金融危机之后，拉美自 2003 年以来的经济扩张期已经结束。随着国际市场对能源、矿

---

① 根据中国海关总署的数据显示，2011 年、2012 年和 2013 年中国进出口贸易同比增长率分别为：22.5%、6.2% 和 7.5%。参见：http：//www.fdi.gov.cn/1800000121_33_4395_0_7.html。

② 《中国发展报告 2014》，中国统计出版社，2014 年 9 月版，第 83 页。

产等大宗商品需求量的下降和价格回落，部分拉美国家很难再单纯依靠“初级产品出口”拉动新的一轮经济扩张。此外，加上拉美国家向欧盟、美国等国家和地区出口的减少、国际融资环境也进一步恶化等不利因素的共同作用，拉美一些主要国家出现经济增速下滑、通胀反弹、资金短缺等困难。拉美国家在继续利用其资源优势的同时，需要加快产业结构调整，在增加国内商品供应的同时，努力增强出口商品的国际竞争力。[①]

二、投资合作异军突起

自加入世贸组织以来，中国政府相继出台了一系列涉及金融、保险、外汇管理、法律保障和公共服务等多个方面的政策，为企业顺利开展对外投资合作创造良好的制度环境。近年来，中国政府更是加快了实施“走出去”战略的步伐，积极推动对外投资便利，鼓励中国企业走出国门寻求商机，企业融入经济全球化的内生动力日益增强。

在最近的十年时间里，中国已经成为世界最重要的投资者之一。尤其是2008年国际金融危机发生以来，中国投资者利用本国的经济优势和其他国家对吸引投资的需求，进入了世界各个地区的大部分主要行业。中国作为一个后起之秀，近几年来促使其加快对外直接投资的动机是：中国企业可以抓住当前自身的资金优势加强同各国跨国公司在其他国家的投资合作。[②]根据《2012年度中国对外直接统计公报》显示，2012年中国

① 苏振兴：“中拉经贸合作继续处于重要历史机遇期”，载《当代世界》，2014年10期，第10页。

② Taotao Chen，Miguel Pérez Ludeña，“Chinese foreign direct investment in Latin America and the Caribbean”，ECLAC-Production Development Series No. 195，January 2014，p. 11.

对外直接投资流量达到了 878 亿美元，比上一年增长了 17.6%，处于全球第三的位置。

拉美不仅成为了中国重要的贸易合作伙伴，也成为了中国第二大投资目的地。从投资流量看，2010 年，中国对拉美地区的直接投资首次超过 100 亿美元，同比增长了 43.8%（见表 4.2）。根据拉美经委会的资料显示，自 2010 年以来，中国企业对拉美国家的投资每年都超过了 100 亿美元，并且在深化南南合作的背景下，中拉间的相互投资都将保持增长。[①] 截止 2012 年末，中国对拉美投资存量达到了 682.1 亿美元，占中国对外直接投资存量的 12.8%。主要分布在英属维尔京群岛、开曼群岛、委内瑞拉、巴西、阿根廷、秘鲁、厄瓜多尔和墨西哥等国。[②]

表 4.2　2003 年—2012 年中国对拉美地区直接投资流量情况表

年　份	中国对拉美直接投资总量（百万美元）	占中国对外直接投资总量比重（%）	不含开曼群岛和英属维尔京群岛（百万美元）	占中国对拉美直接投资的比重（%）
2003 年	1038.15	36.4	21.86	2.1
2004 年	1762.72	32.1	91.07	5.2
2005 年	6466.16	52.7	77.33	1.2
2006 年	8468.74	48.0	97.91	1.2

① Taotao Chen, Miguel Pérez Ludeña, "Chinese foreign direct investment in Latin America and the Caribbean", ECLAC-Production Development Series No. 195, January 2014, p. 5. 由于统计口径的差别，拉美经委会与中国商务部发布的对外直接投资数据不一致。拉美经委会认为中国对拉美地区的直接投资统计存在低估现象。为了避免数据上的混乱，除了直接引用之外本文基本采用中国官方公布的数据。

② 《2012 年度中国中国对外直接投资统计公报》，中国商务部、中国统计局、国家外汇管理局，中国统计出版社，2013 年 9 月，第 3 页、15 页。

续表

年　份	中国对拉美直接投资总量（百万美元）	占中国对外直接投资总量比重（%）	不含开曼群岛和英属维尔京群岛（百万美元）	占中国对拉美直接投资的比重（%）
2007 年	4902. 41	18. 5	424. 68	8. 7
2008 年	3677. 25	6. 6	48. 91	1. 3
2009 年	7327. 9	13. 0	349. 55	4. 8
2010 年	10538. 27	15. 3	922. 38	8. 8
2011 年	11935. 82	16. 0	791. 03	6. 6
2012 年	6169. 74	7. 0	3103. 03	50. 3

数据来源：《2012 年度中国对外直接投资公报》。占比根据相关数据计算得出。

说明：2003—2006 年为中国对拉美非金融类直接投资数据，2007 年为中国对拉美全行业直接投资数据。

中国对拉美地区的直接投资流量虽然增长迅速，但是存在分布不均的问题。在 2012 年以前，中国每年对拉美地区投资的 90% 以上都流向了“避税天堂”开曼群岛和英属维尔京群岛。2008 年全球金融危机爆发之后，国际社会为了共同应对跨境逃避税收问题，开始高度重视税收征管协作。中国政府于 2011 年底签署了《参加〈多边税收征管互助公约〉意向书》，并于 2013 年正式加入该公约。2011 年，中国同英属维尔京群岛以及开曼群岛政府签署的税收情报交换协议生效。① 次年，中国流向上述两岛的投资大幅下降了 72. 5%。根据中方统计显示，2012 年中国对拉美的直接投资为 61. 7 亿美元，同比下降了 48. 3%，占中国对外直接投资总流量的 7%。但值得注意的

① 徐曼：“中国与拉美地区经贸合作成果显著”，载《中国经济时报》，2014 年 10 月 9 日，A04 版。

是，2012 年对拉美国家地区（去除上述两岛）的投资由 2011 年的 7.91 亿美元增至 31.03 亿美元，同比增长了 292.3%。这对于中国实现在拉美的投资多元化是一个积极信号。①

如表 4.3 所示，2010 年可谓是中国对拉美直接投资高速增长的分水岭。2010 年中国对拉美主要国家的投资额达到了 137 亿美元，是前 20 年累计投资额的 2.2 倍。从行业分布来看，虽然这一年 75% 以上的投资来自中石化对巴西的投资和中海油对阿根廷的投资。除了这两个大的项目投资之外，中国许多不同行业的公司开始在 2010 年进入拉美或者加大了它们在拉美市场的投入。例如，中国国家电网、奇瑞汽车、中国铝业公司等等。也正是在这一年，拉美政府、公司和民众开始关注来自中国的投资。虽然拉美各国对中国的投资表示欢迎，但是一些特定行业的法规却收紧了。中国对拉美的投资多元化格局正在逐步形成，中国企业要在拉美获得好的发展，就需要入乡随俗，尽快融入当地社会，从而实现当地经济和企业自身的共同发展。②

表 4.3　1990—2012 年中国对拉美国家直接投资情况估值表

（单位：百万美元）

	1990—2009 年	2010 年	2011 年	2012 年
阿根廷	143	3100	2450	600.00
巴西	255	9563	5676	6066.63

① 《2012 年度中国对外直接投资统计公报》，中国商务部、中国统计局、国家外汇管理局，中国统计出版社，2013 年 9 月，第 11 页。

② 转引自：Taotao Chen，Miguel Pérez Ludeña，“Chinese foreign direct investment in Latin America and the Caribbean”，ECLAC-Production Development Series No. 195，January 2014，p. 13.

续表

	1990—2009 年	2010 年	2011 年	2012 年
智利	…	5	…	76
哥伦比亚	1677	6	293	996
厄瓜多尔	1619	45	59	86
秘鲁	2262	84	829	1306. 84
墨西哥	146	9	2	74
委内瑞拉	240	900	…	…
总 计	6342	13712	9309	9206

数据来源：拉美经委会，以公司报告，彭博资讯，FDI Markets，国家官方数据以及传统基金会数据为基础。

从行业、企业和投资方式来看，到目前为止中国对拉美的直接投资具有以下特点：第一，大额投资主要集中在能源和矿产资源领域。从 1994 年到 2010 年，中国在拉美油气领域的投资总额达到 236 亿美元，主要集中在委内瑞拉、巴西、阿根廷、厄瓜多尔、哥伦比亚和秘鲁等油气资源丰富的国家。矿产领域主要以铜矿和铁矿为主。第二，中央企业占据主导地位。中石油、中石化、中海油和中化等中央企业是大额并购交易的主角。第三，从投资方式看，中国在拉美的投资主要以并购为主，绿地投资较少。这与中国企业实施“走出去”战略处于初级阶段密切相关。①

根据中国商务部的信息显示，2013 年中国对拉美直接投资达到 151. 6 亿美元，同比增长 42. 9%，投资领域从农矿领域逐步向制造业、电力、农业和金融等领域延伸，投资方式也日趋

① 郭濂主编：《中国与拉丁美洲经贸合作战略研究》，北京：中国社会科学出版社，2014 年版，第 105—107 页。

多元。[1] 2014 年 7 月 17 日，习近平主席在中拉领导人集体会晤的主旨讲话中指出：“双方应该扩大相互投资，促进投资多元化，引导资金更多流向生产性领域。中国政府鼓励和支持更多中国企业赴拉美投资兴业，力争实现 10 年内对拉美投资存量达到 2500 亿美元。”[2] 按照目前的发展趋势看这一目标是可以实现的。

从拉美企业对中国的直接投资情况来看，随着中拉贸易量的增长，拉美企业对中国的投资也在不断增加，但相较于中国对拉美的直接投资，其增速仍然比较缓慢。以在中国投资处于领先地位的巴西为例，自 2006 年以来，巴西在华一共投入了 3 亿美元，而在同一时期中国对巴西的直接投资达到了 250 亿美元。拉美企业自 20 世纪 70 年代早期开始就进入了中国市场，但直到最近的十年中国才成为拉美企业具有重要意义的目标市场。

从 2000 年开始，活跃在中国的拉美企业的复合年均增长率（Compound Annual Growth Rate，缩写 CAGR）达到了 21%，总数达到了 85 家。早在 1973 年，巴西的铁矿石巨头淡水河谷（Vale）作为首家拉美企业登陆中国，2012 年该公司总收入的三分之一是来自中国。阿根廷的无缝钢管制造商 Tenaris 也是自 20 世纪 70 年代开始就向中国出口产品的拉美企业。其他比较有名的在华拉美企业还包括：智利著名葡萄酒制造商 Concha y Toro 酒庄、巴西电机制造商 Weg 公司、巴西 IT 外包服务

① 2014 年 7 月 15 日，中国商务部例行发布会。http：//www.mofcom.gov.cn/xwfbh/20140715.shtml（上网时间 2014 年 9 月 8 日）。

② 习近平：“努力构建携手共进的命运共同体——在中国拉美和加勒比国家领导人会晤上的主旨讲话”，载《人民日报》，2014 年 7 月 19 日，02 版。

商Stefanini公司、墨西哥玉米粉和薄饼生产商Gruma集团、墨西哥烘焙食品生产商宾堡（Bimbo）集团等等。①

根据《中国统计年鉴》的数据显示（如表4.4所示），2003年至2008年拉美企业对于中国的直接投资一直处于上升态势。自2009年以来由于受到国际金融危机的影响，该投资开始回落。此外，如果去除开曼群岛和英属维尔京群岛两处对中国的直接投资，拉美企业占外商对中国直接投资总量的份额仍然很小。未来随着中拉经贸往来的进一步提升，以及拉美地区跨国企业的业务在全球进一步扩展，其在中国的投资仍有很大的上升空间。

表4.4　2003年—2012年拉美对中国的直接投资流量情况表

年　份	总计（百万美元）	占外商对中国直接投资总量比重（%）	不含开曼群岛和英属维尔京群岛（百万美元）	占拉美对中国直接投资的比重（%）
2003年	6906.57	12.91%	263.57	3.82%
2004年	9043.53	14.92%	270.65	2.99%
2005年	11293.33	18.72%	324.12	2.87%
2006年	14162.62	22.47%	819.58	5.79%
2007年	20117.99	26.91%	994.77	4.94%
2008年	20903.44	22.62%	1804.63	8.63%
2009年	14684.33	16.31%	803.86	5.47%
2010年	13525.63	12.79%	579.49	4.28%
2011年	12504.6	10.78%	537.69	4.30%
2012年	10183.57	9.12%	377.31	3.71%

数据来源：《中国统计年鉴》。占比根据相关数据计算得出。

① Ben Laidler, Qu Hongbin, Todd Dunivant, Simon Francis, Thomas Hilboldt, and Andre Loes, "South-South Special: What a globalizing China means for LatAm", HSBC Global Research, November 2013, pp. 30－32.

虽然从总体上看，中国对拉美的直接投资还处于起步阶段，与美国和欧盟等拉美的主要投资者相比不论在投资存量还是行业分布上都还有很大的差距。拉美在中国吸引外资中所占的比重也非常有限。但双方在投资领域的合作拥有巨大发展潜力，是双方经贸合作多元化的重要一环。

三、金融合作厚积薄发

中国与拉美国家的贸易和投资合作的快速发展，为双方在金融领域开展广泛合作打下了坚实基础。此外，由美国次贷危机引发的全球金融危机不仅促使中拉各国加快调整产业结构，转变经济发展模式的步伐，而且使得中拉在推动国际金融体系改革和开展金融合作的共识更为强烈。到目前为止，中拉间的金融合作主要通过以下四个途径展开：

第一，通过美洲开发银行开展合作。2009 年对中拉开展金融合作来说具有历史性意义。该年的 1 月 12 日，中国正式成为了美洲开发银行第 48 个成员国，为中国与拉美地区开展更为广泛的金融合作提供了新的平台。同年 3 月 29 日至 31 日，中国人民银行行长周小川首次以正式成员国身份率团出席了在哥伦比亚麦德林举行的美洲开发银行第 50 届年会。在出席年会期间，中国进出口银行和国家开发银行（以下简称“国开行”）分别与美洲开发银行签署了合作备忘录。美洲开发银行在基础设施、民生等方面，为中国“国开行”开出了总额达

300 多亿美元的合作清单。[①]

美洲开发银行是拉美地区最大的国际性融资机构，主要以贷款和技术支持方式向拉美的基础设施、环境、卫生、住房和饮用水等公共项目融资以促进社会和经济发展，为近年来的拉美经济繁荣提供了有力的资金支持。然而，国际金融危机爆发之后，拉美国家出口锐减、国际融资渠道受阻，从而使拉美国家向美洲开发银行的贷款需求急剧上升。急剧增长的资金需求考验着美洲开发银行的未来贷款能力。尽管目前中国在美洲开发银行的股份不多，但中国庞大的经济规模、充裕的外汇储备、较高的金融盈利能力和在国际金融舞台日益增多的话语权日益引人注目。[②]

加入美洲开发银行以来，中国金融机构和美洲开发银行的合作取得了积极成果。中国已和美洲开发银行在贸易融资、基础设施项目融资安排、小额信贷和人员交流方面开展了积极合作。[③] 中国企业更是可以通过参与美洲开发银行的招标项目[④]，将具有优势的技术和产品推广到拉美地区，为中拉经贸合作注入更多活力。

第二，签署双边货币互换协议促进合作。2009 年 3 月 29 日，中国人民银行和阿根廷中央银行签署了一项 3 年期的 700

① 李画："中拉金融合作渐入佳境"，载《国际金融报》，2009 年 4 月 1 日，02 版。

② "'中国因素'为美洲开发银行 50 周年添华彩"，新华网，2009 年 4 月 1 日。（上网时间 2014 年 9 月 3 日）http://news.xinhuanet.com/world/2009-04/01/content_11116107.htm

③ "中国央行副行长称将探索中拉金融合作新模式"，新华网，2012 年 3 月 20 日。（上网时间 2014 年 9 月 3 日）http://news.xinhuanet.com/world/2012-03/20/c_111677195.htm

④ 根据美洲开发银行的相关规定，只有来自成员国的供应商才能为该行的融资项目提供商品和服务。

亿元等值人民币的货币互换框架协议。这是到2009年为止，中国和拉美国家历史上最大规模的金融交易。根据该框架协议，阿根廷从中国进口商品时可以使用人民币，不必再使用美元作为交易的中介货币。该协议的生效，一方面可以应对短期的资金流动性问题，另一方面也可支持互换资金用于贸易融资，有利于推动双边贸易和直接投资。[①]

相对于其他发展中地区而言，拉美地区整体发展水平和开放程度较高，总体金融体系也较为完善。目前，除了阿根廷外，中国与巴西于2013年3月签署了约300亿美元的货币互换协议；2014年7月，习近平主席访问阿根廷期间，中国与阿根廷再次签署了一份相当于110亿美元的货币互换协议。这一系列双边货币互换协议的实施既满足了日益密切的经贸合作的需求，也成为了推动人民币国际化的重要途径。

第三，推动官方政策性项目融资。根据汇丰银行一份报告显示，2005年至2012年，中国国开行和中国进出口银行等银行机构向拉美地区提供了850亿美元贷款。其中，国开行贷款占中国银行机构在拉美贷款总额的80%，进出口银行占比为9%。中国的银行贷款已经超过了世界货币基金组织、世界银行、美洲开发银行等传统国际金融机构同期在拉美地区的贷款总额。中国的贷款主要集中在拉美的委内瑞拉、巴西、阿根廷、厄瓜多尔四国和基础设施、能源、矿产等少数几个行业，其中超过90%的资金流向了上述四国，仅委内瑞拉一国就占了中国在拉美地区贷款总额的45%。中国银行业在拉美地区的贷

---

① 张勇："中拉应对国际金融危机的合作模式分析"，载《拉丁美洲研究》，2009年10月，增刊2，第49页。

款基本不附加政治条件，但常常要求签订设备采购和石油采购合同。[①]

2009 年 7 月 18 日，时任总理温家宝在北京举行的中国驻外使节会议上指出："加快实施'走出去'战略，把外汇储备运用与企业'走出去'结合起来，把对外投资与商品出口结合起来。"[②] 这一表态是对完善外汇储备多元化的强力支持。对于中国而言，2008 年以来的金融危机所造成的国际融资困难为中国巨额外汇储备的灵活运用创造了机遇，中国可以抓住大宗商品价格低迷和海外优质资产价格偏低的有利时机，把部分美元资产转换成油气等资源类资产。这对于调整外汇储备结构、推动外汇储备多元化以及抵御金融风险具有重要意义。[③]

2009 年和 2010 年，中国国开行向巴西、厄瓜多尔、俄罗斯、土库曼斯坦和委内瑞拉的石油公司或政府提供了总额约 650 亿美元的贷款。中国国开行以能源供应为担保的贷款方式，不仅实现了中国政府的政策目标，而且也有利于自身的商业利益。[④] 以中国与委内瑞拉的合作为例，2007 年 11 月 6 日，中拉两国共同出资成立了"中委联合融资基金"（以下简称"中委基金"）。2010 年 8 月 23 日，中国国开行与委内瑞拉又签署了

---

① Ben Laidler，Qu Hongbin，Todd Dunivant，Simon Francis，Thomas Hilboldt，and Andre Loes，"South-South Special：What a globalizing China means for LatAm"，HSBC Global Research，November 2013，pp. 28 – 29.

② "第十一次驻外使节会议召开 胡锦涛、温家宝讲话"，中国政府网，2009 年 7 月 20 日。（上网时间 2014 年 9 月 20 日）http：//www. gov. cn/ldhd/2009 – 07/20/content_1370171. htm

③ 张勇："中拉应对国际金融危机的合作模式分析"，载《拉丁美洲研究》，2009 年 10 月，增刊 2。第 50 页。

④ Erica Downs，"Inside China，INC：China Development Bank's Cross-Border Energy Deals"，John L. Thornton China Center at Brookings，Monograph Series，Number 3，March 2011，p. 38、pp. 60 – 63.

“长期融资项目贷款”协议，签约额为100亿美元和700亿元人民币，贷款期限10年。在“中委基金”的带动下，两国经贸关系迅速发展，每年委内瑞拉对华出口原油接近3000万桶，大批中国企业进入委内瑞拉。目前，委内瑞拉已成为中国第四大石油供给国，同时也是中方在全球贷款承诺额最多的国家、是在拉美地区的第四大贸易伙伴和第一大工程承包市场。“中委基金”和长期大额融资项目富有创新性，不仅为中国积累了丰富的国际金融合作经验，也产生了良好的溢出效应。[①]

为了进一步推动中拉间的互利合作，习近平主席在2014年7月17日的中拉领导人集体会晤上宣布，“中方将正式实施100亿美元中拉基础设施专项贷款，并在这一基础上将专项贷款额度增至200亿美元。中方还将向拉美和加勒比国家提供100亿美元的优惠性质贷款，全面启动中拉合作基金并承诺出资50亿美元，主要用于能源资源、农业、制造业、高新技术、可持续发展等领域合作。中方还将正式实施5000万美元的中拉农业合作专项资金，设立‘中拉科技伙伴计划’和‘中拉青年科学家交流计划’，并适时举办首届中拉科技创新论坛”。[②] 可以预见，随着这一系列政策性项目融资的落实，中拉间探索金融合作新模式的道路将越走越宽。

第四，商业银行在拉美落地生根。除了中国国开行和中国进出口银行之外，中国银行、中国工商银行（以下简称“工行”）等中国商业银行加入了中国企业“走出去”的大军，纷

① 吴志峰、田志：“‘中委基金’是‘南南合作’”的典范，载《中国社会科学报》，2014年7月9日，第B02版。

② 习近平：“努力构建携手共进的命运共同体——在中国拉美和加勒比国家领导人会晤上的主旨讲话”，载《人民日报》，2014年7月19日，02版。

纷在巴西、阿根廷、秘鲁等国成立分行或开展业务。以工行为例，2012年工行正式收购了阿根廷标准银行80%的股份。从2013年4月开始，原阿根廷标准银行在阿根廷国内的103家分支机构、所有自动取款机和办事处等统一换上了工行标志，工行首次以一线品牌形象亮相阿根廷金融市场。

政府政策性项目融资可以发挥短期杠杆作用，商业金融和资本市场是大型投资项目的融资大趋势，工行可以为阿根廷中资企业搭建更为高效安全的商业融资平台。如果工行本土化运营成功，将为有意投资阿根廷的中国企业提供更加专业的投资建议和风险预警。①

与此同时，拉美地区的银行也开始了开拓中国市场的步伐。2014年5月30日，巴西和拉丁美洲最大的银行巴西银行上海分行正式开业，成为第一个在中国境内开设分行的拉美银行。巴西银行上海分行代理行长马科斯表示，“我们不仅仅是建立一家分行，更重要的是与中国的银行进行合作，我希望能把巴西金融领域的相关经验与中国的银行分享，与中国的银行开展相关业务，进一步拓展两国金融领域的合作空间。”② 中拉商业银行在对方落地生根，既能为中拉经贸往来提供更为便捷的金融服务，也能为自身赢得良好的发展机遇。

从整体上看，虽然中拉经贸合作直到本世纪初才有了跳跃式的发展，但双方的互补性明显且合作愿望强烈。中拉经贸关系的立体化发展正得益于此。2014年7月17日，习近平主席

---

① “中资企业在阿根廷开拓前行”，中国驻阿根廷经商参处，2013年12月26日，http://ar.mofcom.gov.cn/article/ztdy/201312/20131200438928.shtml.

② “中拉经贸互联新生态：新纬度中的金融合作”，新华网，2014年7月17日，http://news.xinhuanet.com/2014-07/17/c_1111672848.htm

在中拉领导人集体会晤的主旨讲话中倡议中拉“双方共同构建‘1 +3 +6’合作新框架，推动中拉务实合作在快车道上全面深入发展。”“1”是“一个规划”，即以实现包容性增长和可持续发展为目标，制定《中国与拉美和加勒比国家合作规划(2015—2019)》，实现各自发展战略对接。“3”是“三大引擎”，即以贸易、投资、金融合作为动力，推动中拉务实合作全面发展。“6”是“六大领域”，即以能源资源、基础设施建设、农业、制造业、科技创新、信息技术为合作重点，推进中拉产业对接，推动中拉互利合作深入发展。[①]“1 +3 +6”框架是清晰、真实可行且兼顾双方利益的合作框架。可以预见，在规划的指引下，引擎的拉动下，重点合作领域的推进下，中拉整体经贸合作将再次转型升级。

第二节 中拉经济相互依赖的冲突性

中拉经济相互依赖的加深是世界经济相互依赖日趋紧密的有机组成部分。作为世界第二大经济体，中国经济与世界经济联系日益密不可分。根据中国商务部的信息显示，2013 年中国超越美国成为货物贸易第一大国，是 124 个国家和地区的主要贸易伙伴。同一年，中国对外直接投资首次突破了千亿元大关，连续两年位列全球第三大对外投资国。中国与世界各国越来越频繁的经贸互动，在促进中国与世界各国互利合作的同

① 习近平:“努力构建携手共进的命运共同体——在中国拉美和加勒比国家领导人会晤上的主旨讲话”，载《人民日报》，2014 年 7 月 19 日，02 版。

时，也不可避免地使双方因经贸利益分配而导致的冲突增加。具体表现为贸易摩擦不断增多和中国企业“走出去”过程中与所在国各利益群体冲突增加。中国连续十八年成为遭遇反倾销调查最多的国家和连续八年成为遭遇反补贴调查最多的国家。[①]拉美是当前发起对华反倾销调查最多的地区之一。中国与拉美国家经贸摩擦和冲突的增多正是中国与世界各国经贸互动过程中合作与冲突增加的一个缩影。

一、中拉贸易摩擦的特点

自改革开放实施以来，中国走上了一条外向型的经济发展道路，经济保持了30多年高速发展的势头。对外贸易为中国经济做出巨大贡献的同时也使得中国面临的国际贸易摩擦问题不断增多。从中国遭遇贸易摩擦的历史来看，贸易救济措施是国外对中国挑起贸易摩擦的主要手段，而反倾销调查则是中国遭遇最多的国际贸易摩擦形式。

20世纪90年代之前，中国遭受的反倾销诉讼主要来自欧盟、美国和澳大利亚等发达国家。之后，随着中国与发展中国家经贸互动日渐频繁，后者对中国发起的反倾销调查也逐渐增多，成为了对中国实施反倾销措施的新生力军。根据世界贸易组织的数据显示，1995年1月至2014年6月，中国一共遭受了740起反倾销调查，占全球反倾销案件总数的24.9%。如表4.5所示，对中国实施反倾销调查排名前10位的国家（组织）中，美国、欧盟和加拿大等发达国家（组织）共对华实施了

① 《中国发展报告2014》，中国统计出版社，2014年9月版，第88页。

207 起反倾销措施，占全球对华案件总数的 28.0%。而印度、阿根廷、土耳其、巴西、墨西哥和哥伦比亚共等国对华实施反倾销措施达到了 355 起，占全球对华案件总数的 48.0%。[①]

表 4.5 针对中国反倾销调查数最多的前 10 位国家（组织）
（1995 年 1 月—2014 年 6 月）

	印度	美国	欧盟	阿根廷	土耳其	巴西	加拿大	墨西哥	*哥伦比亚	韩国
立案数	165	121	115	91	65	82	35	42	39	25
实施数	132	97	85	68	60	50	25	24	21	21

资料来源：根据世界贸易组织相关数据整理。

* 说明：哥伦比亚发起的对华反倾销数要少于澳大利亚（44 起），但实施数量要多于澳大利亚（20 起）。

1989 年 12 月，巴西对中国产品发起第一次反倾销调查，[②]由此揭开了中国与拉美国家之间贸易摩擦的序幕。如表 4.5 所示，针对中国反倾销调查最多的前 10 位国家（组织）中，拉美国家占了 4 席。具体而言，中拉贸易摩擦主要呈现出以下几个特点：

第一，中拉贸易摩擦呈现出一边倒的特征，即主要表现为拉美国家对中国出口产品的单方面制裁。到目前为止，拉美国家对中国出口产品主要运用了反倾销、保障措施和特别保障措

① “Anti-dumping Initiations：By Reporting Member 01/01/1995 – 30/06/2014”、“Anti-dumping Measures：Reporting Member vs Exporter 01/01/1995 – 30/06/2014”，World Trade Organization，http：//www. wto. org/english/tratop_ e/adp_ e/adp_ e. htm（上网时间 2014 年 11 月 18 日）

② 《国别贸易投资环境报告 2014》，中国商务部，2014 年 3 月 1 日，第 24 页。

施三种贸易救济调查形式。反倾销仍是拉美国家对华贸易救济调查的主要形式。[①] 根据世界贸易组织的数据显示，1995 年 1 月至 2014 年 6 月，拉美国家共对中国实施了 195 起反倾销调查，占全球对华案件总数的 26.4%。以阿根廷、巴西和墨西哥为例，上述三国在 1995 年 1 月至 2014 年 6 月间，分别实施了 221 起、174 起和 95 起反倾销调查，涉华案件占比分别达 30.8%、28.7% 和 25.3%。在同一时期，中国共发起了 215 起反倾销调查，最终实施 174 起，其中针对拉美的只有 2 起（墨西哥和巴西各一起）。[②]

此外，自 2008 年全球金融危机以来，由于出口和国外直接投资额的减少，拉美经济出现了困难，贸易保护主义进一步抬头，中拉贸易摩擦呈上升趋势。据中国贸易救济信息网统计，2009 年，拉美国家对华启动 36 起贸易救济调查，比 2008 年同期增加 8 起，是 2007 年的 3.6 倍。[③] 以墨西哥为例，根据商务部国别贸易投资环境报告显示，2012 年与 2013 年墨西哥分别对中国产品发起反倾销 3 起与 6 起调查，占其同期发起的反倾销案件总数的 90%。[④]

第二，中国与拉美国家贸易摩擦所涉及的产品种类显著增

---

① “拉美国家对华贸易救济案件综述”，商务部产业损害调查局，载《国际商报》，2010 年 7 月 27 日，第 005 版。

② “Anti-dumping Measures：Reporting Member vs Exporter 01/01/1995 – 30/06/2014”，World Trade Organization，http：//www. wto. org/english/tratop_ e/adp_ e/adp_ e. htm（上网时间 2014 年 11 月 18 日）

③ “拉美国家对华贸易救济案件综述”，商务部产业损害调查局，载《国际商报》，2010 年 7 月 27 日，第 005 版。

④ 根据世界贸易组织的相关数据显示，2012 年与 2013 年墨西哥发起的反倾销案件数分别为 4 起和 6 起。参见：“Anti-dumping Initiations：By Reporting Member 01/01/1995 – 30/06/2014”，World Trade Organization，http：//www. wto. org/english/tratop_ e/adp_ e/adp_ e. htm（上网时间 2014 年 11 月 18 日）

加。例如，1993 年墨西哥对中国十大类 4000 多种产品进行反倾销调查，是国际贸易史上最大的反倾销案；到 2008 年底，受到中国与拉美贸易摩擦影响的商品包括十几个大类 7000 多种。[①] 此外，中拉贸易摩擦所涉及的产品呈现出由低端走向高端的趋势。与以往以纺织品、服装、鞋类、玩具等劳动密集型产品为主相比，近期涉及的产品集中在技术含量高、附加值含量高的工业制成品、化工产品、机电设备等。这一变化与中国近年来产业结构调整、出口商品结构继续优化有关，而这些领域同时也是拉美国家希望通过产业结构升级，振兴国内经济的主要阵地。[②]

第三，中国与拉美国家贸易摩擦的形式日益多样化。除了反倾销调查之外，据中国贸易救济信息网统计，1979 年—2010 年 4 月间，拉美国家共启动了 50 起涉华保障措施和 12 起特别保障措施。2000 年，拉美国家启动的涉华保障措施案件数达到 8 起后一直呈下降趋势，但在 2007 年后又开始猛增，并于 2009 年达到了 6 起。其中，哥伦比亚居于首位，共实施了 10 起，占总数的 20%；之后为厄瓜多尔（8 起），占总数的 16%；阿根廷（7 起），占总数的 14%；智利和委内瑞拉各 6 起，各占 12%。从 2006 年开始，拉美国家的特别保障措施调查范围有所扩大，从以纺织品为主，到开始涉及金属制品、建材和轻工产品。[③]

---

① 董国辉：“中国与拉美经贸关系中的合作与冲突”，载《拉丁美洲研究》，2013 年第 3 期，第 45 页。

② 岳云霞、武小琦：“拉美国家对华贸易摩擦现状及应对——以巴西、阿根廷为例”，载《中国经贸》，2013 年 03 期，第 27 页。

③ “拉美国家对华贸易救济案件综述”，商务部产业损害调查局，载《国际商报》，2010 年 7 月 27 日，第 005 版。

此外，除了上述贸易救济措施外，拉美各国还通过加强对进出口贸易的控制和政府采购等手段来实施贸易保护措施。例如，2011年8月，巴西政府颁布了名为“强大巴西”的新工业政策，据此巴西在同一年新颁布了出口商税款再分配特殊机制（Reintegra），规定出口商在满足生产要素进口比例规定上限的前提下，可享受3%的出口退税。该机制共涉及8500种工业制成品。2012年，巴西根据南方共同市场（以下简称南共市）25/2012号决议，宣布将对从南共市以外国家进口的100种商品关税实施临时性上调措施，大部分由12%—14%提高至20%—25%，其中包括农产品、石化、化工、钢铁、医药和机械等产品。该措施有效期为12个月，到期后可延长至2014年底。[①]

二、中国对拉美直接投资中的矛盾与冲突

在经济全球化进程不断加快的背景下，为了提升中国企业和中国经济的全球影响力，实现生产要素在全球范围内的优化配置，中国企业“走出去”的步伐在不断加快。随着中国在拉美地区直接投资的不断增长，中国企业与东道国的投资纠纷也随之增多，主要有以下几个方面：

第一，因东道国政策变化而引发的矛盾和冲突。到目前为止，中国对拉美直接投资的“资源寻求型”特性仍非常明显，大的投资项目主要集中在能源和矿产领域。进入新世纪以来，拉美一些国家在吸取了20世纪90年代新自由主义改革失败的

① 《国别贸易投资环境报告2013》，中国商务部，2013年4月18日，第19页、第28页。

教训后，有意把在20世纪90年代被私有化的重要行业重新进行国有化，其中石油领域首当其冲。中国企业正好遭遇到了此一轮拉美国有化政策的影响，蒙受了不小的经济损失。

委内瑞拉已故总统查韦斯自1998年上台执政之后，就不断调整对外石油政策，以逐步实现国家对本国石油资源的全面控制。2001年11月，委内瑞拉政府颁布了新的《石油法》，规定石油矿区使用费率由原来的16.66%提高到30%，所得税率由67.7%降至50%；未来所有的外国投资必须以与委内瑞拉国家石油公司（PDVSA）组建合资公司的形式进行，并且PDVSA在新项目中须拥有多数股份。在之后的几年时间里，委内瑞拉政府又通过一系列措施加强了国家对石油资源的控制，迫使美国石油巨头埃克森美孚和康菲公司退出了委内瑞拉石油市场，而中国企业也遭受了重大经济损失。[①]

2005年，中石油和中石化共同出资14.2亿美元，收购了加拿大恩卡纳（EnCana）集团的安第斯石油公司（AndesPetroleum），该公司是厄瓜多尔最大的外资企业，在该国该公司有5个石油区块的资产和开发权，日产石油8万桶，产量居南美第5位。2007年10月4日，厄瓜多尔总统科雷亚签署了“总统令”，宣布从即日起国家将原定与各外国及私人石油企业超额油价分成比例由50%提高到99%，只留1%给企业。这一措施使得所有外国石油企业损失惨重。对于刚刚进入厄瓜多尔进行投资的石油公司来说更是面临着巨额投资无法收回的困境。中石油和中石化两大集团一度准备提请国际仲裁，反对厄瓜多尔

① 袁正之：“拉美石油投资的政治风险分析”，载《国际石油经济》，2008年第3期，第12—14页。

政府对外资和私人石油企业征收石油暴利税。最后，通过与厄瓜多尔政府的艰苦谈判，中国石油公司在该国的处境才有所转机。

近几年来诸如上述因所在国的国家政策转变而导致投资搁浅，或使已在当地投资的外国企业面临巨大损失的案件在拉美屡见不鲜，中国作为投资拉美的后来者，更要对当地的政策风险有充分的评估和认识，加强风险管控机制建设。

第二，因劳资纠纷和工会影响而产生的矛盾。复杂的劳工问题、相对缺乏灵活性的劳工制度以及强大的工会力量和庞大的非正规市场是影响拉美劳动力市场效率的重要原因，也是中国企业成功投资拉美市场的一大现实制约因素。1992 年，中国首钢集团（以下简称“首钢”）斥资 1.18 亿美元收购了濒临破产的秘鲁铁矿，组建了首钢秘鲁铁矿股份有限公司，成为秘鲁唯一一家铁矿石生产企业。自从收购秘鲁铁矿起首钢就被不间断的罢工示威所困扰。仅 2005 年 6 月至 2006 年 6 月的 1 年时间里，首钢就遭遇了三次大规模罢工。频繁的罢工停产，成了首钢秘鲁公司发展道路上的绊脚石。①

除了劳资纠纷造成的冲突外，拉美工会的强大影响力也成为了中国企业在当地实行收购的重大阻力。2004 年，中国五矿集团与智利国家铜矿公司（CODELCO）签署了一份协议。根据该协议，五矿集团可以在 15 年内以每磅 1.4—2 美元的价格从 CODELCO 购铜；还可优先收购加比（Gaby）铜矿 25% 的股权，并参加该铜矿 24% 股权的收购竞标。然而，2008 年 4 月，

---

① 吴白乙等著：《转型中的机遇：中拉合作前景的多视角分析》，北京：经济管理出版社，2013 年版，第 116 页。

智利 CODELCO 公司准备宣布启动出让加比股权时却引来了智利铜工人联合会的强烈反对，工人担心公司私有化将有损自己享受的国企待遇。中国收购加比铜矿的交易之所以引发如此激烈的反响也与当时的收购时机不对有关。当时，智利举国上下对 CODELCO 私有化的讨论正处于白热化阶段，而铜工业联合会坚决抵制 CODELCO 私有化，并担心加比铜矿股权的转让将开启公司私有化的更大闸门。[①] 最终，在权衡利弊之后，五矿集团与当年 9 月宣布，将无限期搁置优先收购智利铜业公司铜矿股权，并暂停该协议下的权利与义务。此次并购案，因智利铜工业联合会的阻挠而宣告失败。

第三，因利益集团干扰、环境保护等因素而导致的摩擦。拉美地区的现代化和民主化进程起步较早，当前大多数拉美国家实行代议制民主制度，由于受到选举因素的影响，各个政党代表了一定的利益集团，中央政府和地方政府也会因为来自劳工组织、非政府组织和少数族裔群体等的维权压力而不得不改变立场。环保意识、本土工业保护意识以及与政党选举意识等多重因素经常交织在一起，构成复杂的政治与社会生态环境，给外商投资带来许多不确定因素。

2011 年 3 月，中国和墨西哥企业共同投资的坎昆龙城项目正式立项并计划于 2013 年春节投入运营。该项目启动资金高达 1.8 亿美元。整个项目占地近 13 万平方米，将建设 3040 家展销商铺和 722 套住宅，以招标方式吸引外商销售主要产自中国的玩具、建材、电子及其他产品，但是，排除了墨西哥敏感

① “中国收购智利铜矿受阻 前景扑朔迷离”，中国网，2008 年 4 月 18 日。http：//www. china. com. cn/news/txt/2008 - 04/18/content_ 14976938. htm

的纺织品和鞋类产品。此外修建配套住宅区 10 万平方米，配套仓库4 万平方米。墨西哥主要投资商首席执行官洛佩斯预计，项目运营后，将为金塔纳罗州带来每年 7 亿美金的收入。这一主要服务于中国商品的大型商贸展览中心建设本应属于双赢之举，但自立项伊始就受到墨西哥企业界、学界及当地居民的强烈反对，建设工期被一拖再拖。反对者主要有以下几方面的理由：

首先，墨西哥环保组织和人士纷纷反对兴建龙城，认为项目建设将破坏当地环境。其次，墨西哥商界人士担心，龙城项目等于给价格低廉的中国产品大量进入墨西哥市场开绿灯，会严重威胁本土中小型企业的生存，有反对派的联邦议员认为，龙城投入运营后将造成每年 6. 8 万墨西哥人失业。最后，该项目也引起了墨西哥党派之争，现在的执政党革命制度党对该项目持支持态度，而在野党则持反对意见。革命制度党 2013 年在坎昆地方选举中获胜后才最终于 2013 年 9 月 9 日为龙城项目发出建设许可证。尽管如此，墨西哥环保人士和非政府组织仍然在游说联邦环境和自然资源部否定项目建设，国会中反对龙城项目建设的议员也在争取参议院或是众议院能够以法律形式叫停龙城项目建设。①

2014 年8 月，墨西哥联邦环境保护监管局以“未取得联邦环评授权而开工建设”为由对坎昆龙城项目开出了 724 万比索（约合 55 万美元）的罚单。墨西哥监管局称，该项目未获授权而在一块湿地上建设公路，破坏了当地植被，要求工程负责方

---

① 焦美俊、黄婷芳：“中墨共建坎昆龙城商贸中心惹争议工程延期”，凤凰卫视，2014 年 5 月 14 日。（上网时间 2014 年 9 月 28 日）http：//news. ifeng. com/a/20140514/40294225_ 0. shtml

立刻恢复被破坏植被，但“坎昆龙城”则回应称并未违反相关法令，也未破坏周遭环境生态。该项目的命运如何仍有待观察。[①]

三、中拉贸易摩擦和投资冲突的影响因素分析

基欧汉和奈在《权力与相互依赖》一书中指出：“经济相互依赖的迅猛发展，可以在重要的政治团体中间产生恐惧和不安全感。工会或地方社区领袖或许担心，公司决定将生产转向海外或增加进口的举措将引起严重的失业问题乃至社会动荡。受到进口压力的工业要求政府提供保护。因此，随着经济相互依赖越来越广泛，保护主义将随着增加。”[②] 中拉贸易摩擦和投资冲突的形成正是中拉经济相互依赖日益密切的一种反映。中拉贸易摩擦的增多主要是以下几方面因素共同作用的结果：

第一，双方贸易和投资结构的相对单一和集中。总体上看，中拉贸易处于互补性和竞争性并存且前者大于后者的局面。中拉贸易的互补性主要存在于产业间贸易领域，即大部分拉美国家对中国出口初级产品而中国则向拉美国家出口工业制成品。这种短期内优势互补的结构仍是中拉贸易发展的重要基础，但从长期来看，仍需不断拓展和优化。[③]

拉美舆论对于以产业间贸易为主的中拉贸易结构存在较大

---

① “墨西哥给‘坎昆龙城’开环保罚单 项目阻力重重”，人民网—环球时报，2014年8月18日。（上网时间2014年10月5日）http://world.people.com.cn/n/2014/0818/c157278－25482245.html

② ［美］罗伯特·基欧汉、约瑟夫·奈著，门洪华译：《权力与相互依赖》（第四版），第39页。

③ 郭濂主编：《中国与拉丁美洲经贸合作战略研究》，北京，中国社会科学出版社，2014年版，第204页。

疑虑，认为这一结构会成为拉美国家工业化的障碍。例如，拉美经委会执行秘书阿里西亚·巴尔塞纳曾表示："与中国贸易和投资联系的增加并不意味着拉美在参与全球贸易方面有质的改善。与自然资源相关的部门的扩张不足以推动拉美形成新的技术能力，拉美与先进国家的生产率差距在继续扩大。从这个意义上说，拉美与中国之间的商业关系既提供了机遇，也带来了挑战。而在挑战方面，尤其要避免我们与中国不断增长的贸易重新塑造并强化一种中心—外围型的贸易模式，即中国成为新的中心，拉美国家成为新的外围。"阿根廷学者胡里奥·塞瓦雷斯更是直接表明："拉丁美洲和中国之间的关系正在重复着拉美与其旧宗主国之间关系的某些范式。这种关系正在推动拉美各国经济重新初级产品化，从而给本地区的未来亮起了若干黄灯。"①

上述担心的存在与当前中拉贸易高度集中于少数几个拉美国家、高度集中于初级产品以及过分集中于少数几种大宗产品不无关系。一旦某种或几种主要产品的需求、供给或价格出现大的波动，都会给双边贸易合作带来较大冲击。拉美国家更为关心的是如何扩大对中国的工业制成品的出口，以及在国内和本地区市场上如何赢得与中国产品竞争。中国和拉美国家在制成品贸易方面的利益冲突，往往是拉美国家采取反倾销措施的

---

① 转摘自苏振兴主编：《中国与拉丁美洲：未来10年的经贸合作》，北京：中国社会科学出版社，2014年版，第408页。原文见：Alicia Bárcena，Prólogo de China y América Latina y el Caribe：Hacia una Relación Estratégica，Santiago de Chile，marzo de 2012，p. 12. Julio Sevares，"El Ascenso de China：Oportunidad y Retos para América Latina"，Nuevos Sociedad，No. 235，septiembre-Octubre de 2011，p. 35.

主要原因。[①]

中国对于拉美的经济影响力到目前为止主要来自于贸易而不是投资。目前中国对拉美的投资主要集中于资源和能源领域，对拉美服务业的投资非常有限，尽管后者吸引了50%国外对拉美的直接投资。中国与拉美的贸易关系直接影响了中国在拉美的投资项目。一些中国企业在拉美国家设立商务办事处是为了服务于贸易，其中的一些企业逐渐开办了小型的制造基地，但也是为了对来自中国的零部件进行组装。在服务业领域，中国唯一重要的投资在金融领域，其最主要目的也是为了给中国企业提供贸易融资。[②] 中拉贸易和投资结构向能源和资源领域的过分倾斜，而且不融入当地的生产和销售链的投资方式，不仅使得拉美国家容易把本国工业化进程开展不利的罪责归咎于中国，也容易使得拉美各国企业对中国企业投资的“利益独享”方式群起而攻之。

第二，拉美对华反倾销措施程序上的歧视性和随意性。拉美对华反倾销的程序上具有显性和隐性的歧视性。在显性歧视方面，许多拉美国家仍然没有正式承认中国的市场经济地位，在对华反倾销裁决时，采用第三国产品价格作为中国相应产品的国内价格，来判断是否存在倾销。[③]

以巴西为例，2004 年 11 月中巴签署了《中华人民共和国和巴西联邦共和国关于贸易投资领域合作谅解备忘录》，巴政

---

① 苏振兴主编：《中国与拉丁美洲：未来 10 年的经贸合作》，北京，中国社会科学出版社，2014 年版，第 409—413 页。

② Taotao ChenMiguel Pérez Ludeña，“Chinese foreign direct investment in Latin America and the Caribbean”，ECLAC-Production Development Series No. 195，January 2014，pp14 – 15.

③ 岳云霞：“中拉贸易摩擦分析——拉美对华反倾销形势、特点与对策”，载《拉丁美洲研究》，2008 年第 6 期，第 48 页。

府在备忘录中正式承认中国的市场经济地位，但直到目前为止巴西仍然根据其1995年第1602号法令的规定，把中国作为非市场经济国家，以第三方出口产品价格为基础确定中国产品的正常价值。巴西没有及时修改国内相关法律法规，也没有纠正其对中国发起的反倾销调查中的做法，严重损害了中国的正当利益。巴西在对中国进行反倾销调查以及反倾销复审中，仍然以第三方价格为基础确定中国出口产品正常价值。替代国的选择既有发展中国家，也有既往的反倾销调查国，巴西选择作为中国替代市场的法国、德国、日本等发达国家的劳动力和生产资料等成本都明显高于中国，以这些国家的价格数据为基础确定的中国产品正常价值严重偏离实际情况，以此判断中国出口产品存在倾销是不负责任的。[①] 墨西哥、阿根廷等拉美国家在对中国实施反倾销调查时都采取了与巴西类似的做法。

在隐性歧视方面，一些拉美国家的反倾销程序使得中国企业根本没有时间来准备应诉。如根据阿根廷相关法律规定，在反倾销调查过程中，涉案企业须在立案后的45日内提交相关应诉材料，30日内向阿根廷贸易管理及政策副国务秘书处下属的不公平竞争处提交调查问卷。有关材料和答卷应译为西班牙文，并由阿根廷驻华使领馆认证，并且认证的时间并不排除在填写问卷的时间以外。这一认证规定显然违反了WTO的有关规则，也造成中国企业应诉不便或根本无法应诉。拉美国家反倾销的应诉程序复杂、中拉语言和法律差异等原因，使得中国企业在面临拉美反倾销调查时，往往应诉率较低。这一结果使得中国出口产品成为了反倾销的主要对象，并在拉美地区和其

① 《国别贸易投资环境报告2014》，中国商务部，2014年3月1日，第24页。

他发展中国家形成了“多米诺效应”。[①]

第三，拉美的投资环境仍有待改善和提高，以及中国企业自身管理存在一些缺陷。在拉美投资环境方面，拉美投资的“硬环境”优势突出，但是“软环境”则不尽如人意。[②] 一方面，拉美地大物博、优越的地理位置、经济和社会发展水平居发展中国家和地区的前列，这些投资的“硬环境”对外国企业有很大的吸引力。另一方面，拉美投资的“软环境”仍然有许多地方有待改善，尤为突出的是：“政策多变，政府部门工作效率低下，基础设施落后，融资条件差，宏观经济形势不稳定，对外资企业雇佣当地工人有很高的要求，工会组织的战斗性强，社会治安状况差，腐败问题严重，等等。”[③] 这些投资“软环境”的改善需要长时间的坚持和努力。中拉投资冲突的产生很大程度上是由上述投资“软环境”中的一些不利因素造成的。

除了拉美投资“软环境”存在一些缺陷外，中国企业自身在“走出去”过程中也存在一些不足。首先，“对于中国企业而言，投资拉美的最大挑战在于对东道国的政治特性和制度环境缺乏深入了解，在决策和制定风险管理计划时未能准确地认识和把握相关变量，因此对东道国政府可能做出侵权行为，如管制趋严、提高税率、抬升准入门槛、出台歧视性法律等缺乏心理准备，更有少数企业片面地把发展与当地政要的私人关系

① 岳云霞：“中拉贸易摩擦分析——拉美对华反倾销形势、特点与对策”，第48页。

② “‘硬环境’是人不可改变的地理位置、气候、自然条件、资源禀赋，等等。‘软环境’则是人能够想方设法改变的，如经济政策、发展水平、政治民主、社会治安、法律体系和基础设施，等等。”详见江时学：《中拉关系五问》，载《拉丁美洲研究》，2013年第5期，第6页。

③ 江时学：《中拉关系五问》，载《拉丁美洲研究》，2013年第5期，第6页。

作为保障投资安全的‘灵丹妙药’，忽视构建企业与当地社会的正面关系，不自觉地卷入东道国中央与地方、政府与社区、族群之间的矛盾而‘代人受过’。”[①] 其次，除了对东道国的政治特性和制度环境了解不足外，经营理念和企业文化上的差异常常成为中国企业“走出去”的软肋。由于受中国传统文化的影响，中国企业更为注重集体主义和强调人治，而拉美大多数国家由于与西方文化有着一脉相承的联系，更加注重个人主义和法治，这些企业文化上的差异容易在企业本土化经营过程中制造新的摩擦和矛盾。最后，与贸易领域的恶性竞争的情况相似，在对外直接投资的过程中，也会出现中国企业因为争夺某一项目而相互压价和相互拆台的现象，最终造成两败俱伤的恶果。

小 结

进入新世纪以来，经贸合作的加强一直是中拉关系快速发展的主要推手，中拉经济相互依赖建立在共同利益不断拓展的基础之上。目前，中国已成为拉美的第三大贸易伙伴，拉美则是中国的第七大贸易伙伴。拉美不仅成为了中国重要的工业原材料供应地和海外投资目的地，也是中国工业制成品出口的重要市场。对中国出口的快速增长也成为了推动拉美经济整体向上的新动力。在当前国际经济复苏缓慢的背景下，中国对拉美投资的快速增加尤其显得重要。

---

① 吴白乙等著：《转型中的机遇：中拉合作前景的多角度分析》，北京：经济管理出版社，2013 年版。第 233 页。

从整体上看，在当前经贸合作的格局下，中拉经济相互依赖主要呈现以下两方面特征：第一，经济相互依赖的不对称性。无论从综合实力还是从在对方贸易和投资领域的地位来看，中国都具有比较优势，即中国经济的综合实力要远远高于任何一个拉美国家，拉美对中国市场和资金的整体需求要远远高于中国对其需求。但需要指出的是，近年来中国对拉美市场的重视程度和需求在不断提高，从中国领导人对拉美地区的频繁访问并在经贸领域取得的重要成果就可见一斑。第二，经济相互依赖以敏感性为主导，脆弱性只体现在少数国家和少数领域。中国与拉美互为对方经贸合作多元化战略的重要组成部分。同拉美与美国、欧盟之间的经贸关系相比，中拉间贸易总量增长迅速但是贸易种类却相对集中，中国在拉美的投资也仍处于起步阶段，但是发展潜力巨大。美国、欧盟和中国在拉美对外经贸合作中三足鼎立之势的形成，有利于拉美国家减少对上述三方中任何一方的过分依赖，从而降低拉美与三者间相互依赖的脆弱性。

中国与拉美经贸合作过程中出现了类似于南北关系的特征，但这种以初级产品交换工业制成品的贸易方式，不是中国刻意追求的结果，而是双方根据各自资源禀赋和产业优势自然形成的贸易互动。为了使中拉经贸合作实现良性可持续发展，中拉双方都在不断做出努力。

2012 年 6 月 26 日，时任总理温家宝在出访拉美时曾指出，“利益关系是中拉关系的实质和核心”。[①] 相互依赖因利益分配

① 温家宝：“永远做相互信赖的好朋友——在联合国拉丁美洲和加勒比经济委员会的演讲”，圣地亚哥，2012 年 6 月 26 日，新华网。http：//news. xinhuanet. com/world/2012 –06/27/c_ 112303984. htm

而包含了合作与竞争这两方面因素。中拉经济相互依赖的加深促使双方在各个领域的合作性互动进一步增多，随之产生的竞争与摩擦也必然增加。双方经贸合作所面临的结构性不平衡问题已经成为了中拉合作进一步发展的主要障碍之一。当前，中拉都处于调整产业结构的重要阶段，双方都在致力于促进经贸合作向多元化和立体化发展，双方产业结构的变革和升级将是解决双方经贸合作结构性不平衡问题的关键所在。

2014 年 7 月，习近平主席在出席中拉领导人集体会晤时提议努力构建中拉关系五位一体新格局，打造中拉携手共进的命运共同体。为了实现经贸上的合作共赢，习近平主席更是进一步提出了打造“1 +3 +6”的中拉务实合作新框架。[①] 这一系列倡议和举措符合中拉双方的现实利益和长远利益，赢得了拉美和加勒比国家的高度赞赏。中拉经贸合作正在向更高层次和更宽领域发展，在此过程中双方正在通过不断的协商和磨合，发掘双方潜在的共同利益，弥合存在的利益矛盾，努力降低经贸互动中的摩擦和矛盾给整体关系带来的负面影响。

综上所述，中拉经济相互依赖模式以相互倚重和共同发展为主要特征。在处理冲突时，中国很少利用不对称相互依赖中的有利地位去迫使对方做出让步。中拉通过协商而不是对抗方式处理经贸互动过程中遇到的问题，既有利于提升双方经贸合作水平，也有利于双方在推进经济全球治理的过程中为发展中国家争取更多权益，促进世界经济秩序向公正与公平的方向发展。

---

① 习近平：“努力构建携手共进的命运共同体——在中国拉美和加勒比国家领导人会晤上的主旨讲话”，载《人民日报》，2014 年 7 月 19 日，02 版。

第五章

中国与拉美主要大国的相互依赖关系——以阿根廷、巴西、墨西哥为例

拉美地区虽然有 33 个国家组成，但是国家间综合实力相差悬殊，与中国的相互依赖程度也不一而足。本章将以新世纪以来中国与阿根廷、巴西、墨西哥等拉美主要大国间的双边互动作为研究对象，以双方领导人互访过程中的重要文件作为研究文本进行分析。中国、阿根廷、巴西和墨西哥都为二十国集团的成员国，中国与巴西又同为金砖国际组织重要成员国。上述三个拉美国家不仅与中国建立了全面战略伙伴关系，也是中拉建设全面合作伙伴关系的重要助推者。近几年来，中国与上述三个拉美地区大国的双边合作无论是从内容到形式、从机制到手段都在不断地完善。与此同时，阿根廷、巴西和墨西哥又是与中国贸易摩擦最多的拉美国家，且三国与中国经贸合作又呈现出不同特征。通过对中国与上述三个拉美国家之间双边互动的个案分析，有利于厘清在相互依赖加深背景下中国与拉美地区大国如何促进合作以及如何处理因利益分配而产生的矛盾。

第一节 新世纪以来双方领导人互访与经贸关系概况

进入新世纪来，中国与阿根廷、巴西和墨西哥三国领导人互访变得越来越频繁，官方互动往来的增加使得双方在各个领域的交流与合作逐渐增多，双方共同关心的问题范围也日趋广泛。当前，中国与上述三个拉美国家间的经贸合作出现了跳跃式发展的良好势头。中国虽然已成为它们重要的经贸合作伙伴，但是双方需要在货物贸易数额的统计和双边贸易结构的调整方面进一步加大沟通与协调；双方在投资领域的合作虽然处于起步阶段，但发展潜力较大。

一、双方领导人互访概况

2001 年 4 月 5 日至 17 日，时任国家主席江泽民对智利、阿根廷、乌拉圭、古巴、委内瑞拉进行国事访问和对巴西进行工作访问，揭开了进入新世纪之后中拉关系全面发展的新篇章。2000 年至 2014 年的十多年时间里，中国国家主席与国务院总理对拉丁美洲的访问达到了 8 次，其中涉及阿根廷和巴西的各 4 次，墨西哥 3 次（见表 5.1）。

如表 5.1 所示，在中国国家领导人对拉美频繁的访问中，除了 2008 年的访问未涉及阿根廷、巴西和墨西哥三国中的任何一国外，其余 7 次均包含了上述三国中的一国或两国。尤其值得注意的是，国家主席习近平在上任后的第一年便实现了对拉丁美洲的访问，且于第二年7月再次访问拉美，这对深化双边合作，构建中拉整体合作框架，完善中国整体外交布局具有深远影响。

表5.1　2000年—2014年 中国国家领导人访问拉美概况

时　间	出访情况
2001年4月5日—17日	国家主席江泽民对智利、阿根廷、乌拉圭、古巴、委内瑞拉进行国事访问，对巴西进行工作访问。
2003年12月7日—16日	国务院总理温家宝出访美国、加拿大、墨西哥、埃塞俄比亚并出席中非合作论坛。
2004年11月11日—23日	国家主席胡锦涛出访巴西、阿根廷、智利、古巴四国并出席亚太经合组织（以下简称“APEC”）会议。
2005年9月8日—15日	国家主席胡锦涛出访加拿大、墨西哥并出席联合国首脑会议。
2008年11月15日—26日	国家主席胡锦涛出席APEC会议并访问哥斯达黎加、古巴、秘鲁、希腊四国。
2012年6月20日—26日	国务院总理温家宝出席联合国可持续发展大会并访问巴西、乌拉圭、阿根廷和智利四国。
2013年5月31日—6月8日	国家主席习近平访问特立尼达和多巴哥、哥斯达黎加、墨西哥三国并赴美会晤奥巴马。
2014年7月15日—23日	习近平出席金砖峰会、访问巴西、阿根廷、委内瑞拉和古巴四国并出席中拉领导人会晤。

资料来源：根据中国外交部网站整理得出。

在同一时期，巴西和墨西哥国家元首均实现了在任期内对华进行一次或多次访问，并且自建交以来墨西哥历任总统都在任期内访问过中国。2003年以后，阿根廷政治和经济秩序逐渐恢复，此后该国的两任总统都在任期内对中国进行了国事访问

(见表5.2)。[①] 除了互访之外，双方领导人还积极利用国际多边舞台进行双边会晤，例如，2013年9月，二十国集团领导人圣彼得堡峰会期间中国国家主席习近平分别与阿根廷总统克里斯蒂娜、巴西总统罗塞芙、墨西哥总统培尼亚进行了双边会谈。中国与阿根廷两国元首共同见证签署《中华人民共和国政府与阿根廷共和国政府关于成立两国政府间常设委员会的谅解备忘录》和《中华人民共和国政府与阿根廷共和国政府关于建立经济合作与协调战略对话机制的谅解备忘录》。

表5.2 2000年—2014年 阿根廷、巴西、墨西哥国家元首访华概况

国别	访华情况
阿根廷	1. 2000年9月10日—14日，阿根廷总统费尔南多·德拉鲁阿·布鲁诺对中国进行国事访问。 2. 2004年6月27日—7月1日，阿根廷总统内斯托尔·卡洛奇·基什内尔对中国进行国事访问。 3. 2010年7月11日—15日，阿根廷总统克里斯蒂娜·费尔南德斯·德基什内尔对中国进行国事访问。
巴西	1. 2004年5月22日—27日，巴西总统路易斯·伊纳西奥·卢拉·达席尔瓦对中国进行国事访问。 2. 2004年8月6日—9日，巴西总统路易斯·伊纳西奥·卢拉·达席尔瓦来参加北京奥运会开幕式及相关活动。 3. 2009年5月18日—20日，巴西总统路易斯·伊纳西奥·卢拉·达席尔瓦对中国进行国事访问。 4. 2011年4月11日—16日，巴西总统迪尔玛·瓦娜·罗塞芙对中国进行国事访问并出席金砖国家领导人第三次会晤及博鳌亚洲论坛年会开幕式。

① 2001年至2002年，阿根廷处于严重的经济危机之中，社会动荡不安，政权频繁更迭。直至2003年，已故阿根廷总统基什内尔上台之后，阿根廷才逐渐走出经济危机的阴影。

续表

国　别	访华情况
墨西哥	1. 2001 年 6 月 6 日—9 日，墨西哥总统比森特·福克斯·克萨达对中国进行国事访问。同年 10 月，福克斯总统再次来华参加 APEC 会议。 2. 2008 年 7 月 9 日—12 日，墨西哥总统费利佩·卡尔德龙·伊诺霍萨对中国进行国事访问。 3. 2013 年 4 月 6 日—8 日，墨西哥总统恩里克·培尼亚·涅托来华进行国事访问并出席博鳌亚洲论坛 2013 年年会。 4. 2014 年 11 月 10—13 日，墨西哥总统恩里克·培尼亚·涅托来华出席 APEC 会议并对中国进行国事访问。

资料来源：根据中国外交部网站整理得出。

通过双方高层间的频繁互访，中国与上述三国签署了一系列涉及政治、经济、文化、科技等各个领域的重要协议，双方各领域的跨国往来也逐渐增多。以中国与阿根廷关系为例，1990 年，中国与阿根廷外交部建立了政治磋商制度，至 2013 年双方已举行 12 次政治磋商。截止 2014 年 8 月，中、阿双方已举行了 19 次经贸混委会会议和 7 次科技合作混委会会议、共签署 9 个双边文化交流执行计划。自 2007 年 1 月中国公民组团赴阿根廷旅游方案正式实施以来，根据中方统计，2013 年中国首站到阿根廷的游客达 1.6 万人次，同比增长 12.8%；同期，到访中国的阿根廷游客达 2.6 万人次，同比增长 6.5%。目前阿根廷是中国在拉美的第五大贸易伙伴，而中国是阿根廷的全球第二大贸易伙伴。①

① 参见中国外交部网站中国与阿根廷双边关系相关内容，http://www.fmprc.gov.cn/mfa_chn/gjhdq_603914/gj_603916/nmz_608635/1206_608637/sbgx_608641/（上网时间 2014 年 10 月 8 日）

二、双边经贸关系概况

（一）中国与阿根廷经贸关系

在双边贸易领域，根据阿根廷统计局统计，巴西为阿根廷第一大贸易伙伴，2013 年阿根廷对巴西出口 158.3 亿美元，占阿根廷出口总额的 21.3%；自巴西进口 192.9 亿美元，占阿根廷进口总额的 26.1%。中国为阿根廷第二大贸易伙伴国。2013 年阿根廷与中国双边货物进出口贸易总额为 168.6 亿美元，增长 12.7%。其中，阿根廷对中国出口 55 亿美元，增长 9.9%，占其出口总额的 7.4%；阿根廷自中国进口 113.6 亿美元，增长 14.1%，占其进口总额的 15.4%。阿根廷贸易逆差 58.7 亿美元，增长 18.4%。中国、美国和巴西依次为阿根廷的前三大贸易逆差来源国。[①]

根据中国国家统计局的数据显示，2013 年两国双边贸易额为 148.36 亿美元，同比增长 2.8%，其中中国对阿根廷出口 87.50 亿美元，同比增长 11.2%；中国自阿根廷进口 60.86 亿美元，同比减少 7.2%。阿根廷的贸易逆差达 26.65 亿美元（表 5.3）。阿根廷是中国在拉美地区的第五大贸易伙伴。阿根廷在中国进出口贸易中的占比均不足 1%[②]。2011 年以来，中国在对阿根廷贸易中一直处于顺差地位。

---

① “2013 年阿根廷货物贸易及中阿双边贸易概况”，载《国别贸易报告》（阿根廷），商务部综合司、商务部国际贸易经济合作研究院，2014 年第 1 期。http://countryreport.mofcom.gov.cn/record/view110209.asp?news_id=38287（上网时间 2014 年 11 月 2 日）

② 根据中国国家统计局数据显示，2013 年中国进出口总额约为 41589.93 亿美元，按此计算阿根廷在中国对外贸易中的占比不足 0.4%。

表 5.3　中国与阿根廷贸易概况　　　　（亿美元）

	中阿贸易总额	中国对阿出口	中国自阿进口	贸易收支
2003	31.76	4.47	27.29	-22.82
2004	41.07	8.52	32.55	-24.03
2005	51.24	13.24	37.99	-24.75
2006	57.04	20.04	37.00	-16.96
2007	99.01	35.66	63.35	-27.68
2008	144.16	50.55	93.61	-43.07
2009	78.01	34.83	43.17	-8.34
2010	129.20	61.16	68.04	-6.88
2011	147.59	85.03	62.57	22.46
2012	144.30	78.69	65.61	13.08
2013	148.36	87.50	60.86	26.65

资料来源：中国国家统计局，http：//data. stats. gov. cn/workspace/index？m = hgnd.

根据中国商务部的国别贸易报告显示，阿根廷对中国出口的产品主要为植物产品、矿产品、动植物油脂、活动物以及动物产品、食品、饮料、烟草等；阿根廷自中国进口的主要产品有机电产品、化工产品、运输设备、纺织品及原料、家具、玩具、杂项制品等。阿根廷对华出口主要以附加值较低的初级产品和农牧业加工产品为主，而中国对其出口以具有较高附加值的工业制成品为主。从双方的贸易结构可以看出，中国与阿根廷的贸易互补性建立在产业间贸易的基础之上，双方进出口商品之间很少重叠。此外，植物产品、矿产品和动植物油脂这三个类别占了阿根廷对华出口的 84.4%，出口商品结构比较单一。目前，中国是阿根廷第一大农产品出口对象国。[①]

在双向直接投资领域，根据中国商务部统计，2013 年中国对阿根廷的直接投资流量为 2.21 亿美元。截止该年底，中国对阿根廷的直接投资存量为 16.58 亿美元，主要涉及能源、矿产、农业、金融和渔业等领域。目前，中国在阿根廷开展经贸合作的企业约 30 家。2013 年，阿根廷在中国新增 5 个投资项目，实际投资 52 万美元。截止该年底，阿根廷在华投资项目为 416 个，实际投资金额为 1.9 亿美元。[②] 目前，中国是阿根廷第三大投资来源国。

在承包和劳务合作方面，2013 年，中国企业在阿根廷新签承包工程合同 31 份，新签合同额 31.72 亿美元，完成营业额 3.82 亿美元；当年派出的各类中国劳务人员 2224 人，年末在该国的劳务人员为 1456 人；在阿根廷新签大型工程项目包括中国葛洲坝集团股份有限公司承建阿根廷的基什内尔塞佩尼克水电站、华为技术有限公司承建阿根廷电信、中国石化集团国际石油工程有限公司承建阿根廷 2 钻机 2+1 年项目等。[③]

（二）中国与巴西经贸关系

据巴西外贸秘书处统计，2013 年，巴西与中国双边货物进出口额为 833.3 亿美元，增长 10.4%。其中，巴西对中国出口 460.3 亿美元，增长 11.6%；巴西自中国进口 373.0 亿美元，

---

① “2013 年阿根廷货物贸易及中阿双边贸易概况”，载《国别贸易报告》（阿根廷），商务部综合司、商务部国际贸易经济合作研究院，2014 年第 1 期。http://countryreport.mofcom.gov.cn/record/view110209.asp?news_ id = 38287（上网时间 2014 年 10 月 28 日）

② 《对外投资合作国别（地区）指南》（阿根廷，2014 年版），商务部国际贸易经济合作研究院、商务部投资促进事务局、中国驻阿根廷大使馆经济商务参赞处，2014 年 9 月，第 20 页。

③ 《对外投资合作国别（地区）指南》（阿根廷，2014 年版），第 20 页。

增长8.9%；巴西顺差87.2亿美元，增长25.0%。中国是巴西第一大的出口目的地和第一大进口来源国。中国是巴西最主要的顺差来源地之一。美国是巴西的第二大出口目的地和进口来源国，但同时美国也是巴西最主要的逆差来源国之一。①

根据中国国家统计局的数据显示，2013年两国双边贸易额为901.95亿美元，同比增长5.2%；其中中国自巴西进口542.99亿美元，同比增长3.8%，中国对巴西出口358.95亿美元，同比增长7.4%。自2003年以来，中巴贸易除了在2009年出现过小幅的减少之外，一直处于上升状态，并且巴西一直处于较大的顺差地位（见表5.4）。

表5.4　中国与巴西贸易概况　　（亿美元）

	中巴贸易总额	中国对巴出口	中国自巴进口	贸易收支
2003	79.86	21.43	58.42	-36.99
2004	123.47	36.74	86.73	-49.99
2005	148.20	48.27	99.93	-51.65
2006	202.90	73.80	129.10	-55.29
2007	297.14	113.72	183.42	-69.70
2008	486.71	188.07	298.63	-110.56
2009	423.96	141.19	282.77	-141.58
2010	625.86	244.61	381.25	-136.65
2011	842.31	318.37	523.94	-205.58
2012	857.49	334.20	523.29	-189.10
2013	901.95	358.95	542.99	-184.04

资料来源：中国国家统计局 http://data.stats.gov.cn/workspace/index? m=hgnd

① “2014年巴西货物贸易及中巴双边贸易概况”，载《国别贸易报告》（巴西），商务部综合司、商务部国际贸易经济合作研究院，2014年第1期。http://countryreport.mofcom.gov.cn/record/view110209.asp? news_ id=38287

从出口产品结构看，矿产品和植物产品是巴西对华出口的主要产品。2013 年，这两大类商品占其对华出口总额的 82.1%。巴西自中国进口的主要产品为机电产品、化工产品、纺织品及原料等等，这三大类产品占中国对巴西出口总额的 70.5%。中国在劳动密集型产品的出口上继续保持优势，纺织品及原料、家具玩具等、皮革箱包轻工产品分别列巴西自中国进口大类商品（HS 类）的第三位、第七位和第十位。中国与巴西贸易的产业间贸易结构明显，巴西对华出口的附加值较低，且主要集中在少数几个大宗商品贸易上。①

在相互投资方面，根据中国商务部报告显示，2010 年以来，中国对巴西投资增长迅速。2013 年，中国对巴西的直接投资流量为 3.11 亿美元。截止 2013 年底，中国对其投资存量为 17.34 亿美元。投资主要涉及采矿、木材加工和家电组装等项目。同一年，巴西对华投资项目为 18 个，实际使用金额 2304 万美元，同比下降 60%。巴西对华投资领域主要为支线飞机制造、压缩机生产、煤炭、房地产、汽车零部件生产、水力发电和纺织服装等。在劳务承包方面，2013 年，中国企业在该国新签承包工程合同 220 份，总额为 28.16 亿美元，完成营业额 18.82 亿美元。该年度派出各类劳务人员 477 人，年末在巴西的中国劳务人员为 487 人。新签的大型工程承包项目主要包括华为技术有限公司承建巴西电信、中兴通讯股份有限公司承建

① “2014 年巴西货物贸易及中巴双边贸易概况”，载《国别贸易报告》（巴西），商务部综合司、商务部国际贸易经济合作研究院，2014 年第 1 期。http://countryreport.mofcom.gov.cn/record/view110209.asp?news_id=38287（上网时间 2014 年 11 月 12 日）

Oi Broadband 2010 项目、浙江网新联合工程有限公司承建巴西变电站及输电线路项目等等。①

（三）中国与墨西哥经贸关系

根据墨西哥经济秘书处统计，2013 年墨西哥货物进出口额为7613.1 亿美元，比上年增长 2.7%。其中，出口 3801.0 亿美元，增长2.5%；进口 3812.1 亿美元，增长 2.8%。美国是墨西哥最大贸易伙伴，2013 年墨西哥对美国出口 2996.1 亿美元，增长 4.1%，占墨西哥出口总额的 78.8%；自美国进口1872.6 亿美元，增长 1.2%，占墨西哥进口总额的 49.1%。尽管墨西哥在贸易领域对美国单向依赖的格局没有发生本质变化，但是它正在逐步加强同其他国家和地区的贸易联系。2013 年墨西哥与中国的双边贸易额为 677.9 亿美元，增长 8.2%。其中，墨西哥对中国出口 64.7 亿美元，增长 13.0%；自中国进口 613.2 亿美元，增长 7.7%。墨方贸易逆差为 548.6 亿美元，增长 7.1%。中国为墨西哥第四大出口目的地和第二大进口来源地。中国是墨西哥最大的逆差来源地。②

根据中国国家统计局的数据显示，2013 年中墨贸易总额为392.05 亿美元，同比增长 6.9%；其中中国对墨西哥出口289.66 亿美元，自墨西哥进口 102.38 亿美元，中方顺差为187.28 亿美元，分别比上一年增长 5.3%、11.8% 和 2.0%。

① 《对外投资合作国别（地区）指南》（巴西，2014 年版），商务部国家贸易经济合作研究院、商务部投资促进事务局、中国驻巴西大使馆经济商务参赞处，2014 年 9 月，第 46 页。

② “2013 年墨西哥货物贸易及中墨双边贸易概况”，载《国别贸易报告》，商务部综合司、商务部国家贸易经济合作研究院，2014 年第 1 期。http://countryreport.mofcom.gov.cn/record/view110209.asp?news_id=38849（上网时间 2014 年 11 月 12 日）

在中墨进出口贸易中，除了2009年以外，双方贸易额每年都处于上升趋势，但是中国对墨西哥出口的增长速度要高于自该国的进口增长速度。中国一直处于顺差地位。(见表5.5)。

表5.5　中国与墨西哥贸易概况　　（亿美元）

	中墨贸易总额	中国对墨出口	中国自墨进口	贸易收支
2003	49.44	32.67	16.77	15.90
2004	71.13	49.73	21.40	28.33
2005	77.63	55.38	22.25	33.12
2006	114.31	88.24	26.07	62.16
2007	149.69	117.06	32.63	84.43
2008	175.57	138.66	36.90	101.76
2009	161.95	122.96	38.99	83.98
2010	247.60	178.73	68.87	109.85
2011	333.44	239.76	93.69	146.07
2012	366.75	275.15	91.60	183.56
2013	392.05	289.66	102.38	187.28

资料来源：中国国家统计局，http：//data. stats. gov. cn/workspace/index？m = hgnd

根据商务部报告显示，2013年墨西哥主要向中国出口矿产品、运输设备、机电产品、贱金属及制品等商品，占其对华出口总额的88.3%；墨西哥主要从中国进口机电产品，2013年该类进口额为411.1亿美元，占墨西哥自中国进口总额的67.0%，同比增长7.0%。中墨进出口贸易中商品构成的同质性比较明显。①

① “2013年墨西哥货物贸易及中墨双边贸易概况”，载《国别贸易报告》，商务部综合司、商务部国家贸易经济合作研究院，2014年第1期。http：//countryreport. mofcom. gov. cn/record/view110209. asp？news_ id = 38849。

在双边投资方面，根据中国商务部统计，2013 年中国对墨西哥直接投资流量为 4973 万美元。截止 2013 年底，中国对该国的直接投资存量为 4.10 亿美元。截止该年底，在中国驻墨西哥大使馆经济商务参赞处登记的中资企业共有 58 家，涉及贸易、矿业、电子通信、能源工程和设备、金融业等各个行业。根据中国驻墨西哥大使馆经济商务参赞处统计，在墨西哥的中资企业累计在该国投资金额约为 6.7 亿美元。截止 2012 年底，墨西哥累计在华投资 177 个项目，实际投资金额为 1.06 亿美元，主要涉及食品、化工、旅游宾馆、房地产、物流、机电和建材等领域。[①] 2013 年，墨西哥对中国投资项目 11 个，同比下降 15.4%，实际使用金额为 1580 万美元，同比增长 6.3%。[②]

在承包劳务方面，根据中国商务部统计，2013 年中国企业在墨西哥新签承包合同 73 份，总额为 8.25 亿美元，完成营业额为 4.86 亿美元；该年派出各类劳务人员 30 人，年末在墨西哥的劳务人员为 223 人。新签大型工程承包项目包括华为技术有限公司承建墨西哥电信、中国石化集团国际石油工程有限公司承建墨西哥油田综合服务增量 2 项目、上海振华重工（集团）股份有限公司承建 ZP2016 - 8APMT 墨西哥岸桥项目等。[③]

（四）双边经贸关系的特征与问题

从中国与阿根廷、巴西和墨西哥的双边经贸关系概况可以

① 《对外投资合作国别（地区）指南》（墨西哥，2014 年版），商务部国家贸易经济合作研究院、商务部投资促进事务局、中国驻墨西哥大使馆经济商务参赞处，2014 年 9 月，第 48 页。

② 《国别贸易投资环境报告 2014》，中国商务部，2014 年 3 月 1 日，第 99 页。

③ 《对外投资合作国别（地区）指南》（墨西哥，2014 年版），第 48 页。

看出，中国与上述三个拉美国家间经贸关系呈现出的特征和存在的问题主要有以下四个方面：

第一，涉及双边贸易额的统计数据上都存在很大差距。这一差距主要表现在阿根廷、巴西和墨西哥与中国对双方贸易规模、贸易收支平衡状况等方面的统计差异。从整体上看，拉美三国统计的自中国进口额都要高于中方统计数额，而在对中国出口方面它们所统计的数额又要低于中方统计数额。这一结果直接导致了双方对贸易不平衡问题的认知产生严重分歧，这也是上述三国常常对中国发起贸易保护主义措施的重要原因之一。

第二，贸易结构不平衡现象突出。低附加值和不可再生资源占据了上述三个拉美国家对中国出口的主要位置，而中国对它们出口的商品则呈现出均衡化和多样化的特点且商品的附加值较高。这一不平衡现象引起了这三个拉美国家尤其是阿根廷和巴西的担忧，认为这一贸易结构模式不利于本国走上工业化发展道路。

第三，贸易和投资地位的不对称性。中国在上述三国中贸易和投资领域的地位日益重要，但是它们在中国的贸易和投资领域的重要性要小的多。尤其是阿根廷和巴西，两者对中国经济依赖程度要远远高于中国对它们的依赖。近几年来，墨西哥一直致力于出口目的地和出口商品多样化发展，可以预见未来中国在墨西哥出口贸易中的地位将进一步提升。

第四，在基础设施建设领域的合作逐渐增多。近几年来，中国企业对上述三个拉美国家的基础设施建设的参与度逐渐提高，并且随着这几个国家对基础设施项目投入的增多，双方在该领域的合作还具有很大的上升空间。

第二节　双方领导人互访的议程解读

阿根廷、巴西和墨西哥与中国间的多渠道往来日益增加，各行为体都希望把涉及自身的议程上升为国家间议程。“议程设置对政治进程具有重要意义。总统特别关注某些问题而将其他问题排除在关注之外是一种稀缺的资源，该资源分配有时像决策的影响力一样重要。”① 为了对中国与阿根廷、巴西和墨西哥三国的国家间议程设置有进一步了解，本节选取了新世纪以来中国与上述三国领导人共同发表的联合声明、联合公报、联合新闻公报和行动纲要等重要文件作为研究文本，主要分析中国与阿根廷、巴西和墨西哥的国家间议程主要涉及哪些议题，从而勾勒出中国与上述三国双边关系的概貌。

一、中国与阿根廷的国家间议程

根据中国外交部网站显示，自 2000 年以来，中国与阿根廷共同发表了 3 份重要文件，即《中华人民共和国和阿根廷共和国联合声明》（2010 年 7 月 13 日）、《中华人民共和国政府和阿根廷共和国政府联合声明》（2012 年 6 月 25 日）、《中华人民共和国和阿根廷共和国关于建立全面战略伙伴关系的联合声明》（2014 年 7 月 19 日），共计 82 个段落，去除礼节性或

① 转引自［美］罗伯特·基欧汉、约瑟夫·奈著，门洪华译：《权力与相互依赖》（第四版），北京：北京大学出版社，2012 年版，第 193—194 页。详见：Peter Bachrach and Morton Banatz，“Two Faces of Power”，American Political Science Review 56（December 1982），pp. 947 –952.

介绍性内容后共得73个有效段落[①]。对上述3份文件的有效段落进行统计后发现，其中涉及双边政治关系[②]的为24个段落，占总数的32.88%；双边经济关系的为26个段落，占总数的35.62%；涉及地区和国际关系的为18个段落，占总数的24.66%；涉及双边社会交流议题的为5个段落，占总数的8.22%；（见图5.1）。

通过对双边政治关系的内容进行分析后发现，中国与阿根廷的政治议程设置具有以下特点：第一，围绕战略伙伴关系建设开展双边政治合作。在三份文件中，“战略伙伴”一词出现频率多达14次。2004年，时任中国国家主席胡锦涛和时任阿根廷总统基什内尔实现互访，中阿建立战略伙伴关系，双边关系进入了全面发展的新阶段。随着中阿政治互信的增加，2014年7月，双方决定将中阿关系提升为全面战略伙伴关系。第二，双方在涉及彼此利益的重大问题上给予对方坚定支持。中方坚定支持阿根廷在马尔维纳斯群岛问题上的主权要求，而阿方则坚定奉行“一个中国”政策，支持台海两岸关系和平发展和中国的和平统一。第三，寻求双边政治合作的机制化。2014年7月，双方签署首份《中华人民共和国政府与阿根廷共和国政府共同行动计划》，成为中阿各领域中长期交流合作的重要行动纲领。同时，两国政府间常设委员会正式成立，用于统筹协调双方共同关心的双边和国际事务。

---

① 这里的有效段落指的是其内容涉及双边政治、双边经济、地区和国际关系、社会交流议题这4个分析指标。

② 地区和国际关系、社会交流都是双边政治交往的重要组成部分，但为了对国家议程做出更细致、详细的分析，特此把这两个领域的议程单独列出。

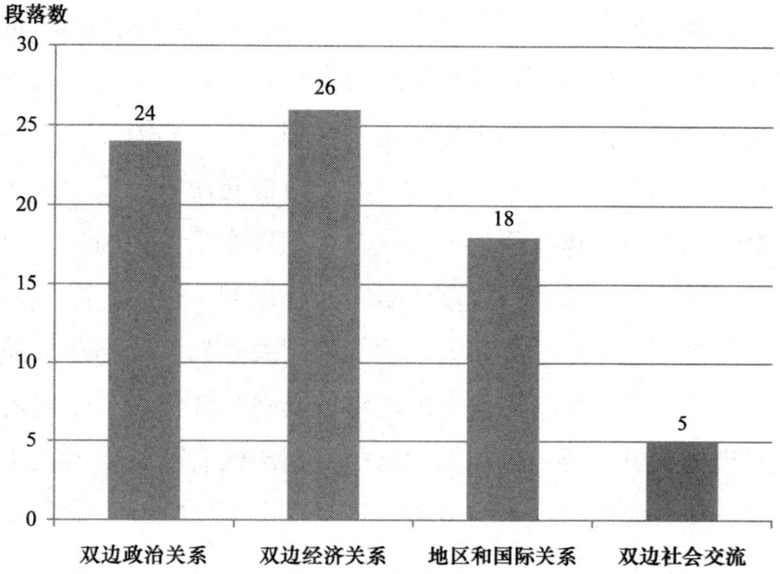

图 5.1　2000 年—2014 年中国与阿根廷的国家间议程

双边经济关系是双方领导人最为关注的议题，主要以促进投资和贸易合作向多样化以及平衡互利方向发展为核心，主要涉及以下三方面内容：第一，扩大高附加值和高技术含量产品贸易。农业和畜牧业领域的合作是双边经贸合作的重要议题。在涉及双边经济关系的 26 个段落中，涉及上述领域的段落达到了 7 个，占经济领域议程的 26.92%。双方把农牧产品以及食品方面的技术合作和产业链整合视为增加双边贸易多样化的重要途径。第二，促进基础设施领域合作和产业投资合作，为各领域开展优势互补、互利共赢创造条件。贝尔格拉诺货运铁路一期改造项目、基什内尔—塞佩尼克水电站项目等基础设施建设项目都成为了双方领导人互访过程中关注的议题。第三，推动双边金融合作。双边本币互换协议是目前为止双方金融合作的最重要成果。

在多边事务中的合作是中国与阿根廷战略伙伴关系的重要组成部分。中国与阿根廷在促进南南合作，共同维护发展中国家整体利益，推动建设更加公正、合理、公平的国际秩序等方面具有广泛共识。在地区事务层面，阿根廷作为拉美的地区大国对推动中拉整体合作的发展发挥了积极作用。在国际多边合作层面，双方在联合国改革、多哈回合谈判、国际金融体系改革、气候变化等全球性重大问题等共同关心的议题不断加强协调配合。在二十国集团框架内，中国与阿根廷均为二十国集团新兴市场成员间协调机制的参与国，两国政府对二十国集团议程的许多方面有着相同的看法，希望在该集团框架下加强立场协调，以充分反映发展中国家的正当利益和诉求。

双边社会交流议题是加强双方相互了解与沟通的重要组成部分。在这一领域，文化交流占据了重要位置。在阿根廷开设孔子学院和成立中国问题研究中心是中国阿根廷文化和教育往来的重要议题。

二、中国与巴西的国家间议程

根据中国外交部网站显示，在2000—2014年期间，中国和巴西领导人来往频繁，共同发表了6份联合公报或联合声明，分别为：《中华人民共和国和巴西联邦共和国联合公报》(2004年5月24日)、《中华人民共和国和巴西联邦共和国关于进一步加强中巴战略伙伴关系的联合公报》（2009年5月19日)、《中华人民共和国和巴西联邦共和国联合新闻公报》(2010年4月16日)、《中华人民共和国和巴西联邦共和国联合公报》（2011年4月12日)、《中华人民共和国和巴西联邦共和国联合声明》（2012 年 6 月 21 日）、《中华人民共和国和巴西联邦共和国关于进一步深化中巴全面战略伙伴关系的联合声明》（2014 年 7 月 17 日）。这 6 份文件共计 148 个段落，去除礼节性或介绍性内容后共得 132 个有效段落。

如图 5.2 所示，中国与巴西的国家间议程分布较为平衡，其中涉及双边政治关系的段落为 39 个，占有效段落的 29.55%，涉及双边经济关系以及地区和国际关系议题均为 33 个，分别占有效段落的 25%，双边社会交流议题为 27 个，占有效段落的 20.45%。其中，两国间的双边政治关系议程的比重要略高于双边经济关系。

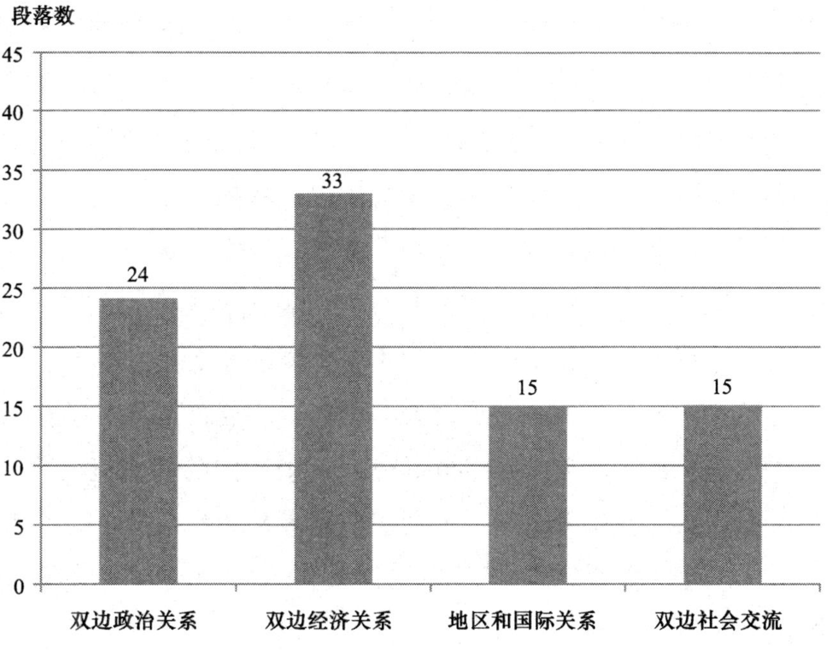

图 5.2　2000 年—2014 年 中国与巴西的国家间议程

（一）双边政治关系

中国与巴西在1993年就建立了战略伙伴关系，且从严格意义上讲巴西是第一个与中国建立“伙伴关系”的国家。[①] 随着双边关系的发展，两国不断推进战略伙伴关系的发展，并于2012年6月决定把中巴关系提升为全面战略伙伴关系。中巴双边政治关系议程包含以下一些内容：

第一，两国间的机制化合作。2004年5月，双方决定成立中巴高层协调与合作委员会（以下简称“高委会”），指导和协调两国关系的发展。2007年双方启动战略对话，并于2014年举行了首次中巴外长级全面战略对话。2010年4月，中巴两国政府签署《2010年至2014年共同行动计划》，并责成中巴高委会具体落实。2014年7月，习近平主席访问巴西时，两国政府决定将共同行动计划延期至2021年。2012年6月，双方又签署中巴《十年合作规划》，该规划与《共同行动计划》都主要用于推动双边务实合作，深化中巴关系的战略内涵。

第二，涉及核心利益上的相互支持。巴西一贯坚持“一个中国”原则，承认中华人民共和国政府是代表全中国的唯一合法政府，台湾、西藏是中国领土不可分割的一部分。

第三，加强军事领域的交流与合作。中巴两国认为该领域的合作是战略伙伴关系的组成部分。在中巴国防部交流与合作联合委员会的合作框架下，推动双方军事和防务合作。2011年4月，巴西总统罗塞芙访问中国期间，双方签署了防务合作协定。

---

① 张煜：《中美“伙伴关系”外交的比较研究》，外交学院博士研究生学位论文，2012年，第76页。

第四，加强两国政府、立法机构、政党、社会团体、地方等往来。在各个合作机制的推动下，两国的高层互访、中国全国人民代表大会和巴西众议院定期交流、司法合作、社会政策交流、人权磋商等都成为了双方领导人互访过程中关注的议题。

（二）双边经济关系

近十几年来，中巴双方一直致力于两国经贸合作的长期稳定发展，促进双方贸易和投资结构多样化，并努力提高合作质量，对高科技和高附加值领域给予特别关注。总体来看，纳入双方领导人关注的议程有：

第一，扩大双方企业家之间的直接交流。2004 年 5 月，时任巴西总统卢拉访华之际，随行访问的包括了由 420 多人组成的企业代表团，中巴企业家委员会正式成立。此后，在两国领导人访问期间召开企业家研讨会和中巴企业家委员会会议成为常态。

第二，两国在高委会下设的财经分委会框架下开展合作。通过两国财政部门和央行间的合作，旨在加强双方在宏观经济政策、货币合作、金融稳定和国际金融体系改革等问题上的交流与对话。两国金融机构申请在对方境内开设相关机构、上海证券交易所和圣保罗证券期货交易所达成的合作谅解、双边本币互换机制等都成为了双方领导人关注的议题。

第三，推进双边贸易结构多样化和双边贸易增长，共同反对贸易保护主义。推动扩大双边农产品和食品贸易是促进双边贸易结构多样化的重要议题之一。批准巴西企业对华出口猪肉，尽快使巴西明胶、玉米、巴伊亚州和阿拉戈阿斯州烟叶、牛胚胎和牛精液、柑橘类水果以及中国梨、苹果和柑橘等新的产品列入双方进出口商品清单。中方宣布解除巴西牛肉输华禁令，加快解决巴宠物食品进口问题，对中方水产和肠衣出口企业在巴注册和巴西牛肉、猪肉、禽肉出口企业在华注册工作给予特别重视。上述涉及农牧业产品和食品贸易的具体措施都被列入了双方领导人的访问议程当中。此外，为了尽量消除贸易合作领域中的障碍，为双边贸易提供更多安全与便利，两国把深化海关合作和加强动植物检验检疫等质检合作也列入了两国领导人的访问议程。

第四，鼓励和支持两国企业的双向投资，拓展投资领域。双方在投资领域的议题主要涉及以下几个方面：

1. 基础设施领域合作

涉及的议题主要有：中方企业有意参与巴西高速铁路招标、两国在 2014 年世界杯和 2016 年奥运会有关基础设施建设项目中建立伙伴关系、鼓励中国和巴西企业同南美和非洲地区的第三国共同开展基础设施建设项目、两国元首强调重视在南美地区建设可持续的和综合性的基础设施网络方面开展合作并鼓励中方企业参与巴西相关项目招标等等。

2. 航空、汽车制造业领域合作

以公务机及支线飞机合作为重点，深化中国航空工业集团公司以及中国航空运输企业和巴西航空工业公司间的伙伴关系。涉及航空和交通领域的具体议题包括：中巴合资的哈尔滨安博威飞机工业有限公司在华生产公务机项目、中方有关企业与巴西航空工业公司签署了 60 架 E190 飞机采购相关协议、尽快完成巴西马可波罗公司与中国黄海汽车合资合作、巴西马可波罗公司在中国常州出口加工区设立生产部门等等。

3. 能源和矿产领域合作

具体涉及以下议题：中国石油化工集团和巴西石油公司签

署的原油贸易协议的落实、中国石油企业参与巴西岩下石油天然气资源的勘探开发、加强在风能、太阳能和水电等可再生能源领域的合作、双方决定在生物燃料领域建立伙伴关系以巩固生物燃料作为能源大宗产品的地位、在矿业及相关基础设施和矿产品加工等领域继续扩大合作、高度重视中国海洋石油总公司和中国石油天然气集团公司加入开发巴西里贝拉油田的联合体、密切铁、锰、铝土、铌、稀土等矿产资源领域勘查开发与利用的合作等等。

4　信息通信技术领域合作

涉及的主要议题有：推动两国公共和私营部门加强接触并鼓励设立相关机制、推动中国和巴西有关企业建立合资和技术伙伴关系、推动巴西通信领域及电子产品技术发展等等。

（三）地区和国际关系

中国和巴西都主张国际关系民主化和世界多极化，一致认为双方在多边事务中的合作是两国战略伙伴关系的重要组成部分，双方均希望增加发展中国家在重大国际事务中的参与权和发言权，并希望建立更加公平、公正、包容、有序的国际秩序。两国在联合国、二十国集团、世界贸易组织、世界货币基金组织、世界银行、金砖国家[①]组织等国际机制中的沟通与协调日益密切。在双方领导人互访中涉及地区和国际关系的议程主要有以下几个方面：

第一，加强在联合国框架内的合作。两国都认为有必要对联合国、包括安理会进行改革，具体包括以下一些内容：中方

① 2001 年，美国高盛公司首席经济师吉姆·奥尼尔（Jim O'Neill）首次提出“金砖四国”（巴西、俄罗斯、印度和中国）这一概念。2010 年，南非加入后改名为“金砖国家”。

支持巴西作为西半球最大的发展中国家在联合国等多边机构中发挥更大作用、两国支持联合国在解决重大国际问题中发挥核心作用[①]、巩固以联合国为核心的多边体系和推进全球治理改革等等。其中支持巴西在联合国和国际事务中发挥更大作用是相关议程中出现频率最高议题。

第二，在全球经济问题中加强双边协调。在这一领域双方的议程主要包括在多哈回合谈判中加强相互协调、主张深化国际货币基金组织和世界银行改革、推动国际金融体系改革、反对通过加强贸易保护主义来应对国际金融危机、在二十国集团框架内就国际金融货币体系改革问题深化合作等等。

第三，推动中拉关系和亚拉跨地区合作。巴西支持中国与拉美国家和地区组织开展互利合作，而中国也支持巴西更多地参与亚洲发展进程。在巴西举办中国—拉美和加勒比国家领导人会晤是2014年习近平主席出访巴西的重要议程之一。

（四）双边社会交流议题

在最近的十几年时间里，中国与巴西在文化、教育、科技、体育、旅游等社会交流议题中的交流与合作日益丰富，主要包含以下一些议题：

第一，加强双边科技合作。双方签署科学技术与创新合作工作计划，把农业科学、农业能源、可再生能源、生物技术和纳米技术等列为优先合作领域。双方决定加强双边空间合作，不断深化中巴地球资源卫星合作项目，制定中巴航天合作十年

① 2012年6月发表的两国政府联合声明中，时任中国总理温家宝和巴西总统罗塞芙强调联合国在寻求和平解决非洲和中东地区冲突中的核心作用。双方关于以色列—巴勒斯坦问题、叙利亚问题、伊朗核问题等发表了共同的看法。参见《中华人民共和国和巴西联邦共和国政府联合声明》，里约热内卢，2012年6月21日。

计划（2013 年至 2022 年）。此外，中巴高级别科技与创新对话、中巴气候变化和能源技术创新研究中心、中巴纳米技术联合研究中心、中巴气象卫星联合研究中心和中巴生物技术中心等的建立也都被列入了双方国家领导人的互访议程。

第二，加强双边文化和教育领域的合作。双方希望通过两国学术界、文化界、新闻界和体育界的交往，促进两国人民之间的相互了解，巩固中巴友好的基础，具体包括：共同推动汉语和葡萄牙语教学；双方支持在中国增设葡萄牙语教学点和在巴西开设孔子学院；支持中国国家留学基金管理委员会和巴西高等教育人员促进会间的合作；共同探讨在对方国家设立文化中心；支持在巴西举办“中国文化月”和在中国举办“巴西文化月”活动；共同制定 2015 年至 2017 年文化合作执行计划；支持在中国高等院校实施巴西“科学无国界”项目。

第三，促进双边体育领域的合作。中国支持里约热内卢成功申办 2016 年奥运会和残奥会。双方同意在举办大型体育赛事、运动员培训等方面加强合作，交流经验。

第四，扩大双边旅游合作。双方承诺推动旅游交流，加强旅游市场管理，鼓励对旅游行业的投资，促进开展旅游教育和人员培训合作；加强两国领事、移民部门的沟通与合作；研究进一步简化签证、居留等相关手续，为促进双边人员往来提供便利。

第五，促进社会发展领域的磋商与合作。双方决定加强在人权领域的双边磋商；双方决定就社会领域，特别是扶贫领域的政策及规划加强合作，为此建立由中国国务院扶贫开发领导小组办公室和巴西社会发展及消除饥饿部及其他相关部门牵头的“社会及扶贫”工作组被列入了领导人互访的议程中。

三、中国与墨西哥的国家间议程

根据中国外交部网站显示，进入新世纪以来，中国与墨西哥共同发表了以下3份重要文件：《中华人民共和国与墨西哥合众国联合新闻公报》（2008年7月1日）、《中华人民共和国和墨西哥合众国联合声明》（2013年6月5日）、《中华人民共和国与墨西哥合众国关于推进全面战略伙伴关系的行动纲要》（2014年11月13日），其中后面两份为中国国家主席习近平与墨西哥总统培尼亚上任后短短的两年时间内签署。

3份文件共计99个段落，其中有效段落为87个。在有效段落中，涉及双边政治关系的共计24个段落，占总数的27.59%；双边经济关系的共计33个段落，占总数的37.93%；涉及地区和国际关系的共计15个段落，占总数的17.24%；涉及双边社会交流议题的共计15个段落，占总数的17.24%（见图5.3）。

从图5.3可以看出，中国与墨西哥间的经济议题要远远高于政治议题，两者相差近十个百分点。双边政治关系议题主要体现了以下几个特点：第一，两国均非常重视建立机制化合作。中国与墨西哥两国政府把建立和加强战略对话机制作为深化互信和就战略性议题开展双边对话的框架。2004年8月，中墨成立政府间两国常设委员会，截止2014年12月31日，双方已举行了6次会议。中墨政府间两国常设委员会是推动、协调和跟踪双方全面战略伙伴关系发展的重要政府间机制。第二，关注对方在涉及国家领土主权等核心利益中的表态。墨西哥表示坚定奉行“一个中国”原则，重申墨西哥政府关于台湾和西

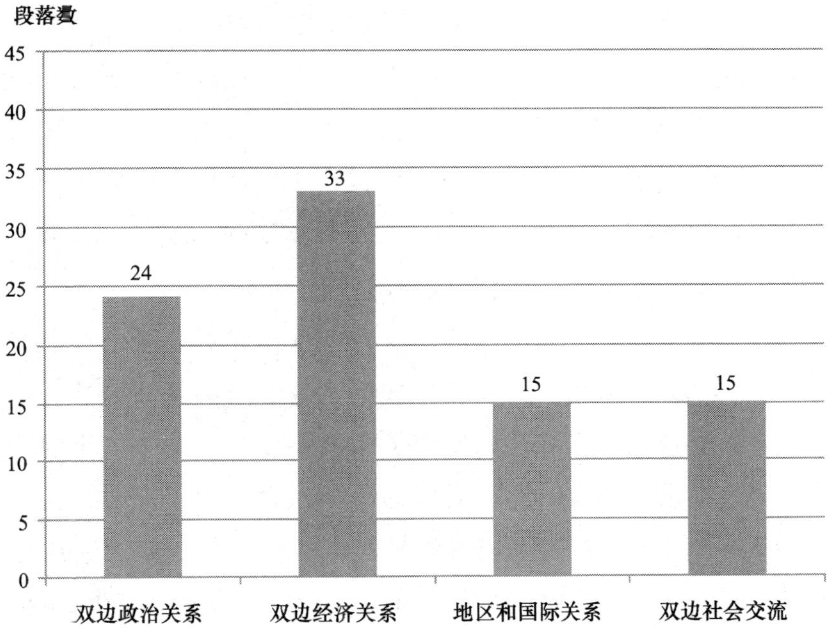

图 5.3　2000 年—2014 年 中国与墨西哥的国家间议程

藏是中国领土不可分割的一部分的立场，西藏事务属于中国内政。第三，扩大双方政府间各个层面的交流。双方同意加强部级官员互访并推动两国立法机构、地方、政党间交往。

在双边经济关系领域，促进双边贸易和投资领域的健康、稳定以及平衡发展是双方关注的核心议题。围绕这一核心议题，两国的议程设置呈现出以下一些特点：

首先，注重发挥中国和墨西哥政府相关部门的引领作用。利用现有的两国政府间高级投资工作组、中墨企业家高级别工作组、中国商务部和墨西哥经济部双边高层工作组等经贸合作机制，通过密切磋商和沟通，推动双边贸易和双向投资持续快速发展。

其次，寻求双边贸易和双向投资的平衡增长。为了解决双边的贸易平衡问题，双方把促使墨西哥农牧业领域的优势产品进入中国市场、寻求涉及纺织和服装产业等相关问题的解决方案等问题纳入了双方高层互访的议程当中。此外，双方领导人还把加强两国海关的交流与合作视为重要议题，积极推动双方在该领域的相互了解、合作与经验交流。

为了鼓励和扩大双向投资，双方把推动双边旅游合作、开拓中墨航空运输市场、为人员往来提供签证上的便利措施、促进两国能源领域合作等议题作为了两国领导人互访中的重要议程，上述议题约占双边经济议程的一半篇幅。为了推动两国在基础设施、工业、旅游和能源等领域的投资合作，双方还决定共同出资设立了第一阶段金额为 12 亿美元，目标规模为 24 亿美元的中墨投资基金。

在涉及地区和国际关系议题中，双方把推动中国同拉美和加勒比地区整体合作视为地区间合作的重要议题。在国际关系层面则围绕维护发展中国家的共同利益，共同致力于促进多边主义，推动国际关系民主化，共同应对全球性挑战等内容展开，涉及的具体议题有：

第一，围绕联合国安理会改革、国际金融体系改革、气候变化、2015 年后发展议程等重大全球性问题加强协作。第二，两国领导人保持经常接触，包括在国际会议和论坛中进行双边会晤。第三，继续开展两国外交部间多边事务定期磋商，密切两国常驻纽约、日内瓦和维也纳等地国际组织代表团间的对话与协调，及时就共同关心的问题交换看法。第四，加强在联合国及其专门机构、世界贸易组织、二十国集团等多边机制框架内的沟通。

中国与墨西哥在的双边社会交流议题主要集中在以下几个方面：第一，文化和教育议题。双方主要围绕促进两国传统和新兴领域文化、艺术交流以及文化产业合作以增进两国人民相互了解，包括了成立墨西哥中国文化中心和北京外国语大学的墨西哥研究中心、重点加强包括西班牙语和汉语教学在内的教育交流、鼓励本国艺术团组参加在对方国家举办的艺术节、利用中墨大学校长论坛机制增进高校合作等议题。

第二，科技领域合作议题。两国主要围绕促进两国科学界交流，共同开展高水平科技研究展开。中墨两国政府把清洁和可再生能源、城区环境污染防控、生物技术、纳米技术、预防传染病和水资源利用等列为双方合作的重点领域。

第三，社会发展议题。双方同为发展中国家，在经济和社会发展过程中面临相同挑战。为此，双方决定加强在社会发展、减少饥饿和贫困、社会福利、社会救助和防灾减灾等领域的交流与合作。第四，旅游合作议题。具体包括在中国举办“墨西哥旅游年”和创新旅游推广方式等内容。

第三节　双方领导人互访议程的比较分析

阿根廷、巴西和墨西哥与中国的双边关系处于全面发展的上升态势。双方领导人互访过程中涉及的议程存在一些共同特性，但在具体议题的广度和深度上存在着一些差别。国家间议程所呈现出的共性和特性与上述三个拉美国家与中国在政治以及经济相互依赖中的程度不同有关。相互依赖程度的差别也是决定双方如何解决双边关系发展过程中出现的矛盾与摩擦的主要因素。

一、国家间议程的异同比较

中国与阿根廷、巴西和墨西哥三国的双边国家议程最大的相同点集中在地区和国际关系领域。大家在该领域拥有广泛共识，即都致力于推动多边主义发展，希望加强在地区和国际多边机制框架内的协调与合作；都希望推动建设更加公正、合理、公平的国际秩序；都注重南南合作以及共同维护发展中国家整体利益。在中拉整体合作关系中，中国与上述三个拉美地区大国都表示要推动中拉互利友好合作、促进共同发展。

在双边政治领域，中国与拉美国家关系发展的议程中始终存在等级结构，即一个中国原则。阿根廷、巴西和墨西哥与中国政治关系的稳定发展建立在三国都坚持“一个中国”原则，承认台湾是中国不可分割的一部分。当前，中国与上述三国都注重增强战略互信，都建立了全面战略伙伴关系，都希望通过高级别对话磋商机制来促进双方关系的全面发展。

在双边经济领域，中国与阿根廷、巴西以及墨西哥都希望促进双边经贸关系的健康、稳定发展。大家都希望推动双边贸易和投资合作的多样化，扩大高附加值和高技术含量产品贸易。上述拉美三国都希望扩大具有附加值的农产品和畜牧业产品的对华出口，增加与中国在基础设施、能源和矿产等领域的合作。

在文化、教育、科学、体育和旅游等社会交流议题中，中国与阿根廷、巴西和墨西哥都希望继续加强在上述社会领域的交流与合作，支持扩大双方民间和地方交流以增进人民间的相互了解，并且都强调增进双方青年交往以及促进双方在语言教学方面的合作。除了上面一些共性之外，中国与阿根廷、巴西和墨西哥之间的国家间议程主要有以下一些区别：

第一，从整体看双边议程的广度和深度不同。从发表重要文件的数量和时间显示，进入新世纪以来，巴西与中国发表的联合公报或联合声明类的重要文件的数量最多，且时间分布较为均衡；而本书中所涉及的中国与阿根廷和墨西哥的重要文件则都发表于美国次贷危机全面爆发之后，尤其是中国与墨西哥所涉及的文本主要是在双方新领导人上台之后短短的两年时间内共同发表的。

从文件涉及的各议程所占比重的比较可以看出，巴西与中国在双边政治和经济、地区和全球关系以及社会交流议题的双边议程设置分布较为均衡，且涉及内容的广度和深度最大，中国与墨西哥次之，阿根廷居于末位。巴西是三国中唯一一个与中国的双边政治关系议程比重高于双边经济关系议程比重的国家。墨西哥与中国双边经济关系议程的占比要高于其他两国。阿根廷与中国的社会交流议题不足10%，是三国中与中国社会互动往来最少的国家。

第二，双边政治关系中对敏感性问题的关注度不同。在双边政治领域，国家主权和领土完整问题一直是中国最为关注的敏感议题之一。中国与阿根廷由于都存在类似问题，因此双方对此议题上最为敏感，双方对涉及此议题的立场最为统一和坚定，相互依赖特征最为明显。

到目前为止，由于墨西哥与巴西都没有爆发过明显的领土和主权争端，为此在该议题上中国的敏感度要高于上述两国。为了顾及中国的核心利益，墨西哥与中国在此议题的表述中都提到了该国在台湾与西藏问题[①]上的立场；而巴西与中国在涉及此议题时除了重申坚持“一个中国”原则之外，也有一次表明了其在西藏问题上的立场。

此外，虽然中国与上述三国都表示要推动双边关系的全面发展，但是根据文件内容显示阿根廷、墨西哥与中国的双边政治议题中都没有提及军事和国防领域的合作，只有巴西与中国在文件中提及双方在该领域采取的一些机制化交流。

第三，双边经济关系议程中侧重点的不同。促进双边进出口贸易的平衡增长是阿根廷、墨西哥与中国经贸合作的重要议程之一，但在巴西与中国的文本中却没有被提及。

为了促进双方金融合作，阿根廷、巴西与中国签署了双边本币互换协议。墨西哥与中国虽然没有此项协议，但是双方成立了中墨投资基金用于推动双向投资。此外，中国与巴西在航空和汽车制造业领域的合作已经有了一定的基础，鼓励两国企业同南美和非洲地区的第三国共同开展基础设施建设也被提上了议程，这些对于调整两国贸易和投资结构具有重要意义。

第四，地区和国际关系领域中的不同目标。巴西一直寻求在联合国以及其他国际多边机制中发挥更大作用，中国对它的这一意愿表示支持。到目前为止，阿根廷与墨西哥都没有表现出如巴西般的雄心壮志。它们更多的是以地区大国的身份加强与中国在国际和地区事务中的合作，以利于维护共同利益。

第五，社会交流领域互动往来的密切程度不同。巴西与中

① 西藏问题对中墨关系健康发展存在一定的影响。达赖喇嘛曾经多次窜访墨西哥、巴西和阿根廷等拉美国家。2011 年 9 月，时任墨西哥总统卡尔德龙在墨西哥城会见达赖后，中国外交部发言人立即表达了“强烈不满和坚决反对”，中墨关系也受到了很大伤害。同年 9 月的墨西哥之行后，达赖窜访巴西但是遭到了冷遇。

国在科技领域的合作议程明显多于其他两国。中国与巴西在外层空间领域的合作成果突出，中巴地球资源卫星合作是发展中国家间最成功的科技合作项目之一。墨西哥、巴西与中国在文化领域的交流与往来比阿根廷更为密切，前两国与中国在涉及教育领域的议程比后者更为深入，形式更为多元化。

二、国家间议程形成的影响因素分析

通过对阿根廷、巴西和墨西哥与中国的双边国家议程的比较可以看出，国家间议程所呈现出的特征与两国在经济和政治相互依赖中的密切程度有关。近几年来，发展与广大拉美国家关系是中国全方位外交的重要组成部分；而拉美主要大国也把发展同亚太国家关系尤其是同中国关系置于外交政策的重要位置，积极寻求扩大与亚太地区的政治和经济联系。双方领导人互动往来的增加不仅能深化政治和战略互信，也能为提升经贸合作关系创造条件。中国与阿根廷、巴西和墨西哥的双边政治关系、地区和国际关系、社会交流等相关议程设置主要受双方经济利益和政治利益等因素的影响。

（一）影响整体国家议程形成的因素

首先，进入新世纪以来，中国与阿根廷、巴西和墨西哥经贸关系的跳跃式发展成为了推动双方关系全面发展的主要动力。2008 年 11 月发表的《中国对拉丁美洲和加勒比政策文件》中声明：“中国政府从战略高度看待对拉关系，致力于同拉丁美洲和加勒比国家建立和发展平等互利、共同发展的全面合作伙伴关系。”同年 11 月 20 日，时任国家主席胡锦涛在秘鲁国会演讲时对建设中拉全面合作伙伴关系做了进一步阐述。

他指出构建中拉全面合作伙伴关系，“要牢牢把握共同发展的主题。发展是增进人民福祉、促进社会进步的根本途径。发展是中拉最为紧迫的任务，中国和拉美的发展都处于关键时期，也都是对方发展的机遇。”① 这一讲话表明了经贸合作在中拉关系中的地位。

2012 年 6 月 26 日，时任总理温家宝在圣地亚哥联合国拉丁美洲和加勒比经济委员会演讲时更是明确指出，“以经贸合作为重点，拓展中拉共同利益。”② 可以看出，在今后很长一段时间内以“平等互利、共同发展”为基础的经贸合作将是推动中拉关系快速发展的主要因素。

在政治领域的议程设置中，双方领导人把推动双边高级别协商对话机制的建立、推进《共同行动计划》和《十年合作规划》等重要文件的签署与落实、为对方国民颁发签证提供便利等列入国家议程，其最主要目的就是为了寻求共同发展利益，为双方经贸关系的发展营造良好的政治环境。双方人员往来的便利化，对于提高商务人员之间的经贸往来和促进旅游业及其相关行业的发展有很大的推进作用。此外，双方在国际金融体系改革、气候变化以及推动中国—拉共体论坛建设等议题所持有的相同立场，也和双方在这些国际和地区重大问题上拥有共同的经济利益有莫大关系。

其次，维护主权和领土完整等核心政治利益，提升在国际

① 胡锦涛：“共同构筑新时期中拉全面合作伙伴关系——在秘鲁国会的演讲”（2008 年 11 月 20 日，利马），载《人民日报》，2008 年 11 月 22 日 03 版。

② 温家宝：“永远做相互信赖的好朋友——在联合国拉丁美洲和加勒比经济委员会的演讲”，圣地亚哥，2012 年 6 月 26 日，新华网。http：//news. xinhuanet. com/world/2012 – 06/27/c_ 112303984. htm（上网时间（2014 年 11 月 18 日）

事务中的影响力也对双方国家议程设置具有重要影响。中国和阿根廷由于都存在主权和领土争端问题，寻求国际社会在该议题上给予理解和支持是两国对外关系发展中的重要组成部分。为此，在与世界各国领导人交往的过程中，两国领导人都会把该议题包括在内。

中国与阿根廷、巴西和墨西哥在处理当前国际事务中拥有广泛共识。中国已经成为了国际社会具有重要影响力的国家，但中国仅凭一己之力很难推动当前不公正合理的国际政治经济体制的转变。阿根廷、巴西和墨西哥都是地区大国同时也是全球新兴市场国家，但它们在国际社会中的影响力还比较有限。中国与它们在国际事务中加强协调与合作符合双方的共同利益。

此外，巴西对于成为全球性大国的追求要高于墨西哥与阿根廷。进入新世纪以来，巴西作为西半球最大发展中国家一直希望在地区和国际事务中发挥更大的影响力和作用，并一直为了成为联合国安理会常任理事国而积极寻求世界各国的支持。为此，该议题成为了中巴国家关系中的重要议程。

拉美国家一直致力于通过推动地区一体化和增进跨地区合作来提升自身的整体实力和国际影响力。阿根廷、巴西和墨西哥作为地区大国，都希望在地区事务中扮演重要角色。目前，中国与拉美各建交国的双边关系都处于历史最好水平，推进跨地区整体合作将是推动双方关系发展新的增长点。因此，推动中国与拉美地区整体合作成为了双方领导人关注的议题。

最后，公共外交作为提升国家软实力，改善国家形象的重要舞台，已经成为了领导人出访的重要议程。中国成长为一个世界大国的过程中，不仅意味着在国际社会发挥更大的影响力，也意味着要为国际社会做出更大的贡献，承担相应的责任。中国开展公共外交不仅是为了消除国际社会对中国崛起的偏见、误解和疑虑，也是为了给国际社会发展提供思想、理念上的公共产品。巴西、墨西哥等拉美国家也历来重视文化外交事业的发展，并取得了重要的进步。从政府层面推进文化、教育、科技、体育和旅游等各个领域的交流与合作，既可以使双方人民增进相互了解，巩固双边友好往来，也可为国家软实力的应用提供更多平台。

（二）影响双边经济议程形成的具体因素

中国与阿根廷、巴西和墨西哥三国的国家议程中经贸关系议程都占据了重要比重。具体来看，当前中国与上述三国的双边经贸关系特征及存在的问题是影响双方在该领域具体议程的主导性因素。具体表现如下：

第一，针对贸易结构不平衡对双边贸易关系健康发展带来的不良影响问题。进入新世纪以来，快速增长的中国经济对原料和初级产品的需求进一步扩大，使得国际市场上此类大宗商品的价格持续走高，从而使阿根廷、巴西等具有资源和能源优势的国家收入快速增加。但是对华出口主要集中在几个大宗商品上，而来自中国的价廉物美的工业产品又对本国相关行业造成了冲击的贸易结构引起了拉美国家的广泛关注。它们对与中国双边贸易关系的可持续性以及其对本国工业发展的冲击等问题表示担忧。因此，中国和拉美三国领导人把促进贸易、投资多元化和提高产品的附加值视为重要议程，并且把推动政府经济部门间的战略磋商与对话、扩大双方企业间的机制化交流与合作、推进双方质量检验检疫部门的合作使得更多农牧业产品能够进入双边贸易领域等纳入了双边议程。

第二，针对进出口贸易领域的收支平衡问题造成的议程差别。目前，中国是巴西第一大贸易伙伴和最大贸易顺差来源地。中国是阿根廷和墨西哥第二大贸易伙伴，但与它们第一大贸易伙伴在贸易总额上差距甚远。近几年来，中国是阿根廷主要的逆差来源地之一。墨西哥对华贸易则长期处于逆差地位，并且呈现出不断扩大的趋势。正因如此，墨西哥和阿根廷把促进双方进出口贸易的平衡增长视为对华贸易中的重要议程。

此外，双边贸易统计上的差异对正确认识双方贸易水平带来了障碍，特别是中国与墨西哥由于双方统计方法的差异造成中国对墨西哥的出口被严重高估，给双方经贸合作造成了很大的负面压力。基于此，双方领导人把促进中墨海关领域的合作视为重要议程，通过制定落实《海关行政互助协议》[①] 的工作计划来推动双方在该领域的交流合作。

第三，针对提高相互投资以及在基础设施建设领域的合作。近几年来，中国与阿根廷、巴西和墨西哥都把促进相互投资视为扩大双边经贸合作的新增长点，希望通过增加双方官方和企业层面的机制化交流来增加相互了解和寻求投资机遇。

2012 年中国成为了世界三大对外投资国之一，但由于中国对外投资起步较晚，在对外直接投资存量上与发达国家仍有很大的差距。虽然中国企业"走出去"的投资结构正在不断优化，但是到目前为止"资源寻求型"投资的特征仍然非常突出。中国对拉美国家的大额投资也主要集中在能源和矿产领域。阿根廷、巴西和墨西哥作为区域内工业化水平较高的国

① 中国与巴西在 2012 年 6 月 21 日签署《中华人民共和国政府和巴西联邦共和国政府关于海关行政互助的协定》，与墨西哥在 2012 年 9 月 3 日签署《中华人民共和国政府和墨西哥合众国政府关于海关行政互助与合作的协定》。

家，其对外投资仍然主要集中在本地区内，对拉美地区以外的投资仍然比较有限。基于上述因素，在涉及双边经济领域的议程中，扩大相互投资和促进投资多样化成为了中国与拉美三国领导人最为关注的话题之一。

基础设施是推动国家经济可持续发展的重要基础。近几年来阿根廷、巴西和墨西哥都把加大对本国基础设施领域的投入视为推动本国经济和社会良性发展的重要因素，对基础设施建设的需求也在不断增加。中国在基础设施建设领域具有人力资源、技术经验等方面的很大优势。拉美国家和中国在该领域合作具有极强的互补性。因此，促进在基础设施领域合作成为推动中拉互利合作的重要领域之一。它在两国领导人的双边议程中也得到了很好的体现。

三、双边关系中问题与结果辨析

中国与拉美国家在传统安全领域不存在直接的利益冲突，双方也从来都没有过威胁使用武力行为。中国虽然已经成为具有世界影响力的大国，但中国一直坚持走和平发展道路，“致力于同世界各国一道推动建设持久和平、共同繁荣的和谐世界”、“中国人民坚持自己选择的社会制度和发展道路，不允许外部势力干涉中国内政。坚持在和平共处五项原则基础上，同所有国家发展友好合作，不同任何国家和国家集团结盟，不以社会制度和意识形态异同决定国家关系的亲疏。”[①] 十几年来，

---

① 《中国的和平发展》白皮书，中华人民共和国国务院新闻办公室，2011 年 9 月 6 日。http：//www. gov. cn/jrzg/2011 -09/06/content_ 1941204. htm（上网时间 2014 年 11 月 18 日）

中国国家领导人在多个国际重要场合倡导互信、互利、平等、协作的新安全观，致力于寻求实现综合安全、共同安全、合作安全。因此，军事力量在中拉关系中起次要作用。

中国与阿根廷、巴西和墨西哥国家关系发展过程中，各方都奉行结伴而不结盟的伙伴关系政策。双方政治相互依赖主要集中在对推动多边主义发展和建立国际政治经济新秩序中的相互协调与合作。中国与上述三个拉美国家在对方经贸领域中的重要性在2008年金融危机爆发以后得到了进一步体现。因此，本轮全球金融危机以来双方领导人的互动往来更为频繁，达成各类协议的数量也快速增加。经贸关系的快速发展有助于增加共同利益，但同时也可能增加因经济利益冲突而导致的摩擦。中国与阿根廷、巴西和墨西哥的矛盾与问题主要集中在经贸领域，政治领域偶尔出现的一些波折也是因为问题间联系战略的存在而受到的波及。

从总体上看，中国与阿根廷、巴西和墨西哥存在不对称经济相互依赖且中国对上述三国的依赖性较小，但双方的经济相互依赖以敏感性为主导。上述三个拉美国家与中国的经济相互依赖关系程度存在一定差别。从双边贸易看，阿根廷和巴西在少数几项大宗商品出口贸易中对中国存在很大程度上的依赖，而墨西哥对中国的经济依赖程度相对较小。对于巴西和阿根廷来说，南方共同市场（以下简称“南共市”）以及与南共市有特殊经贸关系的国家和组织不仅是它们重要的经贸合作伙伴，而且贸易结构也相对平衡和多样化。墨西哥已经与世界上44个国家签署了12个《自由贸易协定》，并且墨西哥经济对美国的严重依赖状态将长期存在。从投资方面看，阿根廷、巴西和墨西哥占中国吸收外国直接投资中的比重非常有限。中国近几年来加大了对上述三个拉美国家的直接投资，但从投资总量和投资结构上看仍然非常有限。

“敏感性的迅速上升往往导致对相互依赖抱有以及改变相互依赖现状的政治努力，那些实行多元政治制度的国家尤其如此”。[①] 一直以来，巴西、墨西哥和阿根廷为了保护本国工业的发展而常常采取贸易保护措施。根据世界贸易组织的资料显示，1995 年 1 月至 2014 年 6 月，阿根廷、巴西和墨西哥分别对中国实施了 68 起、50 起和 24 起反倾销调查，在其实施的反倾销调查总数中的占比分别为 30.8%、28.7% 和 25.3%；而中国只对墨西哥和巴西各实施过 1 起反倾销调查，在中国实施的反倾销调查总数中的占比不足 1%。[②] 需要指出的是中国与拉美国家在进出口贸易中存在的摩擦，并非是中国刻意而为的结果，当前局面的形成主要是由双方各自的资源和产业优势，以及国家产业结构和进出口模式所决定的。如果双方产业结构尤其是拉美三国的产业结构不实现很大调整，在这种状态下，这一矛盾将长期困扰中拉关系的发展。

中国在处理因经贸互动而产生的矛盾时，并不寻求对抗，而是积极通过推进合作和减少分歧的比重来妥善管控矛盾。为了给双方贸易失衡的现状寻求更多的解决之道，近几年来中国与阿根廷、巴西和墨西哥的机制化合作与交流不断增多；中国加大了对墨西哥、巴西和阿根廷的直接投资；中国与阿根廷和

---

① ［美］罗伯特·基欧汉、约瑟夫·奈著，门洪华译：《权力与相互依赖》（第四版），北京，北京大学出版社，2012 年版，第 16 页。

② “Anti-dumping Initiations：By Reporting Member 01/01/1995 - 30/06/2014”、“Anti-dumping Measures：Reporting Member vs Exporter 01/01/1995 - 30/06/2014”，World Trade Organization，http：//www. wto. org/english/tratop_ e/adp_ e/adp_ e. htm（上网时间 2014 年 11 月 18 日）

巴西签署了双边本币互换协议，与墨西哥共同成立中墨投资基金用以推动双向投资，中国给阿根廷提供贷款以解其燃眉之急。在未来的几年内中国与上述三个拉美国家的贸易规模将进一步扩大，中国也将继续加大对其各个领域的直接投资，双边经贸关系的重要性将进一步提升。

中国一贯认为只有坚持互利共赢，才能推动双方经贸关系的长期可持续发展。正如基欧汉和奈指出的那样，“国家利益的界定，因时间、问题和政府部门的不同而迥异。与看上去在某些问题领域有更多资源但却四分五裂的国家相比，能较好保持一致性的国家（因中央集权的政治传统所致——如法国）能够更好地处理不平衡的相互依赖关系”。[①] 与实行西方式民主体制的阿根廷、巴西和墨西哥相比，采取民主集中制的中国显然能够更好地处理不平衡的相互依赖关系。

中国与上述三国虽然在政治上不存在直接的利益冲突，但由于多渠道联系的存在，各国或各国内利益集团因对外部变化的敏感性和脆弱性不同会对其政治行为模式造成直接影响。因此，在中国与上述三国各渠道联系增多的情况下，也很有可能因为其他领域的矛盾和摩擦而对双方交往中的态度和政治立场产生影响。以中墨关系为例，自20世纪90年代以来，墨西哥政府一直没有有效措施去应对来自外部的贸易竞争。从墨西哥的各大媒体新闻可以看出，墨西哥政府、企业以及民众都把中国经济飞速发展视为对本国在美国市场与国内市场的竞争威胁。在无法制定出有效战略去应对竞争的情况下，中国常常被

---

① ［美］罗伯特·基欧汉和约瑟夫·奈著，门洪华译：《权力与相互依赖》（第四版），2012年版，第33页。

塑造成一个负面形象。墨西哥政府高层甚至把本国经济出现问题的原因直接归咎于中国。2008 年世界金融危机爆发之后，（面对经济减速的压力）墨西哥政府高层甚至公开批评中国的政治体系，并对两国的外交关系带来了伤害。①

墨西哥是达赖窜访最多的拉美国家之一。2011 年 9 月 9 日，时任墨西哥总统卡尔德龙以“私人身份”会见达赖。中国对此表示了强烈不满和坚决反对。中国外交部和驻墨使馆分别在北京和墨西哥城向墨方提出了严正交涉。9 月 10 日外交部发言人马朝旭就此事发表谈话时指出：“西藏事务是中国内政。涉藏问题涉及中国核心利益和中国人民感情。达赖长期打着宗教旗号从事反华分裂活动。中方坚决反对任何国家的领导人和政府官员以任何方式会见达赖。墨西哥领导人会见达赖，严重违背墨方一再作出的承诺。我们要求墨方采取措施消除不良影响，以实际行动维护中墨关系健康稳定发展。”② 此次事件使中墨关系降至了建交以来的最低谷。2012 年 12 月，墨西哥新任总统培尼亚高度重视对华关系的发展。2013 年，双方国家元首实现了互访，把中墨关系推到了一个新的历史高度。

当政治利益与经济利益产生矛盾时，只要不是严重伤害国家利益和民族利益，不会产生严重后果，很多情况下，为了满足经济利益最大化，矛盾双方都会选择协商与对话来解决争

① Romer Cornejo, “De la coincidencia diplomática a la competencia económica”. En Enrique Dussel Peters (coordinador): 40 años de la relación entre México y China: acuerdos, desencuentros y futuro., Editores Buena Onda, S. A de C. V. p. 274.

② 中华人民共和国外交部网站：“外交部发言人马朝旭就墨西哥总统卡尔德龙会见达赖事发表谈话”，2011 年 9 月 10 日。http://www.fmprc.gov.cn/mfa_chn/gjhdq_603914/gj_603916/bmz_607664/1206_608315/fyrygth_608323/t857904.shtml（上网时间 2014 年 11 月 18 日）

议。中国与墨西哥的关系虽然因为墨西哥国内不同利益集团的干扰而出现了一些波折。但是，从整体来看，日趋紧密的中墨关系符合双方的对外战略，也有利于解决双方在经贸问题上的争端。

小　结

进入新世纪以来，中国与阿根廷、巴西和墨西哥三国领导人互访频繁，各个领域的交流与合作逐渐增多，政治相互依赖和经济相互依赖的局面逐渐形成。中国与上述拉美三国互访时达成的声明和公报等重要文件，从一定程度上反映了当时双方所共同关注的国家间议程。

对双边国家议程分析后可以发现，扩大互利友好合作、促进共同发展是中国和上述拉美三国关系发展的主线，双边国家议程最大的共同点集中在地区和国际关系领域，最为关注的则是经贸领域的协调与合作。在双边政治领域“一个中国”原则是中国发展对外关系的底线，通过建立机制化的交流与合作增加政治互信则是各方共同追求的目标。各国对社会交流领域的重视不仅因为能够促进相互了解，而且因为它是提升本国“软实力”的重要渠道。

中国与阿根廷、巴西和墨西哥的矛盾与问题主要集中在经贸领域，政治领域偶尔出现的一些波折是因为受到了问题间联系战略的影响。中国与上述三个拉美国家的相互依赖关系具有明显的不对称性，并且中国是依赖较小的一方。虽然中国在处理和别国的矛盾与争端时，一贯主张通过平等的协商与对话来解决问题，但是中国也不会因此而牺牲国家的核心利益。一国希望通过联系战略来获得一定利益的同时必将承担相应的风险。

总体上看，中国与阿根廷、巴西和墨西哥政治相互依赖的发展较为稳定。全面战略伙伴关系的建立，既是中国与上述三个拉美国家对以往双边关系发展的肯定，也是对今后关系发展的期许。在经济相互依赖领域，共同利益的增多是双方经贸合作跳跃式发展的基础，因经济利益问题而带来矛盾与争端是正常现象，矛盾各方正在共同努力把它对双边关系的影响控制在一定的范围内。

第 六 章

地区间合作与中拉相互依赖关系

冷战结束以来，经济全球化和地区一体化大潮席卷全球，对世界政治经济格局的变化起了巨大的推动作用。地区认同、地区一体化合作以及跨地区的对话与合作成为当代世界政治经济变革与发展的重要组成部分。地区一体化组织在推动地区间整体合作的过程中发挥了越来越重要的作用，也越来越受到了国际社会的关注与重视。20 世纪 90 年代之后，在“开放的地区主义”思想的指导下，拉美地区一体化重新起航并开始注重发展同区域外国家和组织的整体合作。这一时期，拉美与美国、欧洲国家以及亚太地区国家的机制化联系进一步加强。中国与拉美地区组织和次地区组织的对话与合作正是在这一背景下逐步开展起来的，是发展中大国与发展中地区之间的地区间主义实践的重要组成部分。

进入新世纪以来，随着经济全球化的不断深入和世界政治格局不断向多极化方向发展，拉美一体化逐渐出现了经济和政治并重的发展趋势。地区一体化的深入发展不仅促进了拉美地区的经济发展，也为拉美国家开展地区间合作时推行联系战略，提高互动过程中的话语权提供了保障。基于中国与拉美各国相互依赖关系的不平衡性和不对称性①，拉美的地区组织或次地区组织可以成为全面推进中拉整体合作和协商应对全球性重大问题的重要行为体。本章通过对拉美地区一体化和地区间合作进程、中国与拉美地区间合作的进程及特点、以及地区间主义实践与相互依赖关系之间的联系等层面分析，旨在从整体层面印证中拉相互依赖关系具有何种内涵，中拉相互依赖模式的确立受哪些内外因素的影响。

第一节　拉美一体化与地区间合作进程

拉美国家是发展中国家里最早获得独立和最早开始探索走现代化道路的国家，拉美国家的地区一体化实践要早于其他发展中地区。发展和联合自强一直是拉美地区一体化发展的主线，这两个方面既是拉美一体化产生的原因，也是拉美一体化发展的内生动力。②

一、全球化中的拉美地区一体化进程

对于拉丁美洲国家来说，地区一体化并非是一个新生的事物。早在争取独立运动的过程中，该地区就埋下了联合与团结的思想种子。“拉丁美洲传承着共同的殖民地遗产，具有共同

① “不平衡性”指的是由于拉美地区国家众多，与中国相互依赖关系的程度不一，尤其是一些未建交国由于与中国在政治和经济领域的联系较少，因此与中国不存在直接的相互依赖关系；“不对称性”则是指中国与拉美各国综合国力的不对称性，以及政治和经济相互依赖程度的不对性。

② 王萍：《走向开放的地区主义——拉丁美洲一体化研究》，第6页。

的语言和文化。因此使拉丁美洲人表现出一种联合的面貌，而这毫无疑问要追溯到玻利瓦尔的独立。对非拉丁美洲人来说，这种现象有时很难理解，似乎与这一地区国家间政治纠纷的历史相矛盾，然而，不和的离心力与共同的传统文化的向心力共存已经是一个不争的事实，而且前者常常被后者所克服。”[①]

地区一体化最初目的是为了促进地区内国家之间的经贸互动，以加强区域经济在国际市场上的整体竞争力，而政府之间的合作是地区一体化能否取得成功的关键因素。[②] 20 世纪 50 年代末至 80 年代初，拉美国家在欧洲一体化的影响和启发下掀起了第一波“内向型”[③] 的地区一体化浪潮，并对这一时期的地区经济发展产生了很大影响。直至 20 世纪 80 年代，拉美地区一体化因受到地区政治、经济危机的影响而出现了短暂的停滞。进口替代工业化模式自身的机制性缺陷、拉美各国政府的过分干预以及外部经济环境的恶化是造成本轮一体化尝试失败的主要原因。

冷战结束之后，整个世界在政治、经济、文化和社会各个领域出现了结构性变化。美国主导的单极世界并未如期而至，

---

① 转引自王萍：《走向开放的地区主义——拉丁美洲一体化研究》，第 56 页。详见：Robert Devlin y Ricardo Ffrench-Davis，“Hacia una evaluación de la integración regional en América Latina”，Comercio Exterior，Vol. 49 N°11（Nov. 1999），p. 959.

② Sharon Ahcar Cabarcas、Oriana Galofre Charris y Roberto Gonzúlez Arana，“Procesos de integtación regional en Amércia Latina：un enfoque político”，revista de economía del Caribe no. 11（2013），pp. 84 – 85.

③ “内向型”是指这一时期拉美国家在拉美经委会的倡导和民族主义思想影响下大力推进进口替代工业化战略。拉美国家希望通过加强区域内各国间的合作与交流，建立一个统一的拉美地区市场为地区内国家的工业化进程筑起一道屏障。这一时期的拉美一体化进程具有明显的排他性和封闭性。参见：吴国平：“拉丁美洲一体化的当前趋势：开放的地区主义”，http：//www. people. com. cn/wsrmlt/jbzl/2000/11/22/wu/4. html（上网时间 2014 年 12 月 9 日）；王萍：《走向开放的地区主义——拉丁美洲一体化研究》等。

与之相反的是多边主义和国际政治多极化逐渐成为了世界各国对外战略的主导思想和追求目标。全球化作为一种不可遏制的时代潮流，不仅使国际社会各成员国之间的相互依赖的程度不断提高，而且涉及的领域也不断扩展，具体表现为由原来的政治、经济和传统安全领域向非传统安全和环境等多个领域扩展，并且各个问题领域间的联系进一步交织在一起，影响着国际制度建设和国家行为方式。

相互依赖对世界政治和国家行为产生了重要影响，国家行为也影响着相互依赖的模式。为了解决世界各国间的矛盾与摩擦，各国政府通过制定规则和制度用以协调国家间关系，因而使得国际制度得以建立。国际制度一旦形成，又会对国家行为形成制约和影响。地区内国家和地区间的制度化合作也存在相同特征，即地区内国家通过制度建设来协调各国间关系以及与地区外国家或国际组织间关系。发展中国家作为现行国际体系中的弱势群体，越来越意识到联合自强的重要性。参与或建立地区组织以及跨地区组织成为了发展中国家的重要战略政策。

进入20世纪90年代之后，拉美地区普遍推行了自由主义改革。拉美经委会在对本地区经济一体化的发展思路进行了反思和调整后提出了“开放的地区主义”作为新的指导思想。“开放的地区主义”与90年代在世界范围内兴起的“新地区主义”并无本质上的差异，但更加突出了拉美地区一体化的对内和对外开放的特点。它是“地区主义与多边贸易体制的结合体，是世界经济日益全球化的一种反应……它在地区内，依靠成员国之间签署的一体化合作协定加强相互之间的依存度，提高在世界市场上的竞争力，同时在成员国国内强调私人资本在市场经济中的能动性，使地区经济集团减少了保护主义的色彩”。[1]

在“开放的地区主义”思想的指导下，拉美地区出现了新一轮的一体化潮流。20 世纪 90 年代以来的十几年时间里，拉美地区合作呈现出一些新的特点：一方面，区域内合作组织呈现出“分散交叉性”特点。[2] 自 20 世纪 90 年代以来，拉美国家根据自身的利益诉求和追求务实合作的需要，一些原有的一体化组织在做了重大调整后重获新生，一些新的一体化组织不断涌现。整个拉美地区存在着近 20 个区域或次区域合作组织，其中包括了中美洲一体化体系（SICA）、安第斯共同体（CAN）等由老的一体化组织重组而成的组织，也包括了南方共同市场（简称“南共市”，MERCOSUR）、拉美“太平洋联盟”、拉美和加勒比国家共同体（简称“拉共体”，CELAC）等新兴组织。

此外，拉美国家根据本国利益成为了两个或两个以上地区合作组织的成员国，不同程度地参与地区一体化或次地区一体化进程。例如，阿根廷、巴西和墨西哥等地区大国，所参与的地区合作组织达到 5 个以上，并且相互之间存在重合交叉现象。阿根廷和巴西都是南共市、南美洲国家联盟、拉美一体化协会、拉美议会、拉共体的成员国；墨西哥是北美自由贸易区、太平洋联盟、拉美一体化协会、拉美议会、拉共体的成

① 王萍：《走向开放的地区主义——拉丁美洲一体化研究》，第 268—269 页。

② 赵晖：“拉美区域合作与中拉合作的战略选择”，载《国际问题研究》2014 年第 4 期，第 47 页。

员国。[①]

另一方面，由经济一体化向政治和经济并重的方向发展。在推动地区经济一体化过程中，拉美国家争取政治上团结与合作的努力也并未停止。在里约集团成立之前，拉美的一些次地区组织已经开始了推动成员国在内外事务方面的政治协调与合作的尝试，但是影响力有限。

“如果说马岛战争激发了拉美国家加强地区团结，反对外来干涉的意识，那么，中美洲危机则进一步推动拉美国家组成地区性国家集团来增加抗衡超级大国的分量。”[②] 20 世纪 80 年代初，为了调解中美洲一些国家内战引发的危机，哥伦比亚、委内瑞拉、墨西哥和巴拿马组成了孔塔多拉集团（El Grupo de Contadora)，秘鲁、巴西、阿根廷和乌拉圭成立了利马集团(El Grupo de Lima)。这两大集团对调解中美洲危机发挥了重要作用。1986 年 12 月 16—17 日，来自上述两大集团的外长在巴西里约热内卢举行会议，决定建立“政治磋商和协调常设机构”，被称为八国集团。1990 年 3 月，外长会议决定易名为“里约集团”（El Grupo de Río)。经过几次扩容，里约集团的成员国由原来的 8 个扩大至 25 个，囊括了本地区大部分国家。[③]

---

① 赵晖：“拉美区域合作与中拉合作的战略选择”，载《国际问题研究》，2014 年第 4 期，第 48 页。

② 李春辉等主编：《拉丁美洲史稿》（下卷），北京：商务印书馆，2009 年版，第 108 页。

③ 里约集团的 25 个正式成员国为：阿根廷、巴西、哥伦比亚、墨西哥、乌拉圭、委内瑞拉、智利、厄瓜多尔、玻利维亚、巴拉圭、秘鲁、巴拿马、哥斯达黎加、洪都拉斯、萨尔瓦多、尼加拉瓜、危地马拉、多米尼加、圭亚那、伯利兹、海地、古巴、加勒比共同体、苏里南、牙买加。参见中国外交部网站：http：//www. fmprc. gov. cn/mfa_ chn/gjhdq_ 603914/gjhdqzz_ 609676/lhg_ 610854/（上网时间 2014 年 11 月 7 日）。

里约集团的宗旨是“就国际和拉美地区政治、经济、社会等重大问题进行磋商，协调立场，并决定采取相应的行动，以促进拉美一体化事业的发展”。自 1987 年第一次首脑会议后，里约集团一直对成员国的政治协调发挥着主导作用，为拉美和加勒比地区最终走向政治、经济一体化、建立地区国家联盟奠定了基础。[①]

新世纪以来，随着拉美中左翼政党纷纷上台执政，拉美各国联合自强的意识不断增强。在处理地区事务过程中，美洲玻利瓦尔联盟、南美洲国家联盟、里约集团等拉美地区组织的政治影响力日益显现。在巴西、墨西哥、阿根廷等地区新兴大国崛起的带动下，拉美国家共同身份认同不断增强，对外独立性和自信心明显提升，务实的多元化外交战略目标进一步提升。

2010 年 2 月，里约集团首脑会议暨拉美和加勒比联盟峰会在墨西哥城市坎昆举行，会议通过了《坎昆宣言》，决定成立一个包括 33 个拉美和加勒比独立国家的新地区组织——“拉美及加勒比国家共同体”。2011 年 12 月，拉美和加勒比地区 33 国的国家元首、政府首脑或代表在委内瑞拉首都加拉加斯举行会议，宣布成立拉共体，里约集团宣布终止运行。

拉共体的建立标志该地区一体化进程进入了新的历史阶段。它第一次将拉美和加勒比地区 33 个国家整合在一起，全方位推进不包括美国和加拿大的地区一体化进程。拉共体成立以来，重点加强区内国家的团结与合作，积极推动地区能源、卫生、扶贫、基础设施等领域的一体化建设，推进同域外国家的

① 沈安：“从经济一体化走向政治经济联盟——拉美团结自强争取独立的历史道路”，载《拉丁美洲研究》，2011 年第 1 期，第 29 页。

对话合作，其影响力和凝聚力逐渐超过了“美洲国家组织”。[①]

在政治一体化取得明显进展的同时，拉美经济一体化在经济利益的驱使下，出现了由地缘组合向利益导向调整的趋势。2011年4月，秘鲁、智利、哥伦比亚和墨西哥四国元首在秘鲁首都利马举行峰会，最终签署了《太平洋协定》并宣布组建太平洋联盟。2012年6月，四国领导人在智利安妥法加斯塔举行第四届峰会并正式签署《拉美“太平洋联盟”框架协议》，正式宣告了太平洋联盟的成立。该组织成立之后就表现出了较强的利益和目标取向，其以贸易自由化和便利化为抓手，以共同市场为方向，在逐步完善内部机制建设的同时，大力推进成员国间各领域的务实合作。成立短短的两年多时间以来，该组织活动异常频繁，合作成果显著，正在成为拉美地区最具活力和潜力的一体化组织。[②]

二、拉美的地区间合作进程

冷战结束后，多边主义和多边外交崭露头角，地区内部合作不断增加，地区开始作为一个整体在国际舞台上发挥作用，各国均希望通过加强地区合作来使自身在国际竞争中处于更为有利的地位。在此背景下，多边主义和多边外交的量和质都得到了很大发展。从量上看，已有的多边组织规模都在扩大。世界贸易组织在关贸总协定的基础上扩展成为全球贸易机制；欧盟、东盟等地区一体化组织的成员国都有了不同程度的增加。

---

① 王友明：“构建中拉整体合作机制：机遇、挑战及思路”，载《国际问题研究》，2014年第3期，第107页。

② 于莜芳：“太平洋联盟：拉丁美洲一体化的新军”，载《拉丁美洲研究》，2014年第1期，第67—69页。

新建立的多边机构在全世界各地区都在增多。在亚洲就有亚太经济合作组织（APEC）、东盟地区论坛、东盟10+3、亚太安全合作理事会（CSCAP）、东北亚合作对话（NEACD）等。从质上看，国际舞台上多边活动的深度和影响力都在发展和增强。世贸组织日益成为管理全球贸易的权威性组织。欧盟一体化合作内容由经济、金融扩大到外交、防务等方面。各地区的经济、安全合作对话向实质性方向不断发展，成为各国外交的重要内容。[①] 拉美国家在国际形势变化和自身经济发展需求的驱动下，开始与区域外国家和多边组织建立起机制化合作与对话，使拉美成为了地区间主义实践的热点区域之一。

地区间合作虽然最早来源于欧盟前身欧共体在冷战期间发起的与第三世界国家之间的“集团与集团”对话，但直到20世纪90年代才引起了国际社会的广泛注意。它作为伴随着新地区主义发展而产生的“衍生品”[②]，为研究国际关系提供了一个新的视角。虽然国内外学者对地区间主义概念的界定迄今未形成一个比较权威的定义，但都较为认同以下两方面的观点：第一，地区间主义是不同地区之间在政治、经济和社会等各领域互动不断深化的过程。[③] 第二，地区间主义是不同地区

---

① 楚树龙：“多边外交：范畴、背景及中国的应对”，载《世界经济与政治》，2001年第10期，第43页。

② Heiner Hänggi, Ralf Roloff and Jürgen Rüland, “Ineregionalism: A new Phenomenon in international relations”, in Heiner Hänggi, Ralf Roloff and Jürgen Rüland, eds., Interregionalism and International Relations, London: Routledge, 2006, p. 8.

③ 详细内容可参见：Ralf Roloff, “Interregionalism in Theoretical Perspective,” in Heiner Hänggi, Ralf Roloff and Jürgen Rüland, eds., Interregionalism and International Relations, p. 18; Fredrik Söderbaum and Luk Van Langenhove, “Introduction: The EU as a Global Actor and the Role of Interregionalism,” Journal of European Integration, Vol. 27, No. 3, 2005, pp. 249–262.

组织之间或不同地区的一组国家之间制度化和正式的联系。[①]

随着经济全球化和地区一体化的深入发展，地区间主义的表现形式和内容不断丰富。从地区间关系的类型划分来看，最大的争论焦点集中在是否应该把地区组织与单一国家间的互动关系视为地区间主义的表现形式？杰根·鲁兰德（Jürgen Rüland）将地区间主义划分为双边地区主义（bilateral interregionalism）和跨地区主义（transregionalism）两个类型，前者指的是不同地区的地区组织或地区集团之间的对话，如欧盟与东盟、欧盟与南方共同市场等的制度化合作；而后者则指的是不同地区的一些国家组成的对话关系，例如亚欧会议、亚太经济合作组织等等。[②] 海纳·汉吉（Herner Hänggi）在此基础上提出了具有争议的第三种类型，即地区组织与单个国家之间的混合关系。[③] 中国与拉美地区组织间的对话与合作就属于第三种类型。[④]

---

① Björn Hattne，“Regionalism，Interregionalism and World Order：European Challenge to Pax Americana”，Council on Comparative Studies Presents Working Papers Series no. 3，March 17，2003，p. 8.

② 转引自郑先武：“国际关系研究新层次：区域间主义理论与实证”，载《世界经济与政治》，2008 年第 8 期，第 62 页。详见：Jürgen Rüland，“Inter-and Transregionalism：Remarks on the State of the Art of a New Research Agenda，” University of Freiburg National Europe Centre Paper，No. 34，Paper Prepared for the Workshop on Asia-Pacific Studies in Australia and Europe：A Research Agenda for the Future，Australia an National University，July 5 – 6，2002.

③ Herner Hänggi，“Interregionalism as a Multifaceted Phenomenon：In Search of a Typology”，in Heiner Hänggi，Ralf Roloff and Jürgen Rüland，eds.，Interregionalism and International Relations，pp. 31 – 62.

④ 虽然国内外学者对于地区组织与单个国家间关系是否属于地区间主义研究范畴存在争议，但笔者较为认同中国学者郑先武的观点，他认为单一大国在推动区域间主义的制度化进程中具有重大贡献，这些贡献不应被抹杀，如中非合作论坛就是典型例子。他认为定义区域间主义的“底线”是一方为“区域组织/集团或某一个或多个区域的大多数国家”。参见：“国际关系研究新层次：区域间主义理论与实证”，载《世界经济与政治》，2008 年第 8 期，第 63 页。

美国与欧盟作为与拉美地区具有地缘优势或人文历史优势的国家和地区组织，在与实力较弱的拉美地区开展地区间合作时容易占得先机。[①] 但需要指出的是这种以实力较强一方的强势主导来推进地区间制度化合作的模式，不仅容易使合作另一方对这种不对称合作关系的公平性产生怀疑，也可能在合作遇挫时受到更多的指责和批评。

20 世纪 90 年代初期，美国前总统乔治·赫伯特·沃克·布什（以下简称"老布什"）提出了"美洲倡议"，表示要与拉美国家建立一种"新的伙伴关系"，同时"使整个美洲完全成为自由国家"。老布什提出以建立西半球自由贸易区（以下简称"自贸区"）、增加投资和减轻债务作为美洲倡议的三大支柱。[②] "美洲倡议"提出之后对拉美国家产生了很大的吸引力。1992 年 8 月，美国、加拿大和墨西哥就《北美自由贸易协定》达成一致意见。1994 年 1 月，北美自由贸易区（NAFTA）正式成立，标志着拉美国家间的南南合作开始与发达国家和发展中国家之间的南北合作接轨。墨西哥与美国之间的不对称相互依赖进入了新阶段。

1994 年 12 月，第一届美洲国家首脑会议（Summit of the Americas）在美国迈阿密举行，来自美洲大陆和加勒比地区 34 个国家的领导人一致同意建立美洲自由贸易区，并确定 2005 年为谈判达成建立美洲自由贸易区协定的最后期限。但是，由

---

① 尽管美国把南北美洲视作一个整体，但是拉美地区自争取独立之日起就形成了自己的地区主义观念，拉丁美洲作为政治地理概念早已存在，因此笔者认为美国与拉美国家间的合作应视为地区间合作。

② George Bush, "Remarks Announcing the Enterprise for the Americas Initiative", June 27, 1990. http://www.presidency.ucsb.edu/ws/?pid=18644（上网时间 2014 年 11 月 25 日）

于美国同阿根廷、巴西等南共市国家在农产品补贴和市场准入等问题上的严重分歧，美国主导的美洲自贸区计划至今未能实现。美洲首脑峰会开始偏离美国最初设计的轨道，美国对该峰会机制的影响力和控制力明显下降。

冷战结束以后，随着一体化的深入发展和整体实力不断增强，欧盟越来越注重在全球事务中发挥更大的作用，积极推行以经济合作为基础的多边外交战略。欧盟与拉美国家的政治体制、宗教信仰和价值观相同，文化联系密切，双方的关系一直较好。一方面，进入 90 年代之后，拉美地区的经济开始恢复增长，该地区成为了欧盟对外出口最快的地区，经济利益不断上升；另一方面，拉美地区一体化在这一时期开始恢复活力，因此成为欧盟推行跨地区多边外交理念的理想区域；最后，美国推行扩大对拉美出口的美洲自由贸易区计划，增加了欧盟对加快和拉美国家建立更紧密经贸关系的紧迫感。①

20 世纪 90 年代以来，欧盟与拉美地区组织、次地区组织和国家建立起了多层次合作关系。欧盟成为拉美国家的第二大贸易伙伴和主要直接投资来源地。1994 年底，欧盟与南共市、墨西哥和智利开始就签订经贸合作协议进行谈判，这一举措将为深化欧盟与拉美的具体合作带来重要机遇。② 南共市在欧盟对拉美的经济合作中占有重要地位。1995 年 12 月，欧盟与正式运行不久的南共市签署了《区域性合作框架协议》，双方决定于 2005 年建成跨大西洋自由贸易区。2000 年 4 月，欧盟与

① Roberto Smith Perera, "La relación económica entre América Latina y la Unión Europea", Revista de la CEPAL, No. 56, Agosto 1995, p. 105.

② Roberto Smith Perera, "La relación económica entre América Latina y la Unión Europea", p. 104.

南共市开始了有关自由贸易的谈判。由于双方一直未能就农产品和工业产品市场准入问题达成一致，2004 年双方决定终止自贸协定谈判，直至 2010 年双方才宣布重启谈判。时至今日，双方虽然仍有意愿早日实现跨大西洋自由贸易，但要取得双方都满意的结果仍有待观察。

在与美欧发达国家保持传统关系的同时，拉美国家开始重视发展与包括中国在内的亚洲各国关系。1993 年 10 月，在委内瑞拉首都加拉斯加召开的第 19 届拉美经济体系部长理事会提出了拉美对外经济战略向太平洋转移的思想，把加强同亚太地区的合作作为它们今后外交政策的重要内容之一。墨西哥、智利和秘鲁分别于 1993 年、1994 年和 1998 年加入了亚太经合组织，与亚太国家一起致力于实现跨太平洋的自由贸易。[①]

进入新世纪以来，世界格局发生了深刻变化，国际政治经济体系正经历深刻的调整和转型期，多极化格局日渐明朗。特别是自 2008 年全球金融危机爆发之后，以美国为首的西方国家经济复苏乏力，世界经济中心出现了由大西洋向太平洋转变的趋势；与此同时，新兴国家的经济在外部恶劣环境之下仍然保持了稳定增长，在国际经济格局中的分量得到提升。二十国集团取代八国集团成为了国际经济合作与协调的首要全球性论坛。以中国为代表的新兴国家在联合国、二十国集团以及金砖五国等多边舞台上的合作不断加强。[②] 在此背景下，拉美区域组织和次区域组织与中国、印度和俄罗斯等新兴国家的对话与合作变得更为频繁。例如，太平洋联盟组织自成立以来就把在

① 王萍：《走向开放的地区主义——拉丁美洲一体化研究》，第 290 页。

② 王萍、王翠文：“国际格局的变化与中拉关系的可持续发展”，《拉丁美洲研究》，2014 年 2 月第 1 期，第 22 页。

联盟内部建立政治协调、经贸一体化和融入世界尤其是亚太地区的共同平台作为三大目标。

第二节　中拉机制化整体合作进程

推进中拉间机制化整体合作是全面深化中拉关系，拓宽外交渠道的必要组成部分。中国和拉美都属于发展中国家行列，2008 年全球金融危机爆发后双方经济都经受住了外部不良环境的考验，继续保持政治稳定和经济增长，综合实力不断提升。双方在建立国际政治经济新秩序，推动国际关系民主化方面拥有越来越多的共同语言和共同利益诉求。在共同关心的全球性问题上双方也越来越注重相互协调和支持，为增强发展中国家在国际事务中的代表性和话语权做出了积极贡献。在全球化深入发展的大背景下，中拉都意识到全面深化中拉关系的重要性和必要性，中拉关系无论在双边还是多边舞台中都大有可为。2015 年 1 月，中国—拉共体论坛首届部长级会议在北京顺利落下帷幕，为中拉整体合作向机制化方向发展迈出了重要一步，标志着双方整体合作实现了由构想到现实的转变。这一新的地区间合作机制既为中国和拉美国家合作的全面对接提供了新的平台，也为深化南南合作注入了新的动力。

一、中拉机制化整体合作进程

“发展中国家经济间相互依赖关系的发展主要受到两个因素支配：一是发展中国家经济本身所产生的交织联系；二是发

展中国家间的合作所创立的制度性联系。”[①] 中国与拉美地区制度性联系的发展起步于20世纪90年代，是改革开放以来中拉关系进一步发展与深化的一个重要表现。

进入21世纪以来，中拉关系进入了快速发展的轨道，与此同时中国与拉美各国双边关系发展的不平衡性越来越明显。拉美各国虽然都希望搭上中国经济发展的便车来促进本国的经济发展，但由于其经济利益和对外战略的不同导致它们在发展对中国关系时存在不同的利益诉求。一方面，那些与中国经济互补性较强或期望在国际和地区事务中具有更大影响力的国家，更为重视发展与中国的合作。中国已与巴西、阿根廷、智利、秘鲁、委内瑞拉和墨西哥等建立了全面战略伙伴关系或战略伙伴关系。另一方面，由于受地缘因素影响或受中国经济发展红利影响不大的拉美国家，对发展与中国关系的意愿则相对冷淡。此外，由于中拉经济上的体量差异和政治制度不同以及相互了解的不足，中国“威胁”论虽然不占拉美舆论主流但仍有一定的市场。为此，积极推动中拉机制化整体合作的发展，既有利于助推中国政府的全方位外交布局，平衡与拉美各国的关系，也有利于双边关系的深入发展。

在拉共体成立之前，中国与拉美已有的区域和次区域组织开展了一系列对话与合作，并取得了以下一些进展：

首先，中国以观察员身份参与了美洲开发银行、拉美一体化协会、联合国拉美经委会、太平洋联盟等拉美区域和次区域组织的活动。1991年和1994年中国相继成为美洲开发银行、

① 张蕴玲：《世界经济中的相互依赖关系》，北京：中国社会科学出版社，2012年5版，第258页。

拉美一体化协会的观察员，并且中国是拉美一体化协会的第一个亚洲观察员。之后，中国又于2004年成为了美洲国家组织的观察员。2009年3月，中国成为了美洲开发银行第48个成员国，为中拉开展金融领域合作创造了有利条件。

其次，中国与拉美不同的区域和次区域组织间建立起了对话关系，为双方加强各个领域的合作创造了有利条件。1990年中国与里约集团正式建立对话关系。此后，双方经常利用联合国大会期间举行中国外长与该集团外长对话，就国际形势以及双方共同关心的其它问题交换看法。双方还于1994年和1996年分别举办了“中国—里约集团经贸研讨会”和“中国—里约集团科技合作研讨会”。

自1997年中国南共市建立起对话机制之后，双方共举行了5次对话。2012年6月，温家宝总理访问拉美四国并出席了中国与南共市领导人的视频会议，就深化双方关系、加强经贸合作交换意见。会后双方共同发表了《关于进一步加强经济、贸易合作联合声明》。1999年中国与安第斯共同体形成了交流磋商机制。双方于2000年签署了关于建立政治磋商与合作机制的协议。

最后，通过东亚—拉美合作论坛与拉美各国进行合作。于1999年成立的东亚—拉美合作论坛是第一个跨东亚和拉美两大地区的官方多边合作论坛。中国作为该论坛创始成员国，积极参与了论坛的各项活动，提出并举办了多个合作项目。如中拉智库交流论坛、中拉企业家高峰会、东亚—拉美大学校长论坛、东亚—拉美合作论坛青年外交官研修班和东亚—拉美合作论坛法律论坛等等。

拉美是世界上建立区域组织最多的地区。但由于受拉美地区一体化进程缓慢的影响，中拉整体合作仍显不足，中拉之间迟迟没有建立起一个如中非合作论坛、中国—阿拉伯国家合作论坛那样涵盖中国同全部拉美和加勒比国家的整体合作平台。2011 年 12 月，拉共体的正式成立，不仅对拉美地区各国加强团结与合作具有里程碑意义，也为中拉实现机制化整体合作提供了新的平台。2012 年 6 月，时任国家总理温家宝在访问拉美期间倡议成立中拉合作论坛，建立外长定期对话和探讨领导人定期会晤机制，为加强中拉整体合作搭建更高平台，此倡议得到了拉美国家的积极响应。2012 年 9 月，中国与拉共体“三驾马车”在纽约举行首次外长对话，双方就进一步发展中国和拉共体关系，深化中拉合作和建立中拉整体合作机制等议题交换意见并发表联合声明。

习近平主席 2013 年上任不久即实现了对拉美三国的国事访问并在特立尼达和多巴哥会见并宴请了加勒比 8 国领导人。此次出访是新一届中央领导集体开拓外交新局面、完善外交总体布局的又一重大行动，对进一步拉近中拉双方距离，推动双方关系全面升级具有重要意义。2014 年 1 月，拉共体第二届峰会通过了《关于支持建立中国—拉共体论坛的特别声明》并表示将于 2015 年举行论坛首次会议，中方予以了积极回应。2014 年 7 月，习近平主席第二次出访拉美。他利用巴西之行再次“借台唱戏”，实现了与 11 个拉美国家领导人的集体会晤。会后，中拉领导人共同宣布成立中国—拉共体论坛并尽早在北京举行论坛首届部长级会议。中国—拉共体论坛的创立填补了中拉机制化整体合作缺乏的空白，为双方开展双边和多边的机制性合作创造了更多机遇。

二、中国—拉共体论坛：新的机遇与挑战

2015年是中拉建设全面伙伴关系的开局之年。新年伊始，中国—拉共同体论坛首届部长级会议在北京顺利召开。本次会议以“新平台、新起点、新机遇——共同努力推进中拉全面合作伙伴关系”为主题，这反映了中拉论坛的特点和双方对整体合作的期望。在论坛的开幕致辞中，习近平主席提出的“四个坚持”，即坚持平等相待的合作原则、坚持互利共赢的合作目标、坚持灵活务实的合作方式、坚持开放包容的合作精神，[①]为中拉论坛的未来发展指明了方向。经过两天的全体会议，双方就深化政府互信、扩大互利合作、推进论坛建设等达成广泛共识，并通过了《中拉论坛首届部长级会议北京宣言》（以下简称“北京宣言”）、《中国与拉美和加勒比国家合作规划（2015—2019）》（以下简称“合作规划”）和《中拉论坛机制设置和运行规则》（以下简称“机制设置和运行规则”）等3个重要的成果文件。

“北京宣言”集中反映了对推动中拉全面合作伙伴关系发展的政治共识，确定了整体合作和论坛建设的总体方向，明确了双方深化合作的指导原则。它指出：“我们将遵循尊重、平等、多元、互利、合作、开放、包容和不预设条件的原则，决心通过创新合作方式，在论坛主要领域及双方商定的其他领域开展对话，促进共同可持续发展、社会福祉和经济增长，为南

---

① 习近平：“共同谱写中拉全面合作伙伴关系新篇章——在中国—拉共体论坛首届部长级会议开幕式上的致辞”（2015年1月8日上午），《人民日报》，2015年1月9日02版。

南合作作出新的贡献”。[1]

“合作规划”确定了未来5年中拉开展整体合作的行动路线图，指出了双方在13个重点领域的50多项具体合作措施，涵盖了政治和安全、国际事务、贸易、投资、金融、基础设施和交通运输、能源资源、农业、工业、科技、航空航天、人文交流等方面。“合作规划”重申了“将根据各自国内政策和法规，按照灵活和自愿参与原则予以实施，并且不影响任何已经达成一致的双边合作项目，也不替代各方已经达成一致的双边协定、决定或承诺”、“所述合作领域为提示性且不具排他性”、“在落实本合作规划过程中，将适当考虑拉共体成员国中最不发达国家、内陆发展中国家和小岛屿发展中国家面临的挑战和需求”等落实规划的具体原则和措施。[2]

“机制设置和运行规则”则是为了“更好地规划论坛发展，有效落实论坛部长级会议所通过的各领域合作倡议和措施”，它明确了部长级会议、中国—拉共体“四驾马车”外长对话、国家协调员会议等协调与对话机制，为论坛的可持续性发展提供了制度保障。[3]

此次历史性盛会为中拉整体合作的可持续发展开启了新篇章。它不仅使习近平主席在2014年7月提出的“1+3+6”中

① 《中国—拉共体论坛首届部长级会议北京宣言》，2015年1月9日，新华网。http：//news. xinhuanet. com/ttgg/2015－01/09/c_ 1113944330. htm（上网时间2015年1月13日）

② 《中国与拉美和加勒比国家合作规划（2015—2019）》，2015年1月9日，新华网。http：//news. xinhuanet. com/world/2015－01/09/c_ 1113944648. htm（上网时间2015年1月13日）

③ 《中国—拉共体论坛机制设置和运行规则》，2015年1月9日，中国—拉共体论坛官网。http：//www. chinacelacforum. org/chn/zywj/t1236150. htm（上网时间2015年2月15日）

拉合作框架得到了落实，也为中拉下阶段的合作提供了机遇。首先，通过这一平台中国可以与包括非建交国在内的所有拉美国家就共同关心的国际和地区问题进行政治协商，增进相互了解和增加政治互信，进而增加发展中国家在国际体系变革中的话语权和影响力。

其次，中拉论坛将为双方提升贸易水平、扩大投资合作以及拓宽合作领域提供新的动力。自2008年全球金融危机以来，世界经济复苏依然艰难曲折，国际贸易增长乏力，以中国为代表的新兴经济体增速放缓。中国与拉美各国都处于调整经济结构，寻求新的经济增长点的关键时期。双方经贸关系的进一步整合与发展，有利于各自经济的进一步发展以及提高国际竞争力。

最后，中拉论坛的建立将有利于进一步扩大双方的人文交流。在“合作规划”中，涉及人文交流领域的具体措施众多，为双方人民进一步扩大交流提供了机遇。中拉文化都具有多元性和开放包容的特性，双方需要不断地相互学习和借鉴，从而发掘出更多的价值认同中的共性，使其最终发生聚合效应，让中国形象和拉美形象在双方民众心中更加的立体和饱满。

中拉论坛这颗“嫩苗”已经栽种，但在把其培育成参天大树的过程中，双方需要正视和消除可能存在的一些不利因素，在把握整体合作有序推进的大好机遇的同时，积极应对可能出现的挑战：

第一，拉共体自身的机制化建设与发展将对中拉整体合作造成直接影响。拉共体作为中拉整体合作的对接方，其自身仍然是一个年轻的组织。一方面，自成立以来的3年多时间里，拉共体一直致力于推动地区一体化的发展，促进地区内部经济、社会和文化的整体建设，协调各成员国在国际事务中的立场，其国际影响力不断提升。另一方面，33 个成员国在政治、经济和外交等方面存在不同的利益诉求，对拉共体的发展方向意见不一。今后拉共体内部的经济与政治的整合进程，以及“亲美”与“反美”两大阵营的相互协调都将对该组织未来的发展产生重大影响。拉共体是否能发展成为类似于欧盟的地区组织仍是一个未知数。它要取得实质性的突破仍离不开各成员国间不断的相互协调与共同努力。虽然在“合作规划”中已经明确提出要根据拉共体成员国的现实情况适当考虑各国的需求，但是在具体操作过程中如何求同存异，平衡各方利益仍将直接影响中拉合作论坛的有效运行。

第二，因中拉经贸合作的增幅低于预期而带来的负面影响。中拉整体合作的推进主要建立在双方经贸合作快速发展以及对体系变革具有许多共同利益的基础之上，其中经贸合作又是中拉关系全面发展的重中之重。当前中国经济正进入增速放缓而结构优化升级的新常态。随着经济增长模式的转变，中国对拉美能源和原材料的需求相对减少，中拉贸易合作的增长幅度也将受到影响，加上中拉在投资与金融领域的合作如果不能及时跟进则必将动摇中拉整体合作的基础。

当前，中国对拉美的投资与金融合作仍处于起步阶段，与拉美国家在社会制度、价值观和企业文化上的差异较大。中拉论坛的成立将为增加相互投资提供更多机遇，但是中国与拉美都缺乏了解和精通对方事务的人才，在进行相互投资的过程中也难免会出现水土不服的现象。可以预见，在未来中拉经贸合作的版图中，不仅要解决贸易领域的结构性不平衡和同质竞争的问题，更要处理好投资过程中出现的各种问题与矛盾。

第三，必须考虑“美国因素”对中拉整体合作带来的不确定性。虽然拉美各国在实施多元化外交和推进地区一体化过程中对美国的依附性相对减弱，但是美国依然是影响拉美国家对外关系中的重要因素。美拉关系“脱而不离、斗而不破”的复杂局面将长期存在。[①] 今后美国仍将保持在拉美的地缘政治、经济和文化优势，对美关系仍将处于拉美各国外交中的首要位置。“尽管美国官方也承认，中拉经贸合作促进拉美经济繁荣，符合美国的利益，但对中拉关系发展的猜忌不会轻易消除，以‘西半球安全利益’为名的警惕不会放松”。[②] 为了保持在西半球的霸权地位，美国不会坐视拉美地区一体化不断深化，也不会任由中拉整体合作的顺利开展。一旦美国认为中拉合作的深度和广度对美国利益构成了威胁，那么其必将采取一系列的预防或反制措施。

三、中拉论坛与中非论坛比较

中拉论坛的建立标志着中国实现了与发展中国家整体合作机制的全覆盖。它是构建中拉命运共同体的支柱，它与中非合作论坛、中阿合作论坛一起，成为新时期中国与发展中世界构建命运共同体的三根“擎天柱”。2000 年中非合作论坛的成立成为了中非关系史上的一个创举，为中非开展整体合作提供了新的平台。中非论坛取得的丰硕成果为中国与广大发展中国家

① 王友明：“构建中拉整体合作机制：机遇、挑战及思路”，载《国际问题研究》，2014 年第 3 期，第 111—112 页。

② 左晓园：“中拉论坛：新平台、新起点、新机遇、新挑战”，载“今日中国”官网，2015 年 2 月 4 日。http：//www. chinatoday. com. cn/ctchinese/chinaworld/article/2015 - 02/04/content_ 667192. htm（上网时间 2015 年 2 月 10 日）

开展类似的机制化合作树立了典范。中拉论坛与中非论坛有着许多相似之处但同时也存在一些区别。它们的共同点主要体现在以下几个方面：

第一，中拉论坛与中非论坛都属于双方开展集体对话、谋求共同发展的南南合作机制。中拉、中非双方具有相同的合作理念，各方都认同在当前国际体系深刻调整的背景下，深化南南合作的重要性和迫切性：一是两个论坛作为推进机制化整体合作的重要平台，都标志着双方机制化整体合作开始由政治或经济主导向政治、经济、社会和文化等全方位务实合作迈进。二是这种整体合作机制建立在平等互利、共同发展的基础之上。它有利于中国与拉美、非洲各国共同应对经济全球化带来的机遇与挑战，也有利于共同维护发展中国家的正当权益。最后，中拉、中非合作机制都秉承灵活务实和开放包容的原则。合作重点都主要集中在非传统安全领域，都不针对第三方也不预设合作条件和门槛，符合开放的地区主义原则。

第二，中拉论坛与中非论坛都以深化经贸合作为引擎，且都处于新的转型升级期。一方面，非洲和拉美国家都希望利用中国经济快速发展的机遇扩大与中国的经贸合作，但与此同时它们对发展本国工业，摆脱原材料供应者身份的愿望越来越强烈，因此也都希望改变与中国的产品贸易结构。另一方面，中国正处于人口红利逐渐消失，制造业面临成本上升压力，必须实现产业全方位转型升级，由“中国制造”转化为“中国创造”的关键转换期。非洲和拉美都将是中国重要的海外投资目的地、制造业以及过剩产能的转移地。中国企业在拉美和非洲落地生根的过程中都出现了“水土不服”的现象，都遇到了诸如企业的社会责任、雇佣当地员工以及所在国的政治和政策风险等问题。中拉论坛与中非论坛都有利于深化经贸合作，促进双方经贸关系的转型升级。

第三，中拉论坛和中非论坛都面临重大的竞争压力。进入新世纪以来，随着全球资源和市场竞争的日趋激烈，拥有丰富资源和广阔市场的拉美和非洲再次引起了国际社会的重视。2006 年中非北京峰会之后，各种国际对非合作机制呈现出快速发展的态势。主要表现为：首先，旧有对非合作机制，例如欧盟与非洲的欧非峰会（Europe-Africa Summit）、日本与非洲的非洲发展东京国际会议（Tokyo International Conference on Africa Development，TICAD）等重新得到重视并变得更为活跃。其次，韩国、印度和土耳其等国纷纷与非洲建立新的合作机制并呈快速增长态势。最后，涉非三边合作兴起，制约中非关系发展。西方不仅不断提出与中国在非洲开展三边合作的可能性，而且其他国际对非合作组织之间通过合作、对抗中非论坛的现象也在快速发展。[①]

中拉机制化合作也面临着类似中非合作的竞争压力。与美国和欧洲国家相比，中国与拉美国家的机制化合作起步较晚。当前，美洲国家首脑会议以及欧盟与拉美国家峰会[②]已经存在多年并已取得了一定成果。此外，更多国家和组织开始加入到与拉美的机制化合作中来。2015 年 1 月底，第三届拉共体峰会在哥斯达黎加召开，会议通过的《2015 年行动计划》（Plan de Acción de la CELAC 2015）中除了强调要把中拉论坛首届部长

① 张春："中非关系：应对国际对非合作的压力和挑战"，载《外交评论》，2012 年第 3 期，第 34—36 页。

② 随着拉共体的正式成立，2013 年 1 月首届欧盟—拉共体首脑峰会在智利召开，取代了已举办了 6 届的欧盟—拉美国家峰会。

级会议的成果付诸行动外，也提出了要加强与印度、俄罗斯以及东盟的政治对话，并探讨在 2015 年建立更多地区间合作论坛，尤其是与印度和俄罗斯建立合作论坛的可能性。[①]

各国和地区组织强化对非洲与拉美的机制化合作将会给这两个地区的发展提供更多机会，也会增加它们在地区间合作机制中的话语权。中国历来重视发展与发展中国家的关系。虽然各国和各地区组织对拉美和非洲的机制化合作的增强，会挤压中国与后两者合作的发展空间，但也使中国更加重视机制化合作的创新性和灵活务实性，尽可能使竞争压力转化为双方合作可持续发展的动力。

中拉论坛除了与中非论坛在合作理念、合作基础以及合作环境上有着一些相似之处外，也有着其自身特有的优势与特点。中拉论坛并非中非论坛简单的“复制品”，它与中非论坛存在以下一些区别：

第一，合作架构的区别。中非合作论坛是一种“一对多”的合作模式，该论坛的非洲对接方并非非洲联盟（African Union，AU），而是与中国建交的 50 个非洲国家以及非盟委员会。虽然中非论坛从第一届部长级会议开始已经确立了机制化合作，但迄今为止非方仍没有统一的组织来进一步跟进和落实论坛达成的相关决议。“只有南非、埃塞俄比亚分别成立了后续行动委员会，其他国家还有赖于该国驻华使团和外交（和国际合作）部的亚太司等部门（非专门成立）来协调论坛有关事宜。中方后续行动委员会则早在 2001 年就已成立，每年都

① “Plan de Acción de la CELAC 2015” Belén, Costa Rica, 29 de enero de 2015. http://www.celac2015.go.cr/plan-de-accion-de-la-celac－2015/（上网时间 2015 年 2 月 10 日）

召开几次会议，专门负责与非洲驻华使节会议协调。这种架构决定了论坛的主导者主要还是中方，具体表现为召集会议、提出动议、敦促决议落实、收集并协调各成员国要求和立场等”。①

中拉论坛则是一种“一对一”的合作模式，论坛的拉美对接方是拉共体。这种合作模式更容易形成合力，提高合作效率。正如《中拉论坛机制设置和运行规则》所示，“中拉论坛定位为由中国和拉共体成员国外交部牵头的政府间合作平台，主要机制包括部长级会议、中国—拉共体‘四驾马车’外长对话、国家协调员会议（高官会）”，其中高官会的主要职责为“筹备部长级会议，跟踪落实部长级会议成果，并视其技术和财政可行性、可持续性和影响，以及拉共体成员国的能力，制定中拉论坛阶段性工作规划”。② 中方业已成立了中方后续行动委员会，而拉方主要由拉共体轮值主席国和拉共体其他成员国相互协作，共同落实中拉论坛部长级会议成果。

第二，合作基础的区别。首先，拉美文化深受欧洲基督教文化的影响，并融合了美洲印第安文化和非洲黑人文化，具有丰富性、质感性和复杂性等特征。③ 拉美在政治和经济上长期处于美国“后院”的地位，并且在今后很长一段时间内美国仍将保持对拉美的传统影响力。任何美洲大陆以外的国家想要发展与拉美关系，都不得不考虑美国因素。非洲文明的主体不属

① 李安山，刘海方：“论中非合作论坛的运作机制及其与非洲一体化的关系”，载《教学与研究》，2012 年第 6 期，第 59 页。

② 《中国—拉共体论坛机制设置和运行规则》，中国—拉共体论坛官网。http://www.chinacelacforum.org/chn/zywj/t1236150.htm（上网时间 2015 年 2 月 16 日）

③ ［美］托马斯·E. 斯基德莫尔、［美］彼得·H. 史密斯、［美］詹姆斯·N. 格林著，张森根、岳云霞译：《现代拉丁美洲》：北京，当代中国出版社，2014 年 8 月版，第 434—435 页。

于西方文明。非洲是最早遭受西方殖民侵略的地区。获得独立后与欧洲国家的经济关系密切，但是在政治和安全上对欧洲前宗主国的依赖较小。欧洲对非洲的影响力要远远弱于美国对拉美的影响力。正因如此，非洲成为了新中国成立后实现外交突破的新地带。中国与非洲在反对殖民侵略和支持非洲国家发展民族经济中结下了深厚的传统友谊。[①] 拉美国家虽然与中国在反帝反殖上有相同的观点，但是其在地缘因素的影响下，中拉关系的发展不如中非关系顺遂。

其次，拉美与非洲的发展水平不同。拉美与非洲虽然同属于发展中地区，但早在19世纪初期，拉美就迎来了独立运动的高潮，比非洲早了一个多世纪。经过200多年的发展，拉美总体发展水平、政治体制和法制建设、教育文化水平以及地区一体化水平都要远远高于非洲。此外，拉美拥有相对稳定的发展环境，而非洲的传统安全和非传统安全形势都不容乐观。因此，虽然中非论坛成立至今已有十多年历史并已取得了许多机制化合作的成果，但是中拉合作论坛的整体实力要高于中非合作论坛。

第三，合作内容的区别。除了经贸合作外，中非论坛中对非援助的内容占据了重要位置。“亚洲和非洲是中国对外援助的主要地区。为促进实现千年发展目标，中国对外援助资金更多地投向低收入发展中国家”。[②] 从第一届中非论坛开始，减免

---

① 关于中非关系可参见张忠祥：《中非合作论坛研究》，北京：世界知识出版社，2012年8月版，第40页—71页。

② 中华人民共和国国务院新闻办：《中国的对外援助（2014）》白皮书，2014年7月。http：//www. scio. gov. cn/zfbps/ndhf/2014/Document/1375013/1375013. htm（上网时间2015年2月15日）

债务和对非发展援助就成为了双方合作的重点和亮点之一。中国不预设任何政治条件的对非援助受到了广大非洲国家的欢迎，对推动非洲经济发展起到了积极作用。对于经济发展水平较高的拉美国家来说，更为看重的是与中国发展全面的经贸合作关系。中拉论坛得以建立的一个重要基础就是中国已经成为了拉美国家重要的经贸合作伙伴。从本届中拉论坛所达成的三份重要成果性文件可以看出，中拉双方并未把减免债务以及对拉发展援助列为重要议题。

中拉论坛虽然处于起步阶段，但它是建立平等互利、共同发展的中拉全面合作伙伴关系的重要平台。它可以借鉴中非论坛的经验和教训，避免走不必要的弯路。中拉论坛是一个倡导结伴而不结盟的开放性合作平台。中拉发展全面合作伙伴关系不具有排他性，也不针对第三方。中拉整体合作推进的过程中，不仅需要增加双方对话与协调，也需要增强与美国间的交流与沟通，从而使各利益攸关方能够利用好中拉论坛这一平台，增加战略互信，扩大经贸合作，最终实现各方的互利共赢。

第三节　地区间主义实践与相互依赖

20 世纪 90 年代以来，地区合作的不断增加使得全球化过程中的地区集团化更为明显，而由此衍生出的地区间合作也更为频繁。尽管中国与拉美的地区间合作的广度与深度都不及美国与欧盟，但它代表了发展中国家对深化南南合作与平衡南北合作过程中不平等现象的尝试。地区间合作模式的差别对于相互依赖模式的形成具有重要影响。

一、美拉与欧拉地区间合作比较

美国、欧盟与拉美的地区间合作是典型的南北合作关系。美国与欧盟的拉美政策具有一些相同的特点：一方面，美国、欧盟与拉美的地区间合作的不对称性明显。拉美国家对美国和欧盟的贸易和投资依存度很高，此外上述国家和地区也是拉美国家获得先进技术和管理经验的重要来源地。这种严重的不对称依赖关系决定了美国与欧盟在建立地区间对话与合作中的主导地位。虽然随着拉美地区一体化的发展和整体经济实力的增强，这种不对称关系会相对减弱，但是到目前为止这种南北之间的不对称和不平等关系格局没有发生根本性的改变。

另一方面，美国与欧盟根据民主政治和经济自由度对拉美地区的不同区域组织、次区域组织和不同国家采取不同政策。冷战结束后，大部分拉美国家建立了西方式的民主政权，并实行了以新自由主义思想为指导的经济改革。在拉美国家推行西方式的民主政治体制和保持地区稳定发展等方面，美国与欧盟具有共同的政治利益。因此，双方对拉美的经济援助和优惠政策主要向中美洲以及安第斯共同体等经济较为落后和存在不稳定因素的地区和国家倾斜；对于巴西、墨西哥、阿根廷和智利等拉美经济实力较强的国家，它们则更为关注自身的经济利益，并且主要通过自由贸易谈判的手段来加强双方的经济联系。

除了以上一些共同特征之外，美国与欧盟的地区间合作政策和方式也存在一些明显区别：

第一，对于拉美地区一体化的态度不同。美国一贯强调美洲概念，把西半球视为一个整体，把与拉美和加勒比国家的合作视为区域内合作。从“门罗宣言”到“泛美主义”再到“美洲倡议”，无不反映了美国对拉美政策的历史延续性，即在西半球建立以美国为核心的政治、经济和安全体系。因此排除美国的拉美和加勒比地区一体化发展不符合美国在该地区的整体利益，当然不会得到美国的支持。

在霸权主义和强权政治遭到贬斥和唾弃的背景下，美国希望以美洲自由贸易区为载体，与拉美国家进行合作。通过建立自由贸易区的模式，可以使美国和拉美国家都获得相当大的经济利益，但美国仍然是最大的赢家。美国主导的美洲自贸区一旦建成将使拉美国家的经济发展模式受到很大影响，拉美国家的政治与经济将很难摆脱对美国的单向依附。

进入21世纪以来，新自由主义经济模式在拉美的破产和拉美民族主义的进一步上升，使得计划于2005年建成的美洲自贸区计划搁浅。拉美地区一体化的深入发展和对外关系多元化战略的推进，使得美国不得不调整对拉美的地区战略。2013年11月18日，美国国务卿克里在位于华盛顿的美洲国家组织总部发表演讲时宣布“门罗主义”的时代已经终结，今天的美洲国家间关系建立在平等伙伴关系和共同责任基础上，美国不再致力于干预其他美洲国家事务。① 克里的这一表态虽然揭示了美国对拉美地区控制力的相对下降，但是可以预见的是美国仍将长期保持对西半球国家的地缘政治和经济优势。美国对拉美地区组织和国家分而治之的策略也不会改变。

---

① John Kerry, “Remarks on U. S. Policy in the Western Hemisphere”, 2013年11月18日。http: //www. state. gov/secretary/remarks/2013/11/217680. htm（上网时间2014年11月25日）

欧盟一直对拉美地区一体化持支持态度，为了推动拉美地区的一体化，欧盟给予了相当可观的援助。[①] 一体化尝试较早且政治、经济发展相对稳定的拉美地区是欧盟输出欧洲一体化模式的理想场所。自20世纪90年代以来，欧盟与拉美的跨区域合作主要集中在经济和社会交流领域。在政治领域，欧盟缺乏明确和连续性的合作战略，对该地区的政治影响力也比较有限。拉美地区一体化的深入有利于双方集体协议的达成，从而深化跨区自由贸易合作，为双方的机制化合作提供保障。此外，欧盟与拉美合作的加强也有利于双方在对外贸易谈判中增加筹码。鉴于拉美地区主义的多面性，欧盟在与拉美的区域组织和次区域组织进行合作时，需要考虑其不同的特性和发展趋势。[②] 总体上看，奉行多边主义理念的欧盟希望拉美国家可以不断整合，从而使跨大西洋自贸合作能够早日实现，使欧盟在日益激烈的国家政治和经济竞争中占得先机。

第二，政治领域的合作基础和方式不同。美国与拉美国家在政治领域的合作建立在美国独立后对美洲大陆外部采取孤立主义外交政策和对美洲大陆推行扩张主义政策基础之上。[③] 早在取得独立之后，美国就高度关注拉美的民族解放运动。之后的100多年时间里，随着欧洲宗主国与美国实力的此消彼长，

---

① 1986—1998年，欧盟前身欧共体给予3.6亿埃居的援助用于支持拉美地区一体化，占同期欧共体对拉美地区援助承诺总额的8.4%。参见周弘主编：《对外援助与国际关系》，北京，中国社会科学出版社，2002年版，第534页。

② Christian Freres, José Antonio Sanahuja, "Hacia una Nueva Estrategia en las Relaciones Unión Europea-América Latina", Documento de trabajo del Instituto Complutense de Estudios Internacionales (ICEI), 01/2006, p. 34 – 36. https://www.ucm.es/data/cont/docs/430 – 2013 – 10 – 27 – PP%2001 – 06.pdf（上网时间2014年11月25日）

③ 朱鸿博著：《冷战后美国的拉丁美洲政策》，上海，上海辞书出版社，2007年版，第3页。

西半球逐渐被纳入了美国所构建的“美洲体系”的版图之内。

1890 年 4 月，美国和 17 个拉美国家参加了在华盛顿举行的第一届泛美会议，并决定成立“美洲各共和国国际联盟”及其常设机构“美洲共和国商务局”。[①] 泛美会议是美国和拉美国家之间最早和最重要的合作机制之一。此后美国主导下的泛美联盟以及后来取而代之的美洲国家组织成为了其维持在美洲的霸权地位和控制拉美国家的平台和工具。

第二次世界大战结束后，拉美国家把提供安全保障和提供经济援助的双重希望都寄托于美国，但与此同时又对美国的干涉主义抱有戒心。冷战伊始，拉美国家完全站在了美国一边，希望以政治和军事上的迁就换来美国经济上的支持。但是二战后的十几年时间里，拉美国家对美国的“单向依附”不仅没有获得经济上的很大利益，而且在政治上也形成了完全受制于美国的局面。拉美国家对美国的不满情绪随着民族民主运动的兴起而不断高涨。[②]

20 世纪 50 年代后期，古巴革命的胜利给美拉联盟撕开了一道裂痕。在 60 年代和 70 年代，在国际政治格局转变和拉美民族主义不断发展的背景下，拉美国家对美国的离心倾向进一步显现，对外关系也由只注重泛美关系向注重对外关系多元化方向转变。此外，拉美国家在积极维护国家主权独立的同时，在国际事务中的立场开始转向第三世界，成为了国际舞台上反对霸权主义和维护和平的一支重要力量。

---

① 1901 年第 4 届泛美会议上“美洲各共和国国际联盟”改名为“泛美联盟”。1902 年举行的第二届泛美会议上，把“美洲共和国商务局”改名为“美洲各国国际事务局”。1948 年的第 9 届泛美会议后被“美洲国家国际会议”取代。

② 李春辉等主编：《拉丁美洲史稿》（下卷），第 86 页—117 页。

冷战结束后的十年时间里，以美洲国家首脑会议、贸易部长会议和国防部长会议为主要内容的美拉合作新机制逐渐取代了冷战时期的拉美联盟，成为了美拉合作的新机制。该机制主要呈现出了以下特点：第一，合作重点由军事和安全领域转向了经济领域；第二，加强了推广美国“民主模式”的力度；第三，“建立伙伴关系”代替联盟型的合作模式；第四，合作范围更为广泛，涉及经济、政治、安全、反毒、环境、移民等多个领域；① 冷战后美拉合作新机制虽然在经济和非传统安全合作方面取得了一些进展，但是由于美国利用不对称相互依赖对拉美国家进行控制和施加影响的目标没有根本性变化，双方合作过程中的冲突与矛盾仍不断出现，拉美国家的对外关系多元化战略也进一步发展。

进入新世纪以来，尤其是“9·11”事件发生之后，美国虽然一度赢得了拉美国家的广泛同情和支持。2001 年 9 月 19 日，美洲国家组织在巴西的倡议下举行特别会议，一致投票支持美国的反恐斗争。但之后，随着美国借由反恐名义大肆推行单边主义的做法，不仅激起了拉美和全球范围内的反美和反战情绪，也使得拉美左翼的声势进一步发展壮大。对拉美国家而言，美国以冷战思维对古巴进行封锁和打压、以意识形态划线对拉美左翼尤其是委内瑞拉等激进左翼政府进行排斥和打击的做法反而使得拉美左翼政府更为团结。美国对该地区的政治控制力相对减弱。

奥巴马上台后，在处理拉美关系上表现出了比前任更为温

---

① 马俊平：“冷战后美国与拉美合作机制的演变”，载《现代国际关系》，2001 年第 5 期，第 44 页。

和与理性的色彩，并取得了一定效果。但是奥巴马的拉美政策总体上仍保持了延续性，有所改变的只是在维护美国利益时所采取的手段和方式。一方面，国内改革、打击恐怖主义以及亚太“再平衡”战略占据了奥巴马政府的主要精力，奥巴马上任之初提出的与拉美国家构建“平等伙伴关系”的构想鲜有实际措施，拉美地区仍然不是美国政府所关注的重点区域。另一方面，奥巴马政府既没有放弃对古巴以及拉美其他激进左翼政府推行和平演变政策，也没有在拉美设立军事基地问题上作出让步。[①] 总体上看，奥巴马执政以来虽然放低了与拉美各国交往中的姿态，但美国并不会放弃对美洲事务的主导权。随着拉美和加勒比地区一体化的发展和美国对该地区影响力——尤其是在南美地区影响力的下降，美国对拉美事务的干预方式将会更加多样化和隐蔽化。美拉关系“脱而不离、斗而不破”[②] 的复杂局面将长期存在。

第二次世界大战之后，欧洲各国忙于战后重建而完全失去了在拉美地区政治和经济中的传统优势。直到 20 世纪 70 年代，随着西欧各国经济的复苏以及欧洲共同体（欧盟的前身，简称“欧共体”）的不断发展，西欧各国开始奉行独立自主的外交政策，不愿再对美国唯命是从。1971 年，欧共体与拉美国家建立了大使级对话关系。1975 年 2 月 28 日，非洲、加勒比海和太平洋地区 46 个发展中国家（简称“非加太地区国家”）和欧共体 9 国在多哥首都洛美签署了《洛美协定》，成为了非

---

① Peter Hakim，“Obama y Latinoamérica：año II”，Política Exterior，No 13，Marzo-abril 2010，http：//www. politicaexterior. com/articulos/politica-exterior/obama-y-latinoamerica-ano-ii/（上网时间 2014 年 11 月 26 日）

② 王友明：“构建中拉整体合作机制：机遇、挑战及思路”，第 112 页。

加太地区国家和欧盟间进行对话与合作的重要机制。[①]

20 世纪 80 年代，欧洲在中美洲危机中发挥的积极作用为欧拉关系的迅速发展提供了机遇。欧共体开始与拉美的次区域组织和集团建立合作与对话机制。1984 年 9 月，欧共体 10 国、西班牙、葡萄牙、中美洲 5 国、孔塔多拉集团 4 国共 21 国的外长在哥斯达黎加首都圣何塞举行了首次会议，由此开启的“圣何塞对话”机制成为了欧共体与中美洲国家关系的基石。[②]

进入 90 年代之后，欧盟与拉美的机制化合作进一步增加。1990 年 12 月，欧共体与里约集团签署了《罗马宣言》，决定将每年一次的外长会议制度化。1995 年 12 月，欧盟与南共市签署了《地区间合作协议》，建立了部长级定期会议制度。此外，欧盟与安第斯共同体也于 1996 年正式确立了政治对话机制。这一时期，欧盟与拉美的次区域组织机制化的对话与合作为双方整体合作的开展奠定了基础。

1999 年 6 月，在法国总统希拉克的推动下，首届欧盟与拉美国家峰会（EU-Latin America Summit）在巴西里约热内卢举行。32 个拉美国家和 15 个欧盟成员国的元首或政府首脑出席了会议。这次峰会确立了建立面向 21 世纪的欧拉战略伙伴关系，通过了《里约热内卢声明》和《行动计划》两个文件。

---

① 自 1975 年以来，《洛美协定》共执行了 4 期，欧盟一直通过该协定向非加太地区国家提供财政、技术援助和贸易优惠。2000 年 2 月，非加太地区国家和欧盟就第 5 期《洛美协定》达成协议，并于同年 6 月在科托努正式签署，称《科托努协定》。《洛美协定》就此宣告结束。经欧盟 15 国和非加太地区 76 国政府的正式批准，《科特努协定》自 2003 年 4 月 1 日起正式生效。该协定主要包含了发展合作、政治对话以及经济与贸易合作等 3 方面内容。详情可参见欧盟官网：https：//ec. europa. eu/europeaid/regions/african-caribbean-and-pacific-acp-region/cotonou-agreement_ en。

② 关于欧盟与中美洲 6 国关系可参见欧盟官网，http：//www. eeas. europa. eu/ca/index_ en. htm（上网时间 2014 年 12 月 1 日）

这两个文件确定了欧盟成员国与拉美国家未来关系的框架和基本原则，为发展两地区之间更广泛的关系和一体化确立了目标和领域。通过10多年的发展，每两年举行一次的欧拉峰会成为了促进两地区开展对话和建立战略伙伴关系的稳定机制。2013年1月，首届拉共体—欧盟国家首脑会议，即第七届拉美—欧盟国家首脑会议，在智利首都圣地亚哥举行，来自欧盟和拉美及加勒比地区60个国家的国家元首、政府首脑或政府代表出席了会议。此次峰会的主要议题为探讨如何建立一个新的经济和社会战略联盟，通过改善社会和环境质量的投资取得可持续发展。

欧盟在自身整体实力壮大的过程中，一方面不断利用贸易与援助的方式增强与发展中国家的联系；另一方面积极开辟各种渠道，建立一些新的多边对话与合作机制，并通过选择有利于欧盟的合作方式来发挥影响。总体上看，与美国相比，欧洲人更加注重用“规则改造世界”，而不是用“武力征服世界”。[①] 作为美国盟友，欧盟在世界秩序重塑过程中有着独特的欧洲模式。双方在维护“西方价值”过程中又有着各自的标准和方式。“在欧美之间既合作又竞争的状态中，以及大西洋三边关系乃至整个国际秩序的建构中，拉美仍不失为欧洲的一个重要对话者和伙伴，这既有力量平衡的考虑，又与塑造‘正常’、‘良好’的国际秩序有关。而拉美国家则不仅也有意借重欧洲力量平衡美国，而且积极追求多边主义、地区主义。双方合作及其方式是对‘美国治下的和平’的一种挑战并提供了

① 张浚：“欧盟的‘软力量’：欧盟发挥国际影响的方式”，载《欧洲研究》，2007年第3期，第76页—90页。

另一种选择”。[①]

欧盟与拉美建立各个层次对话与合作的过程中虽然强调双方共同的文化和价值，但是真正起主导作用的仍然是现实的国家利益尤其是经济利益。从第一届欧拉首脑峰会至今，双方的议程主要都集中在经济和社会发展领域，虽然双方都强调要建立政治协调和对话机制，但却至今未能实现。经济利益既是推动欧拉地区间合作发展的重要引擎，但同时双方在自贸谈判以及国际经济秩序变革中的种种矛盾也是阻碍双方关系进一步发展的绊脚石。由于欧盟在欧拉整体合作过程中一直发挥着主导性作用，因此“欧拉关系的内容和形式更多取决于欧盟而不是拉美的行为与标准”[②]。正因如此，一旦地区间合作进程受阻，欧盟面临的压力和指责也要大于后者。

第三，自由贸易区谈判的方式不同。美国对建立美洲自贸区采取的是自北而南整体推进和各个击破的方式。冷战结束后，美国虽然在政治上处于绝对优势，但是在经济上却不得不面对来自欧盟和日本日趋激烈的竞争。尤其是拉美实行开放的地区主义政策之后，美国在该地区的传统优势逐渐下降，欧盟与拉美的贸易总量以及欧盟国家对拉美的投资都呈现出不断上升的趋势。为了应对来自西半球外国家的经济竞争和进一步为美国产品寻求更大的市场，建立美洲自由贸易区成为美国对拉美外交政策的主要目标之一。

自老布什总统发表“美洲倡议”讲话之后，以美国主导的西半球经济一体化进程正式启动。为了促进美洲自贸区取得实

---

① 张凡：“欧洲联盟与拉丁美洲的对话”，载《欧洲研究》，2007 年第 5 期，第 114 页。

② 张凡：“欧洲联盟与拉丁美洲的对话”，第 114 页。

质性进展，美国首先与加拿大和墨西哥签署了自贸协定，建立了北美自由贸易区。在此基础上，美国开始与更多的拉美国家谈判，并计划于2005年建成美洲自贸区。

虽然大多数拉美国家一开始对建立美洲自贸区持欢迎态度，并积极参与到了自贸谈判中去，但是自一开始就与美国在具体议程上产生了很大分歧。处于主导地位的美国一方面要求拉美国家就市场的开放和准入、降低关税等问题上先进行谈判，而在拉美国家普遍关心的农产品补贴问题上则不肯做出让步。在美洲自贸区谈判进程举步维艰的情况下，2003年在迈阿密举行的部长级会议上，美国主动提出了“自助餐式”协议，拉美次区域集团或国家可以根据自身情况和意愿从美国规划的协议框架中自由选择。这一做法使进展缓慢的美洲自贸区谈判取得了一定进展，也对拉美各国起到了分化作用。

在整体推进自贸区多边谈判过程中，美国与拉美各国的双边谈判也在进行之中。2002年12月，智利与美国正式签署了自贸协定，成为了第一个与美国签署该协定的南美国家。目前，美国已与智利、秘鲁、哥伦比亚等11个拉美国家签署了自贸协定，美国主导的自贸区范围正在实质性扩大。① 以巴西为首的南共市国家面临着来自美国及国内利益集团的多重压力。

虽然以美国为主导的美洲自贸区因谈判各方不肯做出让步或妥协而暂时搁浅。但需要指出的是美国推行美洲自贸区计划并不仅仅是为了获得更大的经济利益，更重要的是可以帮助其

① 田志、吴志锋：“中国在拉美地区的自由贸易区布局及合作战略”，2014年第1期，第29页。

实现政治和战略目的。通过建立自贸区，美国所主导的自由市场经济规则将在西半球广泛实施，美国与拉美各国经济上的不对称相互依赖也将进一步扩大，美国也将进一步巩固在这一地区的主导地位。随着经济全球化和区域一体化的不断加深，建立自由贸易区将是大势所趋。美国已分别于2010年和2013年全面启动了跨太平洋伙伴协议（TTP）谈判和跨大西洋贸易与投资伙伴协议（TTIP）谈判，2015年TTP协议谈判已完成，TTIP协议谈判如果也达成，美国所构建的国际经济秩序将使得排除在协议之外的国家处于非常被动的局面。

欧盟与广大发展中国家经济互补性和相互依赖的加深，是冷战后欧盟与广大发展中国家经济关系迅速发展的重要原因之一。欧盟作为区域经济一体化最早的发起者和实践者，在该方面积累了丰富的经验。1999年，欧元的成功启动标志着欧盟国家通过共同努力使本地区一体化进入了一个崭新的时期。欧盟的成功经验为各区域一体化起了很好的示范作用，也使得更多的国家或区域组织加入到与其进行地区间合作和开展自贸谈判的队伍当中。

与美国相比，欧盟在推进同拉美的自贸谈判时有以下一些不同之处：首先，欧盟与拉美国家的自贸谈判主要是在地区间合作框架下进行。欧盟推进与拉美国家的自贸谈判有一个明确的目标，即强化拉美地区一体化中的次区域整合。例如在与中美洲国家与加勒比共同体签署的协议中就包括了多项加强上述两个次区域经济一体化的条框，与此同时，在与哥伦比亚和秘鲁签署协议时提出必须得到其他安第斯共同体国家的支持。其次，欧盟在签署经贸合作协议时始终包含了政治对话与合作等更为广泛的合作领域（如科技、文化、旅游、教育、能源等等)。最后，在谈判过程中，美国对于贸易和投资所列出的条件往往比欧盟要更为苛刻，并且美国更难率先做出让步。[①]

欧盟虽然希望通过集体谈判的方式来推进自贸合作，但是在多边谈判受阻的情况下，欧盟做出了与美国同样的选择，即通过双边谈判形式来推进自贸合作。欧盟一开始与区域集团展开了谈判，但是最终却和单个国家或是更小的次区域集团签署了协议。这与欧盟所倡导的促进地区一体化是背道而驰的。而拉美国家如果与欧盟发展更为紧密的一体化合作最终导致的将是区域内部的经济一体化走向瓦解。[②] 具体而言，欧盟虽然倡导集团对集团式的合作，但是在现实的经济利益面前也不得不做出战略调整。拉美国家由于发展水平和对外部国家的依赖程度各异，因此在进行集团谈判时常常会出现众口难调的场面，从而使地区间多边谈判效率低下。

以欧盟与南共市的自贸谈判为例，1999 年，南共市与欧盟开始了正式的自贸谈判，但是由于在关税问题上分歧太大最终于 2004 年陷入了低谷。2010 年的马德里峰会上，欧盟与南共市决定重启自贸谈判，但进展并不顺利。一方面，作为南共市第二大国家的阿根廷担心与欧盟的自贸协定会对其国内重要产业形成冲击，因此对谈判持消极态度，从而使南共市与欧盟展开谈判面临障碍。另一方面，在美国与欧盟开展自贸谈判的压力下，南共市其他国家则希望率先与欧盟签署自贸协定，以便

---

① CEPAL, "En busca de una asociación renovada entre América Latina y el Caribe y la Unión Europea", Santiago de Chile, abril de 2011, p. 46.

② Eduardo Bidaurratzaga、Patxi Zabalo, "Los Acuerdos de Asociación de la UE con África y América Latina: La nueva apuesta europea por Tratados de Libre Comercio con cooperación", Estudios de Economía Aplicada, 2012, Vol. 30 – 3, p. 855

在关税优惠问题上获得优先权。2013 年，作为南共市领头羊的巴西甚至拟与欧盟单独开展自贸谈判。2014 年 4 月，阿根廷在谈判立场上做出了改变，南共市国家才就加入自贸协定的商品清单达成基本共识。南共市与欧盟的自贸谈判才取得了一定进展。

二、中拉与欧拉以及美拉间的地区间合作比较

基于地区间关系形态的复杂性，大多学者都倾向于把现实主义、自由主义和建构主义等各理论视角结合在一起对地区间主义的目的和功能进行综合性分析。学者们大致认同地区间主义具有以下功能，即权力或制度平衡、制度建设、认同强化、理性化与议题设置、促进稳定与发展。[①] 尽管地区间主义的理论研究仍然存在很多的争议，但它却为进一步分析国家间关系、国家与地区关系、地区间关系以及国际制度变迁提供了新的视角。中拉间的整体合作与欧拉以及美拉间的整体合作实践兴起于全球化和地区一体化蓬勃发展的大背景之下，既存在着一些共同特征，也有着各自的个性特征。

总体上看，中拉、欧拉以及美拉间的地区间合作都是地区间主义的不同实践，都是国际合作的重要组成部分，都具有中国学者郑先武所指出的“综合性”、“互惠性”、“开放性”、“多元性”以及“多轨性”等共性特征。“综合性”指的是双方合作的内容包括了政治、安全、经济、环境、社会、文化等不同纬度；“互惠性”指的是双方合作以平等互利的伙伴关系

---

① 关于区域间主义的功能学者们大都围绕上述内容展开，详细可参见：Jürgen Rüland, “Interregionalism: An Unfinishe Agenda”, in Heiner Hänggi, Ralf Roloff and Jürgen Rüland, eds., Interregionalism and International Relations, London: Routledge, 2006, pp. 295 – 313；郑先武：“国际关系研究新层次：区域间主义理论与实证”，第 64—65 页。

为纽带，以建立自由贸易区为核心；“开放性”体现了地区间合作非排他性的合作安排；“多元性”表明了地区间合作包括了政府组织、非政府组织以及个人等不同行为体，是以政府间互动为核心，进而实现多元互动的平台；“多轨性”则表明地区间合作以“集团对集团”、“集团对区域”、跨区域合作以及“集团对单个国家”等多种形式推进。[①]

除了上述共性之外，中拉、欧拉以及美拉的地区间合作不论从表现形式，还是合作内容等方面都存在着以下几个方面的个性化特征：

第一，合作形式上的差别。欧拉、美拉与中国在实现地区间合作时存在强制度化与弱制度化的差别。具体来说，欧盟与美国都倾向于建立强制度化的合作框架，而中国则倾向于建立弱制度化的合作模式。中国学者周玉渊把这两种不同表现形式形象地界定为“制度化”与“论坛化”。[②] 在“制度化”合作过程中，欧盟与美国的最大区别在于，美国一直利用美洲国家组织来进行制度运作，美国作为一个实力强大的主权国家，拥有比欧盟更为强大的自主决策能力，本质上推行的是一种霸权合作模式；[③] 而欧盟更善于利用自身的“软实力”，有针对性的制定不同层次的制度化合作框架，在潜移默化中推销欧盟的多边主义模式。

从中国开展地区间合作的实践经验来看，“论坛化”模式一直是中国与发展中国家开展整体合作的主要形式。与欧盟和

---

① 郑先武：“国际关系研究新层次：区域间主义理论与实证”，第66—67页。

② 周玉渊：“地区主义的两种形式——基于欧盟与中国对非地区间合作经验的分析”，载《世界经济与政治》，2011年第7期，第26页。

③ 郑先武：“国际关系研究新层次：区域间主义理论与实证”，第66页

美国的对拉美合作模式相比，中拉地区间合作强调协商性原则，中国作为综合实力较强的一方，不谋求合作过程中的主导权，也不推销中国的价值观和行为准则，而是致力于通过“求同存异”的方式，使各成员间能够达成一定程度的共识，从而有利于双方合作的顺利推进。在具体的政策工具上，一般采用约束力较小的“共同宣言”、“合作规划”和“运行规则”等来规范双方的合作。

第二，合作基础上的差别。从人文历史和地缘因素上看，欧拉关系自哥伦布发现新大陆后就有了千丝万缕的联系。拉美地区作为欧洲昔日的殖民地，双方在政治体制、文化传统和宗教信仰等方面有着许多共性，双方开展地区间合作具有天然的社会文化优势。美国作为拉美地区的强邻，在拉美各国开展独立斗争过程中给予了一定的帮助，并逐渐把拉美地区纳入了自己的势力范围之下。尤其是第二次世界大战结束之后，在欧洲各国对拉美地区鞭长莫及的情势之下，美国在拉美地区占据了绝对优势，并继续利用军事优势和经济援助的方式去干涉和改造拉美各国。随着拉美民族主义的兴起和综合实力的上升，美国在干涉拉美地区事务时日趋谨慎，在开展对拉合作时也变得更为灵活和务实，双方合作具有得天独厚的地缘优势。与欧盟和美国相比，中拉合作既没有人文历史作为纽带，也没有地缘因素作为屏障，但新中国成立后双方在维护国家主权和领土完整、反对殖民主义和霸权主义、谋求经济发展的过程中逐渐形成了南南合作共识和对于发展中国家的身份认同。

从经济因素上看，美国与欧盟一直是拉美各国最主要的贸易伙伴、投资来源地和援助来源地。进入新世纪以来，中拉贸易虽然出现了高速增长，并成为了拉美地区的第三大贸易伙伴，但是不论是贸易对象国的分布还是贸易种类的多样化上都要低于美国和欧盟。在直接投资领域，中国对拉美的非金融类直接投资主要是在本世纪初实施“走出去”战略的背景下开展起来，并且到目前为止仍主要以大型国企对资源和能源领域的投资为主，对拉美的制造业和服务业涉及较少。美国和欧盟作为拉美的第一和第二大外资来源地，它们对拉美地区的投资规模巨大且投资结构更为平衡。20 世纪 90 年代以来，墨西哥在成为了北美自由贸易区成员国之后，已与美国形成了地区一体化的产业链关系，对美国的经济依赖进一步加大。欧盟各国加大了对拉美地区电信、银行、电力供应以及房地产等服务业的投资，拉动了该地区服务业投资的竞争和发展。

第三，合作标准上的差别。从政治层面上看，欧盟与美国都利用对拉美合作中的优势地位，以自身利益和标准为出发点去制定合作框架。虽然欧美在与拉合作的具体议题上存在一些区别，但双方都一直致力于把自身的价值观、制度化安排融入双方的合作体制中去，以自身的标准去衡量地区间合作的成败得失，去约束成员国的行为规范，从而实现制度建设与认同强化。以欧盟与美国的对外援助政策为例，欧盟与美国一方面通过向拉美国家提供经济援助来推动该地区的政治和经济改革，从而使受援国在民主、法治、人权以及市场经济等方面符合欧盟或美国标准发展；另一方面，对那些不符合它们所倡导的价值观和标准的国家则以减少或停止援助，甚至实施经济制裁等方式来逼其就范。中国在推动地区间合作时一贯采用“论坛化”模式，以中国所倡导的和平共处五项原则和《联合国宪章》为基础，不以意识形态和社会制度论亲疏。中国在实施对外援助过程中也从不附带任何政治条件，更为注重考虑受援国的实际需求。

从经济层面看，经济因素既是地区间合作发展的主要驱动力，也是主要的障碍之一。欧盟与美国作为推动全球范围内自贸谈判的主要推手，它们在自贸谈判中采用的具体规则和标准有所不同，但是它们所构建的自贸体系总体上都将有利于维护和巩固发达国家对全球贸易和投资规则的制定权，它们所倡导的高标准自贸协定对于发展水平参差不齐的发展中国家和地区也并无公平可言。正因如此，拉美地区在与欧盟和美国进行自贸谈判的同时开始注重推进区域内的南南合作，同时也开始注重进一步深化与区域外新兴经济体之间的贸易与投资合作。到目前为止，中国已与智利、秘鲁和哥斯达黎加等拉美国家签署了双边自贸协定，但仍未与拉美的地区组织或此地区组织开启自贸谈判进程。在谈判过程中，双方采取了灵活务实的方式，充分考虑经济发展水平的差异性，在平等参与、充分协商和相互包容的基础上合理推进自贸区建设。中国和拉美国家作为现行国际贸易规则的参与者，都希望改变在现行国际贸易体系中的被动地位，在中拉地区间合作过程中相互协调和配合，从而在国际经济秩序变革过程中融入更多有利于发展中国家经济发展的规则和制度。

三、地区间合作对相互依赖关系的影响

相互依赖关系的核心特征是处于这一关系下的各行为体拥有一定的权利以及需要付出一定的代价。平衡各方权利和需要付出代价的过程就是国际制度发挥作用的过程。地区间互动过程中所确立起的制度化合作框架不仅能更好地明确各行为体的

权利与义务，也有助于应对因相互依赖加深而产生的矛盾。正如基欧汉所论述的那样："国际制度的程序和规则创造了信息结构。它们确定了哪些原则作为减少冲突的基础是可以被接受的，并且可以用来判定政府的行动具有合法性或者不具有合法性。"①

推进地区间制度化合作是世界各国为应对相互依赖关系不断扩展而采取的措施之一。在地区间合作蓬勃发展的过程中，各问题间的联系以及各行为体间的互动往来变得更为复杂，国与国之间、国家与地区之间以及地区与地区之间的相互依赖关系变得更加难以用简单的敏感性和脆弱性去衡量。它对原有的双边相互依赖关系格局造成了很大冲击。在这种多重相互依赖的条件下，处于不对称相互依赖中不利地位的一方比较容易利用集体力量来进行讨价还价，从而在某种程度上形成各方都可以接受的制度化安排。

从中拉间地区合作与欧拉、美拉地区间合作比较可以看出，中拉地区间合作虽然在历史地缘因素和合作基础上都要弱于后两者，但也有自身的合作优势。中拉整体合作的发展建立在双边相互依赖关系不断深化以及地区间合作不断发展的背景之下，它同时又为中拉相互依赖模式的形成增添了新的变量。中拉地区间合作所呈现出的有别于欧拉、美拉地区间合作的特性表明了中拉相互依赖模式也会与欧拉、美拉有所区别。

第一，中拉地区间合作的弱制度化运行模式正好体现了中拉处理相互依赖关系时倡导的平等性原则。欧拉、美拉相互依

---

① Robert O Keohane, "International Institutions: Can Interdependence Work?", Foreign Policy, Spring 1998, p. 91.

赖加深过程中，欧盟和美国都选择了强制度化合作模式。作为不平衡相互依赖中处于有利地位的欧盟与美国，虽然也会在制度设计上考虑拉美各国的利益诉求以便制度化合作框架的达成，但回顾欧拉和美拉地区间合作进程可以发现，欧盟与美国一开始就是制度设计者与推进合作进程的领导者。从1999年开始的历届欧拉首脑峰会可以看出，峰会的议程和合作项目的推进基本由欧盟主导，拉美国家在此过程中一直处于比较被动的状态；而美国也把美洲国家组织和美洲国家首脑峰会作为其继续维护自身在美洲地区领导权的重要工具。虽然随着国际格局的调整以及拉美地区综合实力的上升，欧盟和美国不得不更多地考虑拉美各国的需求，在推进合作过程中做出适当的让步，但两者都不会放弃对地区间合作制度的主导权。欧拉或美拉相互依赖程度越深，拉美国家就越难摆脱所处的被动地位，双方地区间合作是否建立在平等基础上也就有待商榷了。

中拉地区间合作采用的弱制度化的论坛化运行模式是包括中国在内的发展中国家在国际合作中更愿意接受或认可的模式。论坛建立的过程本身就是双方进行双向互动，确立各方都能认可的利益和规范的过程。[①] 中国作为经济实力较强的一方，在制度和规范方面的供给能力仍然较弱。从中非合作论坛的经验可以看出，中国从一开始就没有扮演领导者的角色，中非合作论坛机制的不断完善是双方充分协商、相互尊重以及积极推进务实合作的结果。中非合作论坛的成功经验对于新近运行的中拉论坛具有重要的借鉴意义。中拉论坛也是建立在双方充分

① 周玉渊："地区主义的两种形式——基于欧盟与中国对非地区间合作经验的分析"，第27—28页。

沟通与协商的基础上，它为双方相互依赖关系加深过程中如何进行利益分配和如何解决矛盾冲突提供了新的平台。随着中拉相互依赖的不断加深，双方对于制度化合作框架的需求将会增加。中拉相互依赖关系的公平性也会进一步显现。

第二，中拉地区间合作的基础反映了双方相互依赖关系的深度和广度。从欧拉、美拉地区间合作的基础看，长期处于一种从属和边缘地位的拉美地区在未来很长一段时间内仍然很难摆脱对美国和欧盟的不对称依赖。如墨西哥学者卡洛斯所写的那样，“拉美文明从诞生那一天起，就是一种边缘的、被奴役的文明，它为西班牙、葡萄牙、法国、英国、荷兰或美国而生存，根据这些强国和宗主国的要求发展经济，构造社会，而从未取得过属于自己的，围绕自己目标的或者根据自己需要和最基本内需的发展。”[①] 尽管随着国际体系的不断变迁，这种从属和依附关系出现了一些有利于拉美国家的变化，但如果拉美国家的经济结构和社会结构不能实现深刻调整，它们与西方国家互动过程中所处的被动地位就很难彻底改变。

中国与拉美地区相距遥远，中华文明对拉美文明的诞生和发展几乎没有影响，对其当前经济结构和社会结构形成的影响力也微乎其微。双方相互依赖关系主要集中在经济领域并且主要出现在近十几年内。首先，从传统安全领域看，中国从未对拉美造成过安全威胁，并且双方现有的合作进程中也很少涉及传统安全。因此在该领域双方几乎不存在相互依赖。其次，从国际关系角度看，新中国成立后中拉双方在反帝国主义和殖民

① ［墨］卡洛斯·安东尼奥·阿居雷·罗哈斯著，王银福译：《拉丁美洲：全球危机和多元文化》，山东大学出版社，2006 年版，第 7 页。

主义过程中开始相互支持，在推动国际政治经济新秩序的呼声中开始相互协调立场，在当前推进全球治理的过程中开始维护广大发展中国家的共同利益。因此在该领域双方相互借重之处不断增多。最后，从经贸合作角度看，进入新世纪以来中国逐渐成为了拉美地区的主要贸易伙伴国和投资来源地，并且中国经济发展过程中对能源和资源的需求已成为了部分拉美国家经济发展的重要推手。但需要明确的是，尽管中拉间经济相互依赖关系的发展能够对欧拉、美拉的经济相互依赖关系起到一定的平衡作用，但南南与南北经济合作所存在的结构性差异很长一段时间内都不会消失。从整体上看，中拉经济相互依赖的深度和广度都不可能在短时间内超越欧拉和美拉间的相互依赖。

第三，中拉地区间合作的标准与中国对外关系原则以及中拉相互依赖关系的现状相符。从欧拉和美拉地区间合作的标准可以看出，处于优势地位的欧盟和美国可以主导地区间制度化合作的框架。欧盟借助其自身一体化深入发展的制度化优势，在处理地区间合作时用欧盟的合作规范、合作理念和合作标准去推进合作进程；美国则利用在拉美地区长期积累的地缘政治和地缘经济优势，灵活运用硬实力和软实力，把拉美地区纳入到自己制定的美洲一体化合作框架之下。为了应对国际形势和拉美地区利益发展的需求，欧盟和美国都在不断调整对拉合作战略，这种调整正好与相互依赖过程中各方力量对比发生变化相吻合。

中拉地区间合作从一开始就不存在中国标准或拉美标准，深化地区间合作一方面顺应了双方关系全面发展的现状，另一方面双方通过深化合作也有助于在南北合作中创造一个有利于自身发展的国际环境。无论从哪个层面看，中拉地区间合作都具有积极意义。中拉相互依赖模式的构建从长期来看应着眼于如何更好地促进双方互利共赢合作，使共同利益最大化。在处理矛盾和纠纷时过多考虑权利因素和短期利益不利于双方关系的长期可持续发展。平等的参与地区间制度化合作框架的制定，既有利于合作机制的稳定性，也有利于中拉相互依赖关系向和平与合作方向发展。

从上述分析可以看出，地区间合作的开展对处理相互依赖关系发展进程的合作与冲突具有重要意义，而相互依赖关系中的力量变化也会对地区间合作的制度建设、身份认同以及发展方向产生重要影响。中拉地区间合作是拉美地区推行多元化合作战略的重要组成部分之一。在多元化合作框架下，拉美地区作为开展合作的独立行为体，可以利用地区外行为体在本地区形成的竞争态势为自己赢得更多的利益。中拉相互依赖模式的确立不仅受到双方内部因素制约，同时也受到美国、欧盟等其他行为体的影响。

小　结

拉美一体化进程与地区间机制化合作是拉美国家应对全球化和相互依赖带来的负面效应的有效手段。南北合作机制是拉美国家获得扩大市场、获得发展所需资金和技术的重要渠道，但与此同时为了避免过分依赖发达国家的市场和资金而使得本国政治、经济受制于西方发达国家，拉美国家逐渐开始重视区域内国家间的整合以及与发展中国家尤其是新兴市场国家的合作。

拉美与美国和欧盟的机制化合作，是南北合作的一部分。在合作过程中，拉美与美国和欧盟相互依赖的不对称性明显。这种不对称依赖关系决定了美国与欧盟在建立地区间对话与合作机制中的主导地位。虽然随着拉美地区一体化的发展和整体经济实力的增强，不对称关系有所减弱，欧盟和美国在制定与拉美的机制化合作框架时会更加注重拉美的感受，但是到目前为止南北之间的不对称和不平等关系格局没有发生根本性的改变。美国和欧盟与拉美机制化合作的战略与理念虽然也存在不同之处，但它们都不会放弃机制化合作过程中的主导权以及不会放弃在推进合作中预设政治条件。欧盟与美国作为推动全球范围内自贸谈判的主要推手，它们在具体规则和标准上虽然有所不同，但是它们所构建的自贸体系总体上将有利于维护和巩固发达国家对全球贸易和投资规则的制定权，它们所倡导的高标准自贸协定对于发展水平参差不齐的发展中国家和地区并无公平可言。

中拉论坛为拉美国家提供了一个用“同一个声音说话”的场所，它可以使拉美各国推行联系战略，从而在推进中拉整体合作过程中使拉美各国的对外政策和意愿都得以体现；它可以成为中拉解决因不对称相互依赖而产生的矛盾与冲突的重要平台，从而促进中拉关系的全面升级；它也是中拉就共同关心的国际和地区事务加强对话与协调的重要舞台，双方关系的深入发展有利于提升发展中国家在国际多边合作机制中的话语权，从而继续为世界和平、稳定、发展、繁荣作出积极贡献。

美国、欧盟与拉美机制化合作的深度与广度都要高于中国与该地区的合作，但中拉关系发展没有复杂的历史包袱，并且中国所倡导的平等性原则和互利共赢原则，对拉美国家具有很大吸引力。此外，中拉跨地区机制化合作是南南合作的重要组成部分，不仅有利中拉实现共同发展目标，它同时也是拉美国家应对与美国、欧盟不对称相互依赖关系的重要借助力量。

地区间机制化合作的发展变化是国际制度变迁的缩影。地区间相互依赖关系的快速发展衍生出了双方对制度建设的需求，而制度的制定和实施过程又形成了各方讨价还价的局面。各方对自身权利的让渡程度和对应尽义务的遵守程度决定了合作机制的有效性。在不对称相互依赖关系背景下占据优势地位的一方强推不公平的制度安排，其结果必然导致合作制度的不稳定性。中拉相互依赖模式不是一种强者制定游戏规则弱者被迫接受的模式，而是一种各方积极发挥优势，共同制定制度框架的合作模式。

结　语

相互依赖是新世纪以来中国与拉美国家关系的一个主要特征，也是本书分析逻辑的起点。在当今国际格局变动的大背景下，战争已成为各国在追求利益中的次要选项，世界各国间的现实和潜在共同利益多于冲突利益，在合作中寻求利益最大化已经成为了世界各国的追求目标。随着全球化的深入发展，地区间合作和地区一体化进程的加深，国家间关系越来越紧密，政治、经济等方面的多渠道联系和相互影响日益增加。中国与拉美国家相互依赖的加深是全球范围内相互依赖日趋紧密的一个缩影。中拉相互依赖的模式虽然受到各行为体的目标和联系战略的影响，但最终决定中拉间相互依赖模式走向的仍然是中国与拉美各国政府的政策目标和议程。

从本书的整体分析可以看出，中拉相互依赖模式具有以下两方面内涵：

第一，中拉政治相互依赖模式建立在和平、平等与合作基础之上。

新中国成立之后，中拉关系经历了从民间往来为突破点到官民并举再到政治与经济并重最终走向相互依赖的发展历程。中拉政治相互依赖模式的内涵在双方政治互动中得到了很好的体现。中拉间既没有意识形态之争也没有领土和安全争端，更没有称霸世界的野心，双方的政治相互依赖随着政治关系的稳定发展而逐步建立起来。

中国和拉美国家虽然具有不同的文化历史背景、政治制度和价值观，但双方都经历过反对帝国主义和殖民主义的斗争，在获得独立后又都面临着维护独立和发展经济的任务。对发展中国家身份的认同，在国际机制变革中的共同利益诉求以及在现代化发展过程中面临的相似问题使得双方能够相互理解并克服政治理念上的分歧。

拉美作为中国开展全方位外交的重要组成部分，是中国提升整体外交能力的重点区域之一。在与拉美国家建立全面合作伙伴关系时中国始终强调平等互利和共同发展，并以“命运共同体”来定位中拉关系的走向。拉美地区在经济实力和地区一体化不断增加的背景下，开始积极拓展多元化发展战略。中拉合作对于提升拉美国家在国际事务中的影响力和和话语权、增强地区内部的凝聚力、维护民族独立和主权完整以及减少对美国和欧盟等西方国家和地区组织的不对称相互依赖都有积极作用。

以上这些内外因素决定了中拉政治相互依赖模式以和平性、平等性和合作性为主要特征。和平性指的是政治相互依赖随着双方政治交往逐渐深入而建立起来，双方在传统安全领域没有出现过明显相互冲突或威胁的情况。平等性指的是双方政治相互依赖虽然也呈现出不对称特性，但双方相似的对外关系理念以及各问题间联系战略的存在，决定了双方在互动过程中强调平等，不谋求主导权的特性；合作性则是指中国与拉美在国际和地区事务中共同利益增多的背景下，双方合作意愿不断加强，合作领域和合作方式也不断地扩展和提升。这一模式与中国倡导的平等互利、共同发展原则相契合。

为了对中拉政治相互依赖模式有更具体的了解，本书分别从中国与阿根廷、巴西和墨西哥等拉美主要大国的相互依赖特征、中国与拉美地区机制化整体合作这两个角度进行了进一步分析和论证。最终发现，中国与上述三国双方国家议程最大共同点集中在对地区和国际事务的相互协调领域，都希望通过机制化的交流与合作增加政治互信。双边政治领域偶尔出现的诸如“因达赖窜访而引起的中墨外交纠纷”等波折没有对中国与上述三国整体政治关系走向带来大的影响。中国与阿根廷、巴西和墨西哥三国建立全面战略伙伴关系，既是对以往双边关系发展的肯定，也是对今后关系发展的期许。

拉美一体化进程与地区间机制化合作是拉美国家应对全球化和相互依赖加深所产生的负面效应的有效手段。美国、欧盟与拉美机制化合作的深度与广度都要高于中国与该地区的合作，但中拉关系发展没有复杂的历史包袱，并且中国所倡导的平等性原则和互利共赢原则，对拉美国家具有很大吸引力。此外，中拉跨地区机制化合作的发展也是拉美国家应对与美国、欧盟不对称相互依赖的重要借助力量。

2015 年 1 月，首届中国—拉共同体论坛部长级会议顺利召开标志着双方整体合作实现了由构想到现实的转变，为推进双方机制化合作迈出了重要一步。习近平主席在中拉论坛的开幕致辞中提出的四点建议——坚持平等相待的合作原则、坚持互利共赢的合作目标、坚持灵活务实的合作方式、坚持开放包容，为中拉论坛的未来发展指明了方向。中拉论坛是拉美国家用“同一个声音说话”的场所，它可以使拉美各国推行联系战略，从而在推进中拉整体合作过程中使拉美各国的对外政策和意愿都得以体现；它可以成为中拉解决因不对称相互依赖而产生的矛盾与冲突的重要平台，从而促进中拉关系的全面升级；它也是中拉就共同关心的国际和地区事务加强对话与协调的重要舞台，双方合作的增强有利于提升发展中国家在国际多边合作机制中的话语权，从而继续为世界和平、稳定、发展、繁荣作出积极贡献。

第二，中拉经济相互依赖模式以相互倚重和共同发展为主要特征，在处理冲突时很少利用不对称相互依赖中的有利地位去迫使对方做出让步。

在经济相互依赖方面，经贸合作的加强一直是中拉关系快速发展的主要推手。目前，中国已成为拉美的第三大贸易伙伴，拉美则是中国的第七大贸易伙伴。拉美不仅成为中国重要的工业原材料供应地和海外投资目的地，也是中国工业制成品出口的重要市场。对中国出口的快速增长已成为了推动拉美经济整体向上的新动力。在当前国际经济复苏缓慢的背景下，中国对拉美投资的快速增加尤其显得重要。

中拉经济相互依赖具有不对称性和以敏感性相互依赖为主的特性。中国经济的综合实力要远远高于任何一个拉美国家，拉美对中国市场和资金的整体需求要远远高于中国对其需求。中国与拉美互为对方经贸合作多元化战略的重要组成部分。与拉美和美国、欧盟之间的经贸关系比较可以发现，中拉间贸易总量增长迅速但是贸易种类却相对集中，中国在拉美的投资也仍处于起步阶段但是发展潜力巨大。美国、欧盟和中国在拉美对外经贸合作中三足鼎立之势的形成，有利于拉美国家减少对上述三方中任何一方的过分依赖，从而降低拉美与三者间相互依赖的脆弱性。

中拉经济相互依赖的加深促使双方在各个领域的合作性互动进一步增多，随之产生的竞争与摩擦也必然增加。双方当前经贸合作的结构性不平衡已经成为中拉合作进一步发展的主要障碍。当前，中拉都处于调整产业结构的重要阶段，双方都在致力于促进经贸合作向多元化和立体化发展，双方产业结构的变革和升级将是解决双方经贸合作结构性不平衡的关键所在。

中国与拉美经贸合作过程中出现的类似于南北关系的特征，不是中国刻意追求的结果，而是双方根据各自资源禀赋和产业优势自然形成的贸易互动。为了使中拉经贸合作实现良性可持续发展，中拉双方都在不断做出努力。2014 年 7 月，习近平主席出访拉美时提出的“1 +3 +6”的中拉务实合作新框架，符合中拉双方的现实利益和长远利益，赢得了拉美和加勒比国家的高度赞赏。

通过对中国与阿根廷、巴西和墨西哥三国的国家间议程设置可以看出，共同利益增多是双方经贸合作跳跃式发展的基础。中国与上述三国交往过程中各方最为关注经贸领域的协调与合作，产生的矛盾与问题也主要集中在该领域。在经济相互依赖领域，因经济利益问题而带来的矛盾与争端是正常现象，中国在处理因经贸互动而产生的矛盾时，主要通过协商而不是对抗方式处理问题，积极通过推进合作升级和减少分歧的比重来妥善管控矛盾符合各方利益。

中拉论坛为双方提升贸易水平、扩大投资合作以及拓宽合作领域提供了新的动力。它不仅使习近平主席提出的“1 +3 +6”中拉合作框架得到了落实，也为中拉下一阶段务实合作提供了机遇。从中拉论坛与中非论坛的比较可以看出，整体经济实力较强的拉美地区更为注重平等的经贸合作关系，希望通过整体合作来实现与中国经济的全面对接。中拉论坛对于双方经贸合作实现在更高水平上的共同发展和互利共赢全面升级，对于双方妥善解决经贸互动中的矛盾与摩擦都具有重要意义。

最终，本书认为中拉相互依赖模式以平等互利和合作共赢为核心。中拉政治与经济互动过程中不存在主导权之争。中拉相互依赖模式是对中国与拉美国家关系不断深化过程中形成的“你中有我，我中有你”互动关系的解读。中拉相互依赖模式并非一成不变的。它是中国与拉美国家在特定的政治、经济环境下互动的结果，即双方在对自身的身份和利益需求定位、对对方的身份认知以及政策和行为判断等因素作用下所作出的最终反应的结果。尽管如此，只要在中拉对于发展中国家身份的认同没有发生变化以及和平与发展仍是时代主题等背景下，中拉相互依赖模式将基本保持不变。

复合相互依赖的本质是为了给综合实力相对下降的美国继续领导世界而建言献策。基欧汉和奈认为，为了维护美国对世界的领导地位，美国可以在某些领域做出小让步以赢得其他国家对美国主导的世界体系的支持和拥护。但本书关注相互依赖的前提是，中国综合实力上升的过程中如何处理与发展中国家新出现的矛盾和问题。中国永不称霸的宣誓决定了中国崛起的过程不是对世界领导权争夺的过程，而是建设公平、公正的国际政治、经济新秩序的过程。中国发展过程中体现出的能够集中力量办大事的体制优势，使得中国能够更有效地处理与世界各国经贸合作深化过程中的矛盾与冲突。

本书在前人研究的基础上，对相互依赖理论研究对象做了进一步扩展。目前为止国内外学者对相互依赖研究大多以发达国家之间或者发达国家和发展中国家之间为研究对象，对发展中国家间的相互依赖进行研究的学者较少。本书认为中拉相互依赖模式与西方发达国家间的相互依赖模式有某些相似之处，即在具有互惠互利的特征的同时存在着竞争与合作。但由于发展中国家的经济发展水平、政治体制以及地缘因素等存在很大差别，因此彼此间的相互依赖模式比发达国家间要更为复杂。发展中国家之间的复合相互依赖具有多重复合性特征，它不仅涉及双方经济、政治以及其它领域的相互联系和相互制约，也涉及与西方发达国家之间的相互制衡和协调。

当前国际局势的发展虽然出现了新的有利于发展中国家的变化，但以西方发达国家为主导的国际体系在今后很长的一段时间内不可能发生质的改变。发达国家间也会因为相互依赖而引发竞争和摩擦，但这不会影响它们在南北合作中保持一致立场，而发展中国家由于受经济发展水平、政治体制以及地缘政治经济因素的影响，因此更容易出现立场上的摇摆。本书借助中国与拉美国家间相互依赖模式的研究，试图比较综合地去分析和总结发展中国家间的相互依赖有何特有规律，从而能对中国与发展中国家间的关系有更进一步的认识。

每一项研究都不可能完美无缺。就本书而言，拉美地区国家众多，与中国的相互依赖关系程度也不一而足，就算是与中国关系不甚密切的拉美地区非建交国，也可以利用联系战略给中拉整体合作关系带来一些障碍。但由于时间和个人研究能力有限，因此不可能做到面面俱到。此外，由于对经济、金融方面的知识有限，因此在撰写中拉间经济相互依赖时难免会出现以偏概全或者分析不足的问题。

为了对中拉相互依赖模式以及发展中国家的相互依赖模式

进行进一步论证，今后还可以从以下几个方面进行更为深入的研究：

第一，“美国因素”对建立中拉相互依赖模式中的影响。本书注意到了，由于美国与拉美地区独特的地缘政治经济关系，中拉相互依赖关系的发展必将受到“美国因素”的影响。因此，在今后的研究过程中需要进一步对中—美—拉三者的双边或三边互动进行了解。进一步观察美国利用对外部依赖较小的优势维护其领导权而采取的具体措施，进一步了解美国对外战略中的对中国和对拉美战略。

第二，进一步研究中国与不同发展中国家或地区的相互依赖模式。中拉相互依赖模式建立在南南合作的基础上，对研究中国与其他发展中国家或地区的相互依赖模式具有借鉴意义。但是，由于发展中国家或地区的发展水平不一，与中国的历史联系不同，所处的地缘环境也各不相同，因此必须从实际出发，进行有联系但又有区别的研究。

第三，进一步对南北相互依赖和南南相互依赖模式进行比较。对南北相互依赖与南南相互依赖具有哪些共同点与不同之处进行比较，可以对南南相互依赖的复杂性有更为深入的了解，从而为进一步促进南南合作提供更为广阔的视角。

第四，进一步对中拉相互依赖关系的发展与中国在拉美的国家形象结合起来进行研究。中拉相互联系、相互影响关系的发展必将使双方间的相互认知发生转变。中拉政治上的合作性以及经济上的合作与冲突并存的局面，对中国在拉美的国家形象有何影响？对中国进一步开展面向拉美国家的公共外交有何新的要求？这些问题在以后的研究过程中都非常值得关注。

参考文献

一、外文参考文献

1. Alicia Bárcena, Prólogo de China y América Latina y el Caribe: Hacia una Relación Estratégica, Santiago de Chile, marzo de 2012.

2. "Anti-dumping Initiations: By Reporting Member 01/01/1995 – 30/06/2014", World Trade Organization.

3. "Anti-dumping Measures: Reporting Member vs Exporter 01/01/1995 – 30/06/2014", World Trade Organization.

4. "Anti-dumping Measures: Reporting Member vs Exporter 01/01/1995 – 30/06/2014", World Trade Organization.

5. Ariel C. Armony and Julia C. Strauss, "From Going Out (zou chuqu) to Arriving In (desembarco): Constructing a New Field of Inquiry in ChinaLatin America Interactions", The China Quarterly, Vol. 209, March 2012.

6. Barry Buzan, "Economic Structure and International Security: The Limits of the Liberal Case", International Organization, Vol. 38, No. 4, Aut. 1984.

7. Björn Hattne, "Regionalism, Interregionalism and World Or-

der: European Challenge to Pax Americana", Council on Comparative Studies Presents Working Papers Series no. 3, March 17, 2003.

8. Benjamin Creutzfeldt, "América Latina en la política exterior China", Pap. Polít. Bogotá (Colombia), Vol. 18, No. 2, julio-diciembre 2013.

9. Ben Laidler, Qu Hongbin, Todd Dunivant, Simon Francis, Thomas Hilboldt, and Andre Loes, "South-South Special: What a globalizing China means for LatAm", HSBC Global Research, November 2013.

10. "China 2030: Building a Modern, Harmonious, and Creative Society", The World Bank and Development Research Center of the State Council, the People's Republic of China, March 23, 2013.

11. Chris Alden, "China y África: un espejo distante para América Latina", Colombia Internacional 75, enero a junio de 2012.

12. Christian Freres, José Antonio Sanahuja, "Hacia una Nueva Estrategia en las Relaciones Unión Europea-América Latina", Documento de trabajo del Instituto Complutense de Estudios Internacionales (ICEI), 01/2006.

13. David A. Baldwin, "Interdependence and Power: A Conceptual Analysis", International Organization, Vol. 34, No. 4 (Aut., 1980).

14. Dale Copeland, "Economic Interdependence and War", International Security, Vol. 20, No. 4, Spr., 1996.

15. “En busca de una asociación renovada entre América Latina y el Caribe y la Unión Europea”, CEPAL, Santiago de Chile, abril de 2011.

16. Eduardo Daniel Oviedo, Historia de las Relaciones Internationales entre Argentinay China, Buenos Aires, Editorl Dunken, 2010.

17. Erica Downs, “Inside China, INC: China Development Bank's Cross-Border Energy Deals”, John L. Thornton China Center at Brookings, Monograph Series, Number 3, March 2011.

18. Eduardo Bidaurratzaga、Patxi Zabalo, “Los Acuerdos de Asociación de la UE con África y América Latina: La nueva apuesta europea por Tratados de Libre Comercio con cooperación”, Estudios de Economía Aplicada, 2012, Vol. 30 – 3.

19. Enrique Dussel Peters (coordinador): 40 años de la relación entre México y China: acuerdos, desencuentros y futuro., Editores Buena Onda, S. A de C. V..

20. Fernando Villamizar Lamus, “Smart power y la política exterior de China hacia America Latinay Caribe”, Revista Enfoques, Vol. XI, No17, 2012.

21. Fredrik Söderbaum and Luk Van Langenhove, “Introduction: The EU as a Global Actor and the Role of Interregionalism”, Journal of European Integration, Vol. 27, No. 3, 2005.

22. George Bush, “Remarks Announcing the Enterprise for the Americas Initiative”, June 27, 1990. http://www.presidency.ucsb.edu/ws/? pid = 18644

23. Gerherd Mally, “Interdependence—the European-Ameri-

can connection in the Global Context", published for the Atlantic Council of the United States, 1976.

24. Havard Hegre, "Development and the Liberal Peace: What Does It Take to Be a Trading State?", Journal of Peace Research, Vol. 37, No. 1, Jan., 2000.

25. Isabel Rodríguez Aranda y Diego Leiva Van de Maele, "El soft power en la política exterior de China: consecuencias para América Latina", Polis [En línea], 35, 2013. http://polis.revues.org/9179

26. Jamie Heine, "China's Claim in Latin America: So Far, a Partner not a Threat", July25, 2008. http://www.coha.org/china% E2% 80% 99s – claim-in-latin-america-so-far-a-partner-not-a-threat/

27. John Kerry, "Remarks on U. S. Policy in the Western Hemisphere", November 18, 2013 . http://www.state.gov/secretary/remarks/2013/11/217680.htm

28. Juan Gabriel Tokatlian, "América Latina, China y Estados Unidos: Un triángulo promisorio", Revista CIDOB d'Afers Internacionals, núm. 78.

29. Julio Sevares, "El Ascenso de China: Oportunidad y Retos para América Latina", Nuevos Sociedad, No. 235, septiembre-Octubre de 2011.

30. Katherine Barbieri, "Economic Interdependence: A Path to Peace or a Source of Interstate Conflict", Journal of Peace Research, Vol. 33 No. 1, 1996.

31. Kevin Gallagher and Robeao Porzecanski, "The Dragon in

the Room: China and the Future of Latin American Industrialization", Stanford University Press, 2010.

32. Katherine Barbieri and Jack Levy, "Sleeping with the Enemy: The Impact of War on Trade", Journal of Peace Research, Vol. 36, No. 4, 1999.

33. Osvaldo Rosales y Mikio Kuwayama, "América Latina al encuentro de China e India: perspectivas y desafíos en comercio e inversión", Revista de la CEPAL, Diciembre 2007.

34. Osvaldo Rosales y Mikio Kuwayama: Chinay América Latinay el Caribe Hacia una relación económica y comercial estratégica. Comisión Económica para América Latinay el Caribe (CEPAL), Santiago, marzo de 2012.

35. Peter Bachrach and Morton Banatz, "Two Faces of Power", American Political Science Review 56 (December 1982), p. 947 - 952.

36. Peter Hakim, "Obama y Latinoamérica: año II", Política Exterior, no 13, Marzo-abril 2010. http://www.politicaexterior.com/articulos/politica-exterior/obama-y-latinoamerica-ano-ii/

37. Richard Cooper, The Economics of Interdependence: Economic Policy in the Atlantic Community, New York: McGraw Hill, 1968.

38. R. Harrison Wagner, "Economic Interdependence, Bargaining Power, and Political Influence", International Organization, Vol. 42, No. 3, 1988.

39. Ralf Roloff, "Interregionalism in Theoretical Perspective", in Heiner Hänggi, Ralf Roloff and Jürgen Rüland, eds., Interre-

gionalism and International Relations, London: Routledge, 2006.

40. Rhys Jenkins, "El impacto de China en América Latina", Revista CIDOB d'Afers Internacionals, 85 – 86, mayo 2009.

41. Rhys Jenkins, "Latin America and China—a new dependency?", Third World Quarterly, Vol. 33, No. 7, 2012.

42. Robert Devliny y Ricardo Ffrench-Davis, "Hacia una evaluación de de la integración regional en América Latina", Comercio Exterior, Vol. 49 N°11 (Nov. 1999).

43. Robert Keohane, International Relations and International Law: Two Optics, Harvard International Law Journal, Vo. l 38, No. 2, Spring 1997.

44. Robert Keohane, "International Institutions: Can Interdependence Work?", Foreign Policy, Spring 1998.

45. Romer Cornejo, "De la coincidencia diplomática a la competencia económica". En Enrique Dussel Peters (coordinador): 40 años de la relación entre México y China: acuerdos, desencuentros y futuro., Editores Buena Onda, S. A de C. V..

46. Richard Rosencrance: The rise of the Trading State: Commerce and Conquest in the Modern World, New York: Basic Book, Inc., 1986.

47. Sharon Ahcar Cabarcas、Oriana Galofre Charris y Roberto González Arana, "Procesos de integtación regional en Amércia Latina: un enfoque político", revista de economía del Caribe no. 11 (2013).

48. Shannon Tiezzi, "China's Push Into 'America's Backyard'", February 08, 2014. http://the-diplomat. com/2014/02/

chinas-push-into-americas-backyard/

49. Solomon W. Polachek, "Conflict and Trade", The Journal of Conflict Resolution, Vol. 34, No. 1, 1980.

50. Stanley Hoffman, Janus and Minerva: Essays in the Theory and Practice of International Politics, Westview Press, 1987.

51. Taotao Chen, Miguel Pérez Ludeña, "Chinese foreign direct investment in Latin America and the Caribbean", ECLAC-Production Development Series No. 195, January 2014.

二、中文参考文献

1. 阿莉西亚·巴尔塞纳（Alicia Bárcena）："2012 年拉丁美洲和加勒比地区的经济发展"，载《拉丁美洲研究》，2012 年第 6 期。

2. ［巴西］特奥托尼奥·多斯桑托斯著，杨衍永等译：《帝国主义与依附》，北京：社会科学文献出版社，1999 年版。

3. 陈锦华：《中国模式与中国制度》，北京：人民出版社，2012 年版。

4. 程洪、于燕："试述中拉关系中的美国因素（2001—2010 年）"，载《拉丁美洲研究》，2010 年 10 月第 5 期。

5. 陈涛涛、陈忱、［西］罗德斯·卡萨诺瓦，陈晓编著：《拉美区位优势与竞争环境》，北京：清华大学出版社，2014 年版。

6. 楚树龙："多边外交：范畴、背景及中国的应对"，载《世界经济与政治》，2001 年第 10 期。

7. 董国辉："中国与拉美经贸关系中的合作与冲突"，载

《拉丁美洲研究》，2013 年第 3 期。

8.《2012 年度中国对外直接投资统计公报》，中国商务部、中国统计局、国家外汇管理局，中国统计出版社，2013 年 9 月版。

9. ［法］孟德斯鸠著，张雁深译：《论法的精神》，北京：商务印书馆，1978 年版。

10. 方连庆、王炳元、刘金质主编：《国际关系史》（战后卷）上册，北京：北京大学出版社，2008 年版。

11. 樊勇明：《西方国际政治经济学》，上海：上海人民出版社，2006 年 8 月。

12.《国别贸易投资环境报告 2014》，中国商务部，2014 年 3 月 1 日。

13.《国别贸易投资环境报告 2013》，中国商务部，2013 年 4 月 18 日。

14. “拉美国家对华贸易救济案件综述”，商务部产业损害调查局，载《国际商报》，2010 年 7 月 27 日，第 005 版。

15. 李画：“中拉金融合作渐入佳境”，载《 国际金融报》，2009 年 4 月 1 日，02 版。

16. 李淑娟：“新世纪以来拉美与亚太地区的经贸合作——兼论中国与拉美的经贸合作”，载《拉丁美洲研究》，2012 年第 4 期。

17. 李春辉等主编：《拉丁美洲史稿》下卷，北京：商务印书馆，2009 年版。

18. 李辉、侯志铭、张荣：“中国对拉美直接投资的现状及发展问题研究”，载《财经理论研究》，2013 年第 6 期。

19. 李安山、刘海方：“论中非合作论坛的运作机制及其与非洲一体化的关系”，载《教学与研究》，2012年第6期。

20. 李明德主编：《拉丁美洲和中拉关系——现在与未来》，北京：时事出版社，2001年版。

21. 柳明、王发军：“中国在拉丁美洲的贷款”，载《拉丁美洲研究》2012年8月第4期。

22. 刘爽：“相互依存与国际贸易摩擦互动关系研究”，辽宁大学博士学位论文，2008年。

23. 吕宏芬、俞涔：“中国与巴西双边贸易的竞争性与互补性研究”，载《国际贸易问题》，2012年第2期。

24. 郭濂主编：《中国与拉丁美洲经贸合作战略研究》，北京：中国社会科学出版社，2014年版。

25. 韩念龙主编：《当代中国外交》，北京，中国社会科学出版社，1987年版。

26. 胡锦涛：“坚定不移沿着中国特色社会主义道路前进，为全面建成小康社会而奋斗——在中国共产党第十八次全国代表大会上的报告”，载《人民日报》，2012年11月18日02版。

27. 胡锦涛：“共同构筑新时期中拉全面合作伙伴关系——在秘鲁国会的演讲”（2008年11月20日，利马），载《人民日报》，2008年11月22日03版。

28. 江时学：“中拉关系五问”，载《拉丁美洲研究》，2013年05期。

29. 江时学著：《金融全球化与发展中国家的经济安全——拉美国家的经验教训》，北京：社会科学文献出版社，2004年版。

30. 《孔子学院2013年发展报告》，北京，孔子学院总部/

国家汉办，2013 版。

31. 邝艳湘："全球化条件下的经济相互依赖与世界和平"，外交学院博士学位论文，2008 年。

32. 《马克思恩格斯选集》，第 1 卷，北京：人民出版社，1995 年版。

33. 马俊平："冷战后美国与拉美合作机制的演变"，载《现代国际关系》，2001 年第 5 期。

34. ［美］罗伯特·吉尔平著，武军等译：《世界政治中的战争与变革》，北京，中国人民大学出版社，1994 年版。

35. ［美］罗伯特·基欧汉和约瑟夫·奈著，门洪华译：《权力与相互依赖》（第四版），北京：北京大学出版社，2012 年版。

36. ［美］卡尔·多伊奇著，周启朋等译：《国际关系分析》，北京：世界知识出版社，1992 年版。

37. ［美］肯尼斯·华尔兹著，信强译：《国际政治理论》，上海：上海人民出版社，2008 年版。

38. ［美］托马斯·E. 斯基德莫尔、［美］彼得·H. 史密斯、［美］詹姆斯·N. 格林著，张森根、岳云霞译：《现代拉丁美洲》，北京：当代中国出版社，2014 年 8 月版。

39. ［美］西里尔·爱德华·布莱克主编，杨豫译：《比较现代化》，上海：上海译文出版社，1996 年版。

40. ［墨］卡洛斯·安东尼奥·阿居雷·罗哈斯（著），王银福（译）：《拉丁美洲：全球危机和多元文化》，山东，山东大学出版社，2006 年版。

41. 倪建平："国家形象与中国同拉美的经济合作：文化传播视角"，载《拉丁美洲研究》，2010 年第 3 期。

42. 倪世雄等著:《当代西方国际关系理论》，上海：复旦大学出版社，2001 年版。

43. 秦亚青:“国际体系的延续与变革”，载《外交评论》，2010 年第 1 期。

44. 秦亚青著:《国际关系理论：反思与重构》，北京：北京大学出版社，2012 年版。

45. 沈安:“关于中国未来对拉美外交战略的思考”（上），载《拉丁美洲研究》，2009 年第 4 期。

46. 沈安:“关于中国未来对拉美外交战略的思考”（下），载《拉丁美洲研究》2009 年第 5 期。

47. 沈安：“从经济一体化走向政治经济联盟——拉美团结自强争取独立的历史道路”，载《拉丁美洲研究》，2011 年第 1 期。

48. 沙丁等合著:《中国和拉丁美洲关系简史》，郑州：河南人民出版社，1986 年版。

49. “2013 年阿根廷货物贸易及中阿双边贸易概况”，载《国别贸易报告》（阿根廷），商务部综合司、商务部国际贸易经济合作研究院，2014 年第 1 期。http：//countryreport. mofcom. gov. cn/record/view110209. asp？news_ id = 38287

50. 《对外投资合作国别（地区）指南》（阿根廷，2014 版），商务部国际贸易经济合作研究院、商务部投资促进事务局、中国驻阿根廷大使馆经济商务参赞处，2014 年 9 月。

51. “2014 年巴西货物贸易及中巴双边贸易概况”，载《国别贸易报告》（巴西），商务部综合司、商务部国际贸易经济合作研究院，2014 年第 1 期。http：//countryreport. mofcom. gov. cn/record/view110209. asp？news_ id = 38287

52.《对外投资合作国别（地区）指南》（巴西，2014版），商务部国家贸易经济合作研究院、商务部投资促进事务局、中国驻巴西大使馆经济商务参赞处，2014年9月。

53.“2013年墨西哥货物贸易及中墨双边贸易概况”，载《国别贸易报告》，商务部综合司、商务部国家贸易经济合作研究院，2014年第1期。http：//countryreport. mofcom. gov. cn/record/view110209. asp？news_ id = 38849

54.《对外投资合作国别（地区）指南》（墨西哥，2014版），商务部国家贸易经济合作研究院、商务部投资促进事务局、中国驻墨西哥大使馆经济商务参赞处，2014年9月。

55.《国别贸易投资环境报告2014》，中国商务部，2014年3月1日。

56.［日］山本吉宣著，桑月译：《国际相互依存》，北京：经济日报出版社，1989年版。

57. 司昆阳：“论发达国家间的相互依存与一体化趋势”，载《世界经济文汇》，1988年02期。

58. 苏振兴主编：《中拉关系60年：回顾与思考》，北京：当代世界出版社，2010年版。

59. 苏振兴主编：《中国与拉丁美洲——未来10年的经贸合作》，北京，中国社会科学出版社，2014年版。

60. 苏振兴：“中拉经贸合作继续处于重要历史机遇期”，载《当代世界》，2014年第10期。

61. 孙洪波：“美国对中拉关系的判断及其疑虑”，载《江汉大学学报》（社会科学版），第2009年第2期。

62. 田志、吴志峰：“中国在拉美地区的自由贸易区布局及合作战略”，载《拉丁美洲研究》，2014年第1期。

63. 吴白乙等著：《转型中的机遇：中拉合作前景的多视角分析》，北京：经济管理出版社，2013 年版。

64. 吴白乙："对中国与发展中国家政治关系的再思考"，载《拉丁美洲研究》，2010 年第 4 期。

65. 吴国平、岳云霞："中国与墨西哥双边贸易的发展趋势及其面临的问题"，载《拉丁美洲研究》，2012 年第 5 期。

66. 武小琦、陈开军："中国与拉美国家自由贸易协定的效应评价"，载《拉丁美洲研究》，2013 年第 5 期。

67. 王泰平主编：《中华人民共和国外交史》第 2 卷（1957 ~ 1969），北京：世界知识出版社，1998 年版。

68. 王泰平主编：《邓小平外交思想研究论文集》，北京：世界知识出版社，1996 年版。

69. 王晓梅："美国对中国加强与拉美合作的认识与政策"，载《教学与研究》，2007 年第 2 期。

70. 王萍、王翠文："国际格局的变化与中拉关系的可持续发展"，《拉丁美洲研究》，2014 年 2 月第 1 期。

71. 王萍：《走向开放的地区主义——拉丁美洲一体化研究》，北京，人民出版社，2005 年版。

72. 王毅"探索中国特色大国外交之路"，载《国际问题研究》，2013 年第 4 期。

73. 王友明："构建中拉整体合作机制：机遇、挑战及思路"，载《国际问题研究》，2014 年第 3 期。

74. 温家宝："永远做相互信赖的好朋友——在联合国拉丁美洲和加勒比经济委员会的演讲"，圣地亚哥，2012 年 6 月 26 日，新华网。http：//news. xinhuanet. com/world/2012 – 06/27/c_ 112303984. htm

75. 吴志峰、田志，"'中委基金'是'南南合作'"的典范，载《中国社会科学报》，2014 年 7 月 9 日，第 B02 版。

76. ［西/法］哈维尔·桑蒂索（Javier Santiso）主编，王鹏、赵重阳译：《中国在拉美的有形之手》，北京：世界知识出版社，2009 年版。

77. 习近平："为我国发展争取良好周边环境推动我国发展更多惠及周边国家，载《人民日报》，2013 年 10 月 26 日 01 版。

78. 习近平："努力构建携手共进的命运共同体——在中国拉美和加勒比国家领导人会晤上的主旨讲话"，载《人民日报》，2014 年 7 月 19 日，02 版。

79. 杨洁勉："新兴大国群体在国际体系转型中的战略选择"，载《世界经济与政治》，2008 年第 6 期。

80. 杨洁勉，"中国梦与中国外交"，载《文汇报》，2013 年 6 月 25 日。求是理论网。http：//www. qstheory. cn/zl/bkjx/201306/t20130625_ 243017. htm

81. 杨志敏："中拉经贸合作面临的新形势与政策选择"，载《拉丁美洲研究》，增刊 2，2009 年 10 月。

82. ［英］罗德里克·马丁著，丰子义、张宁译：《权力社会学》，北京：三联书店，1992 年。

83. 苏长和："经济相互依赖及其政治后果"，载《欧洲》1998 年第 4 期。

84. 俞正梁等著：《全球化时代的国际关系》（第二版），上海：复旦大学出版社，2009 年版。

85. 于筱芳，"太平洋联盟：拉丁美洲一体化的新军"，载《拉丁美洲研究》，2014 年第 1 期。

86. 袁正之：《拉美石油投资的政治风险分析》，载《国际石油经济》，2008 年第 3 期。

87. 岳云霞：“中拉贸易摩擦分析——拉美对华反倾销形势、特点与对策”，载《拉丁美洲研究》，2008 年第 6 期。

88. 岳云霞、武小琦：“拉美国家对华贸易摩擦现状及应对——以巴西、阿根廷为例”，载《中国经贸》，2013 年 03 期。

89. 张春：“中非关系：应对国际对非合作的压力和挑战”，载《外交评论》，2012 年第 3 期。

90. 郑先武：“国际关系研究新层次：区域间主义理论与实证”，载《世界经济与政治》，2008 年第 8 期。

91. 张凡：“欧洲联盟与拉丁美洲的对话”，载《欧洲研究》，2007 年第 5 期。

92. 张明德：“拉美新兴大国的崛起及面临的挑战”，载《国际问题研究》，2012 年第 5 期。

93. 张煜：“中美‘伙伴关系’外交的比较研究”，外交学院博士研究生学位论文，2012 年。

94. 张勇：“中拉合作应对国际金融危机的合作模式分析”，载《拉丁美洲研究》，增刊 2，2009 年 10 月。

95. 张仕荣、张曙光：“新时期拉美结构主义与中拉能源合作的前景”，载《拉丁美洲研究》，2012 年 06 期。

96. 张浚：“欧盟的‘软力量’：欧盟发挥国际影响的方式”，载《欧洲研究》，2007 年第 3 期。

97. 张蕴玲：《世界经济中的相互依赖关系》，北京：中国社会科学出版社，2012 年版。

98. 张蕴岭：“世界经济中的相互依赖关系”，载《西欧研究》，1988 年第 4 期。

99. 张忠祥：《中非合作论坛研究》，北京：世界知识出版社，2012 年 8 月版。

100. 赵晖：“拉美区域合作与中拉合作的战略选择”，载《国际问题研究》2014 年第 4 期。

101. 《中国发展报告 2014》，中国统计出版社，2014 年 9 月。

102. 《中国的对外援助（2014）》白皮书，中华人民共和国国务院新闻办，2014 年 7 月。

103. 《中华人民共和国和拉丁美洲和加勒比地区经贸往来迈入新阶段》（中文版），联合国拉丁美洲和加勒比海地区经济委员会，智利，圣地亚哥，2011 年 6 月。

104. “中拉经贸互联新生态：新纬度中的金融合作”，新华网，2014 年 7 月 17 日。http：//news. xinhuanet. com/2014 - 07/17/c_ 1111672848. htm

105. 周弘主编：《对外援助与国际关系》，北京：中国社会科学出版社，2002 年版。

106. 朱鸿博：“近期中拉关系的发展与美国的拉美政策”，载《拉丁美洲研究》，2006 年第 4 期。

107. 朱鸿博：《冷战后美国的拉丁美洲政策》，上海：上海辞书出版社，2007 年版。

108. 左品：“中国与南方共同市场经贸合作格局与前景分析”，载《国际观察》，2012 年 05 期。

三、网站

1. América Latina en Movimiento：http：//alainet. org/in-

dex. phtml

2. Cepal：http：//www. cepal. org/es

3. IberChina：http：//www. iberchina. org/index. php? option = com_ content&view = featured&Itemid = 95

4. Ministerio de Relaciones Exteriores y Culto Argentina：https：//www. mrecic. gov. ar/es/secretaria-de-relaciones-exteriores

5. Ministério das relacioes exterior da Brazil：http：//www. itamaraty. gov. br/index. php? lang = pt-br

6. Observatorio de la política China：http：//www. politica-china. org/novas. php? clase = 20

7. Secretaría de Relaciones Exteriores de Mexico：www. sre. gob. mx/index. php

8. World Bank Group：http：//www. worldbank. org/

9. 人民网：http：//www. people. com. cn/

10. 新华网：http：//www. xinhuanet. com/

11. 中国社会科学院拉丁美洲研究所：http：//ilas. cass. cn/cn/index. asp

12. 中国外交部：http：//www. fmprc. gov. cn/mfa_ chn/

13. 中国商务部：http：//www. mofcom. gov. cn/article/gzyb/

14. 中国国家统计局：http：//www. stats. gov. cn/

15. 中国网：http：//www. china. com. cn/

16. 中国—拉共体论坛：http：//www. chinacelacforum. org/chn/zywj/t1236150. htm

附　　录

附录一　中国对拉丁美洲和加勒比政策文件

前　言

当今世界正处在大变革大调整之中，和平与发展是时代主题。世界多极化不可逆转，经济全球化深入发展，世界和平与发展既面临新的机遇，也面临诸多挑战。共同分享发展机遇，共同应对各种挑战，推进人类和平与发展的崇高事业，事关各国人民的根本利益，也是各国人民的共同心愿。

作为世界上最大的发展中国家，中国始终不渝走和平发展道路，始终不渝奉行互利共赢的开放战略，愿在和平共处五项原则的基础上，同所有国家发展友好合作，推动建设持久和平、共同繁荣的和谐世界。

拉丁美洲和加勒比是发展中国家的重要组成部分，是当今国际舞台上的一支重要力量。新形势下，中拉关系面临新的发展机遇。中国政府制定对拉丁美洲和加勒比政策文件，旨在进一步明确中国对该地区政策目标，提出今后一段时期中拉各领域合作的指导原则，推动中拉关系继续健康稳定全面发展。

第一部分　拉丁美洲和加勒比的地位和作用

拉美历史悠久，地大物博，经济社会发展基础良好，发展潜力巨大。

拉美各国积极探索符合本国国情的发展道路，政局保持稳定，经济持续增长，人民生活不断改善。各国有着联合自强的强烈愿望，致力于促进本地区和平、稳定、发展，整体实力不断壮大，国际影响力不断增强。各国积极参与国际事务，为维护世界和平、促进共同发展作出了积极贡献，在国际和地区事务中发挥着日益重要的作用。

第二部分　中国同拉丁美洲和加勒比的关系

中拉虽然相距遥远，但中拉人民友谊源远流长。目前双方处于相似的发展阶段，面临相同的发展任务，双方有着增进了解、加强合作的共同愿望。

在 1949 年新中国成立后的二十多年中，中拉之间以民间交往为主。至上世纪七八十年代，中国同该地区大多数国家实现建交。90 年代，中拉各领域友好合作取得长足发展。进入 21 世纪以来，中拉高层交往更加频繁，政治互信日益加深，经贸、科技、文教等领域合作不断深入，在国际事务中相互支持、密切配合。双方关系呈现全方位、多层次、宽领域发展的新局面。

中拉友好合作符合双方人民的根本利益。展望未来，中拉关系发展潜力巨大，前景广阔，必将为人类和平与发展的崇高事业作出更大贡献。

第三部分　中国对拉丁美洲和加勒比政策

加强同广大发展中国家的团结合作，是中国独立自主和平外交政策的立足点。中国政府从战略高度看待对拉关系，致力于同拉丁美洲和加勒比国家建立和发展平等互利、共同发展的全面合作伙伴关系。中国对拉美政策的总体目标是：

——互尊互信、扩大共识。坚持和平共处五项原则，同拉美各国平等相待、相互尊重。不断加强同拉美国家的对话和沟通，扩大政治互信和战略共识，在涉及彼此核心利益及重大关切的问题上继续相互理解、相互支持。

——互利共赢、深化合作。充分发挥各自优势，不断挖掘合作潜力，同拉美国家成为互利互惠的经贸合作伙伴，促进双方共同发展。

——互鉴共进、密切交流。积极开展人文交流，相互学习有益经验，共同促进人类文明发展进步。

一个中国原则是中国同拉美国家及地区组织建立和发展关系的政治基础。中国政府赞赏该地区绝大多数国家恪守一个中国政策，不同台湾发展官方关系和进行官方往来，支持中国统一大业。中国愿在一个中国原则基础上同拉美各国建立和发展国家关系。

第四部分　加强中国同拉丁美洲和加勒比的全方位合作

一、政治方面

（一）高层交往

中方愿保持同拉美国家领导人的密切交往势头，不断增进相互了解和信任，加强治国理政经验交流，巩固中拉关系发展的政治基础。

（二）立法机构交往

中国全国人民代表大会愿在相互尊重、加深了解、发展合作的基础上，加强同拉美国家议会以及拉美议会、南方共同市场议会、安第斯议会等议会组织多层次、多渠道的友好往来，为国家关系发展增添新内容、注入新活力。

（三）政党交往

中国共产党愿在独立自主、完全平等、互相尊重、互不干涉内部事务原则的基础上，同拉美各国友好政党和政治组织开展多种形式的交往，相互交流与学习，增进了解和友谊，加强信任和合作。

（四）磋商机制

中国政府有关部门愿同拉美国家相关部门建立和完善双方政府间常设委员会、高层委员会、高级混委会、战略对话、政治磋商、经贸混委会、经贸磋商、高层工作组、经贸合作论坛、文教混委会、科技混委会等机制，加强磋商和沟通，促进交流合作。

（五）国际事务合作

中国政府愿继续加强同拉美国家在国际事务中的协调和配

合，就重大国际和地区问题保持经常性沟通，在涉及各自国家主权、领土完整等重大问题上相互支持。中方愿同拉美国家共同致力于加强联合国的作用，推动国际政治经济秩序向更加公正合理的方向发展，推进国际关系民主化，维护发展中国家合法权益。中国支持拉美国家在国际事务中发挥更大作用。

（六）地方政府交往

中方高度重视同拉美国家开展地方政府交往，积极支持双方建立友好省州或友好城市关系，开展经贸、科技、文化等领域交流合作，增进相互了解和友谊。重视同拉美国家在地方政府国际组织中开展合作。

二、经济方面

（一）贸易

中国政府将继续本着平等互利的原则，同拉美国家一道，努力扩大和平衡双边贸易，优化贸易结构，促进共同发展。同时，通过磋商协作，妥善解决贸易摩擦。中国愿在互利共赢基础上积极考虑同拉美国家或地区一体化组织商签自由贸易协定。

（二）投资合作

中国政府鼓励和支持有条件、有信誉的各类中国企业赴拉美地区开展制造业、农业、林业、渔业、能源、矿产资源开发、基础设施建设、服务业等领域投资合作，为促进中国同拉美国家经济社会发展作出贡献。中国政府继续欢迎拉美企业在华投资。

（三）金融合作

中国政府支持中国货币金融当局及金融机构同拉美国家以及该地区货币金融当局及金融机构加强在宏观经济形势、经济金融政策等方面的沟通和业务交流合作。支持商业银行在拉美设立分支机构。适时推进同拉美国家签订银行监管合作协议。开展反洗钱、打击恐怖主义融资领域合作。

（四）农业合作

中国政府愿通过举办农业技术培训班和派遣技术人员等方式，推动中拉农业科技、人员培训等领域交流合作。建立信息交流机制，就双方关心的问题进行沟通。推动中拉动植物检验领域合作，扩大农产品贸易，共同促进粮食安全。

（五）工业合作

中方愿加强同拉美国家在工业领域的交流，建立和完善相关合作机制，分享各自在工业化进程中的成功经验，推动和深化务实合作。

（六）基础设施建设

中方愿加强同拉美国家在交通、信息通信、水利水电等基础设施建设领域的务实合作，扩大在拉美承包工程规模，开展各种形式的互利合作，为改善该地区基础设施条件作出积极努力。

（七）资源能源合作

中方愿在相关领域双边合作机制的框架内扩大和深化同拉美国家在资源能源领域的互利合作。

（八）海关合作

中方愿加强同拉美国家在海关领域的交流合作，增进双方海关人员交往，促进贸易安全和便利，就双方关注的走私、商业瞒骗等问题加强交流和沟通，适时同有关国家海关商签行政互助合作文件。

（九）质检合作

中国政府愿加强同拉美国家在质检以及技术性贸易措施

（WTO/TBT）、卫生和植物卫生（WTO/SPS）领域的交流合作，建立和落实有关质检磋商机制，保证产品质量和食品安全。就双方关注的产品质量和食品安全、动植物产品检疫准入问题加强交流和沟通，商签检疫准入议定书，积极开展双方计量和标准化领域交流合作。

（十）旅游合作

中方愿扩大同拉美国家在旅游领域的合作，增进双方人民的相互了解和友谊。中方将积极推动中国旅游团队赴拉美国家旅游，也欢迎拉美国家公民来华旅游观光。

（十一）减免债务

中国政府愿根据既定的减免债务政策，在力所能及的范围内，同拉美相关国家积极探讨解决其对华债务问题的方式。中国政府也继续呼吁国际社会特别是发达国家在减免拉美国家债务问题上采取更多实质性行动。

（十二）经济技术援助

中国政府将根据自身财力和经济社会发展状况，继续向拉美有关国家提供不附加任何政治条件的经济技术援助，并将根据拉美国家的需求在力所能及的条件下逐步增加援助。

（十三）多边合作

中国政府愿加强同拉美国家在多边经贸、金融机构和体系中的磋商和协调，促进南南合作，推动多边贸易体制朝着更加公正合理的方向发展，扩大发展中国家在国际贸易、金融事务中的发言权和决策权。

（十四）商协会合作

中方将深化同拉美国家商协会的合作，利用中国—拉美企业家高峰会和中国—加勒比企业家大会等机制性平台，推动中拉企业界交流，实现合作共赢。

三、人文和社会方面

（一）文体交流

中国政府愿积极落实同拉美国家签订的文化合作协定和相关执行计划，保持双方文化主管部门经常性交往，加强双方文化、艺术机构、专业人员交流合作。根据双方文化交流和市场需求，积极引导和推动社会各界开展多种形式的文化交流活动。

中方愿保持双方政府体育主管部门和国家奥委会的交往，鼓励双方单项体育协会建立直接联系，积极引导和推动开展多种形式的双边体育交流。

（二）科教合作

中方愿通过双边科技合作混委会和高层协调机制，促进同拉美国家的科技交流。加强双方共同感兴趣的航空航天、生物能源、资源环境技术、海洋技术等领域合作。积极推动中国节能技术、数字化医疗、小水电等科技成果和先进实用技术在拉美的推广应用。开展技术培训，提供技术服务和示范。利用双边和多边合作机制，促进中拉教育合作和交流。推动签订学历学位互认协议。增加向拉美国家提供政府奖学金名额。

（三）医疗卫生合作

中国政府愿积极推动同拉美国家的医疗卫生交流合作，在疾病控制、突发公共卫生事件应急处理、艾滋病、禽流感防治等领域相互借鉴经验和开展合作。继续向该地区有关国家派遣医疗队，提供派遣医疗队所需的药品和医疗设备物资，帮助改善医疗设施、培训医疗人员。

（四）领事合作和人员往来

中国政府愿发展和深化同拉美国家的领事关系，加强和扩大双方领事部门交流合作。通过建立领事磋商机制等方式，同拉美国家就双边或多边领事关系中共同关心的问题进行友好商谈，解决彼此关切。采取积极有效措施，促进和保障双方人员正常往来，为其从事正常的贸易、投资经营活动提供便利，维护双方公民合法权益。

（五）新闻合作

中国政府鼓励并积极推动双方新闻媒体开展多层次、多形式的交流合作，增进相互了解，全面客观报道对方情况。加强双方有关政府新闻部门的沟通和合作，为双方媒体交流合作提供便利。

（六）民间交往

中国政府鼓励双方民间团体、学术机构开展交流，充分发挥民间友好交往机制作用，促进中国同拉美国家友好关系发展。加强同拉美国家青年组织和机构的交流。深化同拉美各国和区域性妇女组织以及非政府妇女组织的友好合作关系，增进相互了解和互信，共同推进性别平等和妇女进步。

（七）环保合作

中方愿加强同拉美国家在环保法律、法规、政策方面的交流，推动双方生物多样性保护、污染防治、荒漠化防治等领域人员培训、教育、能力建设合作。

（八）应对气候变化合作

中国政府高度重视同拉美国家在应对气候变化领域的合作，愿发展和巩固双方在《联合国气候变化框架公约》和其他相关机制下的合作。积极推动双方开展应对气候变化磋商、交流和相关项目合作。

（九）人力资源和社会保障合作

中方愿加强同拉美国家在促进就业、建立和谐劳动关系、完善社会保障制度、人力资源开发、公务员制度改革等领域的交流合作。通过签订和落实双边合作谅解备忘录，深化和扩大双方社会领域交流，加强双方在国际劳工组织等国际组织的协调和配合。

（十）减灾、救灾和人道主义援助

中国政府愿深化同拉美国家在减灾救灾领域的信息共享、经验交流和技术合作，推动双方建立相关部门双边和多边定期会晤机制。中国政府将继续积极回应拉美国家紧急人道主义援助要求，鼓励并支持中国红十字会等非政府组织同该地区相关团体开展交流合作。

（十一）扶贫合作

中国政府愿加强同拉美国家在减少贫困、缩小贫富差距领域的交流合作，推动双方扶贫机构广泛建立合作关系，开展机构信息交流、合作研究等活动。积极开展针对拉美国家扶贫人员的培训活动，加强同该地区国家或区域性组织的扶贫交流活动，加强人员互访和相互参加对方举办的扶贫会议、论坛等活动。

四、和平、安全和司法方面

（一）军事交流合作

中方愿积极开展同拉美国家的军事交流、防务对话和合作。加强双方防务和军队领导人互访及人员往来，深化军事训练、人员培训、维和等领域专业交流，拓展非传统安全领域务实合作，并继续对拉美国家军队建设提供力所能及的帮助。

（二）司法和警务合作

中方愿不断扩展同拉美国家在司法领域特别是刑事和民事司法协助以及引渡方面的合作。同有关国家司法部门加强在信息交流、刑罚执行、法律服务等方面的合作。同内政、警察部门加强执法合作，联合打击包括毒品犯罪、经济犯罪在内的跨国有组织犯罪；加强情报信息和技术交流，建立双边、多边交流制度，及时交流非法移民活动信息，提高防范能力。

（三）非传统安全

中国政府愿加强同拉美国家在非传统安全领域的交流合作，增加信息交流和人员往来，探讨在打击恐怖主义等非传统安全领域深化合作的有效途径和方式，共同提高应对非传统安全威胁的能力。

第五部分　中国同拉丁美洲和加勒比地区组织的关系

中国政府赞赏拉美区域及次区域组织在维护地区和平稳定、促进该地区团结和发展以及一体化等方面发挥的重要作用，支持其在地区和国际事务中发挥积极影响。中方将继续加强同有关组织在各领域的交流、磋商、合作。

附录二　中国—拉共体论坛首届部长级会议北京宣言

一、我们，中华人民共和国与拉美和加勒比国家共同体（拉共体）成员国的外长或代表，围绕“新平台、新起点、新机遇——共同努力推进中拉全面合作伙伴关系”的主题，于2015年1月8日至9日在北京举行中国—拉共体论坛（中拉论坛）首届部长级会议。

二、我们对中国国家主席习近平、哥斯达黎加总统路易斯·吉列尔莫·索利斯、厄瓜多尔总统拉斐尔·科雷亚、巴哈马总理佩里·格拉德斯通·克里斯蒂和委内瑞拉总统尼古拉·马杜罗出席开幕式表示感谢。

我们回顾了在智利圣地亚哥举行的第一届拉共体峰会，拉美和加勒比各国国家元首和政府首脑责成各自国家外交部长协调创建中拉论坛以及在古巴哈瓦那举行的第二届拉共体峰会，拉美和加勒比各国国家元首和政府首脑在此次会议上通过特别声明，承诺支持建立中拉论坛。

三、我们认为，上述特别声明、2014年7月在巴西利亚举行的中国—拉美和加勒比国家领导人会晤以及中国与由哥斯达黎加、安提瓜和巴布达、厄瓜多尔和古巴组成的拉共体“四驾马车”成员国国家元首和政府首脑会晤是中拉关系史上的重要事件。这些会晤决定正式建立平等互利、共同发展的中拉全面合作伙伴关系，在中拉论坛框架下为中拉关系长远发展指明了方向。

我们决心共同努力在中拉论坛框架下加强彼此关系，全面遵循包括相互尊重主权和领土完整在内的国际法准则和原则，促进经贸领域的合作和公平互利待遇，人文方面互学互鉴，在国际事务中加强建设性对话和密切协商，共同加强各领域合作。

四、我们相信，中拉论坛的正式建立为各国开展广泛领域的合作搭建了重要平台。论坛由中国和拉共体成员国外交部牵头，将负责处理论坛框架下举行的各类会议涉及的外交、政治、经济、科技、贸易、金融、文化、社会、环境等领域议题。

我们将遵循尊重、平等、多元、互利、合作、开放、包容和不设条件的原则，决心通过创新合作方式，在论坛主要领域及双方商定的其他领域开展对话，促进共同可持续发展、社会福祉和经济增长，为南南合作作出新的贡献。

五、我们决心以中拉论坛为对话与合作的新平台、新起点、新机遇，进一步深化中拉全面合作伙伴关系，达成以下共识：

——中国同拉美和加勒比国家作为发展中国家和新兴经济体，都是实现世界和平与繁荣、促进多边主义、世界多极化和国际关系民主化的重要力量。

——双方愿就共同关心的国际和地区事务加强对话与合作，就重大全球性问题加强协作，增强发展中国家在多边决策机构中的话语权，继续为世界和平、稳定、发展、繁荣作出积极贡献。

——中拉面临相似的发展目标，拥有广泛的共同利益，并认识到拉共体欠发达成员国面临的具体挑战。我们认为，双方关系是实现共同发展的重要机遇。

——我们将积极推动中拉保持高层交往和接触，包括各级别对话机制，就治国理政经验加强交流互鉴，就国际问题加强磋商。

——我们视全面务实合作为优先方向。我们将通过跟进和督促各项倡议、计划和项目，积极构建双方认可的合作框架，就各自发展战略和宏观经济政策开展对话，推动合作加速转型升级，以实现包容性增长和可持续发展。

——我们将努力扩大人文交流，扩大立法机构、中央及地方政府、青年、社会各界交往，增进相互了解，在教育、人力资源培训、智库、媒体、文化、体育、科技、农业、旅游、能源、自然资源和基础设施等领域拓展交往与合作。

——在中拉论坛框架下开展整体合作将有助于深化中拉全面合作。为此，我们通过了《中国与拉美和加勒比国家合作规划（2015—2019）》，明确了今后一个时期中拉整体合作的主要领域和具体举措。我们还通过了《中国—拉共体论坛机制设置和运行规则》，以建立我们的对话和合作框架。

——我们一致同意，中拉论坛制定的《中国与拉美和加勒比国家合作规划（2015—2019）》在落实过程中将遵循灵活和自愿参与的原则，符合各自国内政策和法律法规，并且不应影响任何各方事先已经达成一致的双边合作项目或替代各方已经达成的双边协议、决定和承诺。

——我们将积极探讨在条件成熟时举行由中国和拉共体成员国领导人出席的峰会的可能性，并鼓励在中拉论坛框架下举行专业领域会议。

——我们认为在论坛的政策和合作项目方面应给予加勒比

国家特殊待遇。

六、我们决定在中拉论坛框架内，视情同其他拉美和加勒比地区组织和机构开展对话合作，以构建全面均衡的中拉合作网络。我们对联合国拉美经委会、美洲开发银行和拉美开发银行等机构参加本次会议表示热烈欢迎。

七、我们对本次会议取得的积极成果感到满意。拉方赞赏并感谢中方的热情友好接待和为本次会议所做的精心准备。

八、中方赞赏拉共体轮值主席国哥斯达黎加为本次会议成功举行发挥的积极协调作用以及拉共体其他成员国的积极参与，并预祝将于2015 年1 月28 日至29 日在哥斯达黎加圣何塞举行的拉共体第三届峰会取得圆满成功。

九、我们同意中拉论坛第二届部长级会议将于2018 年1 月在智利举行。

附录三　中国与拉美和加勒比国家合作规划（2015—2019）

中国—拉共体论坛（中拉论坛）首届部长级会议于 2015 年 1 月 8 日至 9 日在北京举行。双方通过平等友好协商，同意共同制定《中国与拉美和加勒比国家合作规划（2015—2019）》如下：

第一条　政治和安全

一、加强中国同拉共体及其成员国高层互访和双方领导人多边场合会晤，完善双方对话磋商机制，充分发挥中拉论坛的平台作用。

二、扩大中国全国人民代表大会同拉共体成员国立法机构以及议会组织的往来与合作。

三、考虑开展中国同拉共体成员国政党、地方政府和青年之间的交流。中方将在今后 5 年内邀请 1000 名拉共体成员国政党领导人访华。适时举办中拉首都市长论坛和中拉地方政府合作论坛。中方将继续办好中拉青年政治家论坛。

四、共同努力加强中拉领事关系和领事合作，并根据各自国内法律法规维护双方企业和公民安全与合法权益。

五、鼓励中拉司法机构间加强互动，包括司法交流，扩大刑事和民事司法互助合作。双方同意将现有的中拉法律论坛纳入中拉论坛框架下定期举办。

六、在预防、打击和惩治偷运移民和贩卖人口，特别是贩卖妇女、儿童和青少年的行为，以及保护此类犯罪的受害者方面加强合作，包括保护受害者人权。

七、加强网络治理和网络安全对话与合作，共同构建和平、安全、开放、合作的网络空间，维护国际法原则，建立多边、多利益攸关方、民主、透明的国际互联网治理体系。

第二条　国际事务

一、加强在联合国等国际组织和多边机制内的对话与合作，尊重联合国宪章的宗旨和原则以及国际法，维护联合国权威及其在国际事务中的主导作用。

二、加强在国际经贸金融机构中的合作，改善全球经济治理，促进可持续和社会包容性发展及消除贫困，推动全球贸易繁荣和可持续发展。

三、就可持续发展和其他全球性问题加强对话与磋商，呼吁国际社会加快制定 2015 年后发展议程，以有效消除贫困、饥饿和全球性疾病等。

在《联合国气候变化框架公约》框架下，坚持“共同但有区别的责任”原则，推动气候变化国际谈判进程。

第三条　贸易、投资、金融

一、进一步促进中国同拉共体成员国间贸易和投资。共同努力促进双向贸易增长和平衡互利发展，力争 10 年内双方贸易额达到 5000 亿美元，双方投资存量达到至少 2500 亿美元，其中拉共体的投资存量特别关注高科技和高附加值商品生产领域。

二、通过加强合作，在保持传统贸易基础上加强服务贸易和电子商务合作，促进贸易平衡发展，并按照世界贸易组织规则以及中国同拉共体成员国家间的贸易协定，妥善处理贸易摩擦。

三、通过建立合资企业和伙伴关系等方式，鼓励投资促进和便利化。

四、支持办好中拉企业家高峰会。

五、鼓励双方中小微企业加强合作，支持中小企业国际化和参与全球产业链。

六、加强海关和质检合作。

七、加强中央银行间和金融监管部门间对话与合作。

八、充分利用中拉合作基金、中拉基础设施专项贷款、中方提供的优惠贷款以及其他金融资源，支持中国和拉共体成员国间重点合作项目，同拉美地区的社会、经济和环境发展需求及可持续发展愿景相适应。

九、通过拉美地区开发性金融机构，加强中国和拉共体成员国间合作。

第四条　基础设施和交通运输

一、促进中国同拉共体成员国基础设施领域合作。探讨适时举办中拉基础设施合作论坛。

二、加强交通运输、港口、公路、仓储设施、商贸物流、信息通信技术、宽带、广播电视、农业、能源、电力、住房和城市建设等领域基础设施建设。

三、鼓励有实力的中方和拉方企业参与有利于拉美和加勒比一体化和改善中国与拉共体成员国间互联互通的重点项目。

第五条　能源资源

一、促进更加紧密的中拉能源合作。探讨适时举办中拉能矿论坛。

二、在平等、整体对等、互利原则，严格遵循相关适用法规和最佳国际实践，及尊重各方对自然资源的充分主权基础上，加强能源和矿业领域合作，包括技术研发和自然资源的可持续利用。

三、加强双方在电力领域的合作和投资，包括发电、高压及超高压输电、水资源规划开发以及生物能、太阳能、地热和风能等。

四、加强可再生能源管理开发领域技术人员和专家培训项目。

五、加强合作，促进拉共体成员国实现附加值产品产业化。

第六条　农业

一、继续举办中拉农业部长论坛。

二、加强和深化农业领域合作，包括家禽养殖、林业、渔业和水产养殖。

三、推广现代农业技术开发和示范，在研发和农业投资开发区建设等方面加强合作，提高双方农业技术创新、农业生产加工能力和国际竞争力。

四、通过中方倡议设立的中拉农业合作专项资金，鼓励开展更多农业合作项目。

五、在2014年11月11日于巴西首都巴西利亚举行的有关家庭农业的拉共体首届部长会议上通过的拉共体家庭农业路线图框架下，促进中拉农业合作。

六、在拉共体粮食、营养安全和消除饥饿2025计划框架下加强中拉合作。

第七条　工业、科技、航空航天

一、探讨中国同拉共体成员国共同建设工业园区、经济特区、高技术产业园，特别是在研发领域，以促进产业投资和产业价值链的形成。

二、扩大制造业领域相互投资，推进多双边合作工业园区建设，加强建筑装备、石化、农产品加工、清洁能源、机械设备、汽车、航空、船舶及海洋工程装备、交通装备、电子设备、数字医疗设备、信息通信技术、技术和专门知识转让、生物技术、食品、医药等领域互利合作。探讨适时举办中拉工业发展与合作论坛。

三、拓展互联网、数字电视、信息通信产业群落开发等信息产业合作。

四、加强中国同拉共体成员国政府间科技对话合作机制。考虑适时举办首届中拉科技创新论坛。欢迎中方正式启动“中拉科技伙伴计划”和“中拉青年科学家交流计划”。

五、共同促进空间技术在综合风险管理、防灾减灾、农作物估产、气候变化影响、远程教育和医疗等领域的应用，充分照顾小型脆弱经济体，特别是小型发展中国家的利益和需求。

六、鼓励双方民航部门和企业开展有效合作，探讨增设连接中国同拉美和加勒比的航线，并通过代码共享加强航空联系，促进旅游业发展以及中国同拉共体成员国间密切人员往来。

七、加强在可持续性航空燃料，包括可再生航空生物燃料领域的合作。

第八条　教育和人力资源培训

一、促进教育领域交流、流动性研究项目以及教育部门和教育机构间合作。

二、加强人力资源开发、能力建设和各领域合作。中方将在2015 年至2019 年期间向拉共体成员国提供6000 个政府奖学金名额、6000 个赴华培训名额及 400 个在职硕士名额。

三、中方将从 2015 年起正式实施为期 10 年的“未来之桥”中拉青年领导人千人培训计划，并继续办好拉美青年干部研修班项目。

四、促进汉语、英语、西班牙语、葡萄牙语等语言人才培养。中方鼓励和支持拉共体成员国在中小学开设汉语课程，将汉语教学纳入国民教育体系。拉共体鼓励中国学校开设西班牙语和英语课程并开展教学，拉共体成员国鼓励中方在中国学校推广拉共体官方语言课程。

五、继续推动拉共体成员国孔子学院/孔子课堂建设和发展。

六、在机构建设方面开展技术合作项目。

第九条　文化和体育

一、共同办好中方倡议的最好于 2016 年举办的“中拉文化交流年”活动。

二、促进双方选派高水平艺术团组和艺术家作品参加各自举办的国际性艺术节和视觉艺术展览，鼓励在传统文化领域和新兴艺术领域以及文化和创意产业开展交流与合作。

三、鼓励在保护文化遗产以及打击盗窃、盗掘、文化财产非法出入境等方面开展合作。共同促进实施联合国教科文组织 1970 年通过的《关于禁止和防止非法进出口文化财产和非法转让其所有权的方法的公约》。

四、扩大体育交流与合作，鼓励互派运动员参加各类体育赛事，建设高水平体育中心。

第十条　新闻、媒体、出版

一、加强中国同拉共体成员国政府新闻部门间对话与合作，探讨商签广播电视电影领域综合协议。

二、支持双方新闻媒体开展合作，鼓励互派常驻记者、开展联合采访、互换新闻和开展人员培训。鼓励双方有实力有影响的网络媒体在门户网站开发、新媒体能力建设等方面加强合作。欢迎中国广播电视节目在拉美和加勒比地区落地。

三、鼓励双方出版界开展合作。鼓励翻译出版对方文学作品。

第十一条　旅游

一、加强中国同拉共体成员国政府旅游部门间对话与合作。

二、鼓励和帮助双方国家旅游部门和国有及私营旅游企业参加旅游宣介活动。

三、推动旅游双向投资，鼓励双方企业合作开发旅游项目。

四、加强中国同拉共体成员国消费者保护部门间对话与合作，重点保护国际旅客的消费者权利。

第十二条　环保、灾害风险管理和减灾、消除贫困、卫生

一、在南南合作框架下开展气候变化领域合作，包括向有关国家推广低碳、物美价廉、节能、可再生技术。

二、在生物多样性保护、海岸生态系统保护、保护区管理、环境友好技术、水资源保护、荒漠化治理、污染控制与治理等领域加强合作，共同提高环境保护能力。

三、通过开发和分享人力与技术资源等方式，在自然灾害管理、防备、预防和降低风险以及应对气候变化其他影响等方面加强合作。

四、鼓励和支持双方红十字会等团体开展合作，协作开展人道主义合作，支持联合国粮农组织、世界粮食计划和国际农业发展基金等组织开展工作。

五、推动双方扶贫、消除饥饿和社会救助机构开展对话和分享最佳作法，考虑拉共体公共社会政策行动计划涉及的优先领域。

六、在疾病控制、地区或全球流行性疾病、突发公共卫生事件应急处理等方面扩大交流与合作。

第十三条　民间友好

一、鼓励中国同拉共体成员国民间团体、学术机构、重要智库等开展交流。支持 2015 年 9 月在中国杭州举办“第五届中拉民间友好论坛”。继续支持中拉智库交流论坛活动。

二、深化双方妇女组织间友好合作，共同促进性别平等和增强妇女权能。

第十四条　关于倡议的落实

本规划将根据各自国内政策和法规，按照灵活和自愿参与原则予以实施，并且不影响任何已经达成一致的双边合作项目，也不替代各方已经达成一致的双边协定、决定或承诺。

为此，有必要就涉及拉共体所有成员国的合作项目、计划和倡议的制定及后续落实设立各方同意的程序。

本规划所述合作领域为提示性且不具排他性。

具体合作倡议的落实或有关规则的通过将由中国同有关拉美和加勒比国家具体商定。任何拉共体成员国可在预先确定的时间段内或无时限要求的情况下，完全或部分退出某项已获批准的倡议，且这不影响该国在获得中国及其他参与国许可后重新完全或部分参与实施该倡议。

在落实本合作规划过程中，将适当考虑拉共体成员国中最不发达国家、内陆发展中国家和小岛屿发展中国家面临的挑战和需求。

中国和拉共体成员国将继续保持磋商，以完善和加强本合作规划的内容及其实施。

附录四　中国—拉共体论坛机制设置和运行规则

中华人民共和国同拉美和加勒比国家共同体（拉共体）成员国，

希望通过制定《中国—拉共体论坛（中拉论坛）机制设置和运行规则》，更好地规划论坛发展，有效落实论坛部长级会议所通过的各领域合作倡议和措施；

同意通过《中拉论坛机制设置和运行规则》如下：

一、中拉论坛定位为由中国和拉共体成员国外交部牵头的政府间合作平台，主要机制包括部长级会议、中国—拉共体“四驾马车”外长对话、国家协调员会议（高官会）。

（一）部长级会议。会议原则上每3年在中国和拉共体轮值主席国或中拉双方商定的拉共体其他成员国轮流举行，必要时可召开特别会议。会议主要研究讨论在区域及次区域层面加强中国和拉共体成员国互利合作事宜，审议通过相关决定和行动计划等成果文件，作为双方合作的指南。会议将使用中文和拉共体官方语言。会议批准的正式文件将被翻译成中文和拉共体官方语言。工作性文件将以西班牙语和英语分发。

（二）中国—拉共体“四驾马车”外长对话。双方将继续用好这一对话机制，通过在联合国大会期间会晤或互访等方式，就中拉论坛事务以及共同关心的国际和地区问题保持磋商。

（三）国家协调员会议（高官会）。主要职责为筹备部长级会议，跟踪落实部长级会议成果，并视其技术和财政可行性、可持续性和影响，以及拉共体成员国的能力，制定中拉论坛阶段性工作规划。该会议原则上每年至少举行一次，由中国和拉共体轮值主席国或中拉双方商定的拉共体其他成员国轮流承办。当该会议在拉共体地区举办时，将于拉共体国家协调员会议期间顺便举办。

（四）中拉论坛将在拉共体共识基础上，适时探讨逐步举行专业领域分论坛和会议。分论坛的日期、地点和议程应由双方事先商定。有关论坛成果将报呈部长级会议审议。

二、拉共体其他成员国可在自愿基础上表达承办上述会议的意愿，承办国将通过协商确定。

三、部长级会议及国家协调员会议（高官会）由会议承办国协同拉共体轮值主席国组织，包括安排会议议程、文件的印刷和散发、会议发言和文件的翻译等技术性工作。会议将由拉共体轮值主席国、承办国和中国共同主持。

承办方将根据中拉双方商定的会议议程起草会议文件草案并提交论坛各成员国进行审议、修改，并将文件草案的最后文本提交会议讨论、通过。拉共体轮值主席国将协调会议承办国在拉共体内部举行有关上述文件的磋商。

四、中方已设立中拉论坛中方后续行动委员会，负责中方机构的协调，委员会秘书处设在中国外交部。

中方委员会秘书处、拉共体轮值主席国和拉共体其他成员国将相互协作，共同落实中拉论坛部长级会议成果。

拉共体将就向中国提出合作项目和地区倡议制定相关程序和机制。

五、在中拉论坛部长级会议基础上，以及双方商定的时机，双方可探讨适时举行中国和拉共体成员国领导人峰会，作为中拉整体合作的最高形式。峰会将使用中文和拉共体所有官方语言。峰会批准的所有正式文件将被翻译为中文和拉共体官方语言。工作性文件将以西班牙语和英语分发。

在中拉论坛框架下，拟议开展的将对中国与拉美和加勒比国家关系产生系统性影响的合作项目，或可视为项目的多边倡议，应符合以下原则：

·适合双方同意的重点领域。

·有助于区域一体化和可持续合作。

·项目设计上对中国和拉共体成员国产生“乘积效应”。

·可推广至其他有意参与的拉共体成员国。

·充分利用拉共体成员国的生产能力。

六、本机制设置和运行规则可根据形势发展，适时由中拉论坛各参与国经协商一致进行修改。

后　　记

本书是我在博士论文基础上修改而成的成果。记得小时候的梦想是成为一名新闻工作者，能够奔赴世界各地探寻事实真相。后来在家人的支持下去了西班牙留学深造，先后完成了新闻学学士和传媒公司管理学硕士的学位。记得当时有一位教授问我是否愿意继续攻读博士学位，我立刻给予了否定答案，当时的我从没想过自己会走上学术研究之路。回国后不久，一次偶然的机会让我进入到了上海国际问题研究院工作，单位里浓浓的研究氛围以及在领导的鼓励和支持，使我下定了继续求学深造的决心。

遥想 2010 年接到上海外国语大学的入学通知书时，兴奋之情溢于言表。我如愿以偿地拜入郭可教授门下，开始踏上了攻读博士学位之路。郭教授的严谨治学之风深深感染了我和每一位同门，使我们获益匪浅。从一波三折的选题，到大量的文献阅读，再到后来的开题和写作，导师郭教授都层层把关，既让我们能够沿着自己感兴趣的题目研究下去，又在我们徘徊不前时给予纠正和鼓励。我由衷感谢业师郭教授的谆谆教诲，让我在学业上能更上一层楼，也让我对于从事学术研究有了更大的信心和更高的追求。

在本书即将出版之际，我要感谢上海外国语大学的各位授课教授，让我对国际关系理论有了更进一步的认识。同时也要感谢同门师兄弟姐妹和同班同学们，大家在博士论文撰写过程中的热烈讨论和相互鼓励，使我在遇到写作瓶颈时开阔了思路，增加了信心。

当然，本书能够顺利出版离不开单位领导对我继续求学深造的支持，在读博的几年时间里单位领导尽量给予了我更多的空间和时间，让我能够兼顾工作和学业。同时我也要感谢张明德、牛海彬、张春、童立群和郑英琴等单位同事，在我论文撰写过程中给予的各类建设性的意见和建议，使我受益匪浅。

最后，我要特别感谢家人的关怀和支持，让我渡过了人生中最艰难的一段时光。2013 年春天一场突如其来的大病，让我更加懂得了珍惜和感恩。生命是那么脆弱，所有的计划都赶不上变化，只有珍惜每一天，珍惜和家人在一起美好时光，才能不负韶光。只有怀着一颗感恩的心才能在生活和工作中充满更多的正能量。

本书是我从事拉美问题研究以来第一本系统性研究成果。虽然已尽量运用我所掌握的知识去更好地分析和阐述本书的核心观点，但毕竟时间、精力以及已学得的知识有限，书中难免存在一些纰漏和不足之处，欢迎各位专家和读者批评指正，本人当虚心受教并由衷感激。

楼项飞

2015 年 10 月

于上海国际问题研究院

图书在版编目（CIP）数据

中国与拉美国家相互依赖模式研究/楼项飞著．—北京：时事出版社，2016.1

ISBN 978-7-80232-915-7

Ⅰ.①中…　Ⅱ.①楼…　Ⅲ.①国际合作—经济合作—研究—中国、拉丁美洲　Ⅳ.①F125.573

中国版本图书馆 CIP 数据核字（2015）第 274992 号

出 版 发 行：时事出版社
地　　　址：北京市海淀区万寿寺甲 2 号
邮　　　编：100081
发 行 热 线：（010）88547590　88547591
读者服务部：（010）88547595
传　　　真：（010）88547592
电 子 邮 箱：shishichubanshe@sina.com
网　　　址：www.shishishe.com
印　　　刷：北京百善印刷厂

开本：650×980　1/16　印张：18.5　字数：215 千字
2016 年 1 月第 1 版　2016 年 1 月第 1 次印刷
定价：70.00 元